安徽大学汉语言文字研究丛书

主编 黄德宽

徐在国

·卷·

北京师范大学出版集团
BEIJING NORMAL UNIVERSITY PUBLISHING GROUP
安徽大学出版社

图书在版编目(CIP)数据

安徽大学汉语言文字研究丛书. 徐在国卷/徐在国著. —合肥:安徽大学出版社,2013.5(2013.7重印)
ISBN 978-7-5664-0180-9

Ⅰ. ①安… Ⅱ. ①徐… Ⅲ. ①汉语-语言学-文集②汉字-文字学-文集　Ⅳ. ①H1-53

中国版本图书馆 CIP 数据核字(2013)第 017084 号

国家社科基金重大项目"汉字发展通史"(11&ZD126)阶段性成果；
安徽大学"古文字学与文字学"创新团队成果

AN HUI DA XUE HAN YU YAN WEN ZI YAN JIU CONG SHU
安徽大学汉语言文字研究丛书
XU ZAI GUO JUAN

徐在国卷

徐在国　著

出版发行：	北京师范大学出版集团 安徽大学出版社 (安徽省合肥市肥西路3号 邮编230039) www.bnupg.com.cn www.ahupress.com.cn
印　　刷：	合肥远东印务有限责任公司
经　　销：	全国新华书店
开　　本：	170mm×240mm
印　　张：	24
字　　数：	318 千字
版　　次：	2013 年 5 月第 1 版
印　　次：	2013 年 7 月第 2 次印刷
定　　价：	60.00 元

ISBN 978-7-5664-0180-9

策划编辑：康建中	装帧设计：刘运来
责任编辑：李海妹　程尔聪	美术编辑：李　军
责任校对：程中业	责任印制：陈　如

版权所有　侵权必究

反盗版、侵权举报电话：0551-65106311
外埠邮购电话：0551-65107716
本书如有印装质量问题，请与印制管理部联系调换。
印制管理部电话：0551-65106311

总　序

黄德宽

汉语言文字学是以汉语言文字为研究对象而形成的学科,这是一门渊源久远、积淀深厚的学科。对汉语汉字的研究,我国先秦时期即已肇绪,然而作为现代意义上的汉语言文字学,其历史大体上也只有百年左右。

安徽大学的汉语言文字学学科是从 20 世纪 80 年代之后才较快成长进步的。经过 20 多年的建设,目前这个学科不仅能培养硕士、博士、博士后等高层次研究人才,同时还成为全国高等学校重点学科之一,在教学、科研方面都取得了较为突出的成绩。

汉语言文字学学科的发展和进步,是本学科诸多先生艰苦努力的结果,对他们的学术贡献我们不应忘记。总结发扬他们的学术精神和学科建设经验,是新形势下进一步加强学科建设、推进学科持续健康发展的任务之一。因此,我们启动编纂了"安徽大学汉语言文字研究丛书"。

这套丛书共 10 种,入选的 10 位教师是对本学科发展做出贡献的众多教师的代表,他们基本上是本学科各个方向的带头人和学术骨干,各卷所收论文也基本上反映出各位老师的主要研究领域和代表性成果。除已经谢世的先生外,各文集主要由作者本人按照丛书的编选宗旨和要求自行选编完成。

在编纂这套丛书的过程中,我一直在思考,高等学校的学科建设到底如何开展才是应该提倡的?学科建设最为关键的要素到底有哪些？对这些问题，我担任学校校长期间没少讨论过，时下我国高校关于学科建设的经验也可谓"花样翻新"、"层出不穷"。沉静下来，就我们这个学科的发展来看，我认为最重要的恐怕还是以下几点：

一是要以人为核心，尊重学者的学术追求。学者是学科的载体、建设者和开拓者。学科的发展主要靠学科带头人、学术骨干和以他们为主组成的团队。坚持"以人为核心"的学科建设思路，就要尊重学者，尊重他们的精神追求、研究兴趣和个性特色，最大限度地为他们提供自由发挥的空间，而不是用考核的杠杆和行政的手段迫使他们按设定的路径行事；那样很容易扼杀学者的研究个性和兴趣，也不大可能产生真正意义上的高水平研究成果。汉语言文字学学科的研究特色和重点，几乎都是各位教师自身研究领域的自然体现，他们坚持自己的研究方向，形成自身的研究风格，探索自己感兴趣的课题，因此能不为流俗左右，远离浮躁喧嚣，耐得住寂寞，甘愿坐冷板凳，最终取得累累硕果。

二是要以人才培养为根本任务，教学科研相得益彰。大学最根本的职能是培养人才，这就决定了大学的学科建设必须以人才培养为根本任务，将教学、科研紧密而有机地结合起来。汉语言文字学学科的教师，长期以来坚守在人才培养的第一线，他们将主要时间和精力都花在人才培养上，而且大家都很热爱自己的教师职业，像何琳仪先生就是在讲台上走完生命的最后历程的。汉语言文字学学科近年来不仅培养出一大批优秀的本科生、研究生，而且在汉语国际教育方面成绩突出，培养了许多外国留学生，在学校合作共建的孔子学院中发挥了关键作用。翻看这些文卷，不难看出，将科研与教学和人才培养工作密切结合，用科研成果丰富教学内容，结合教学开辟新的科研领域，是汉语言文字学学科教师的共同特点。一个学科建设的成就，既要看科学研究，更要看人才培养。围绕人才培养的学科建设，应该是大学学科建设必须坚持的原则。这一点我以为是大学学科建设尤为值得重视的。

三是要日积月累，聚沙成塔。学科建设是一个漫长的积累过程。

人文学科的发展关键是学者队伍的集聚、教学经验的积累和研究领域及特色的形成,更需要长期的努力。因此,开展学科建设不能急功近利,不能只寄希望于挖一两个有影响的学术带头人而收到立竿见影的效果。学科建设应该遵循学术发展的规律,通过创造环境、精心培育,让其自然而然地生长。近年来,许多高校将学科建设当重点工程来抓,纷纷加大投入,不惜代价争夺人才,虽然也可以见效一时,但是从长远看未必能建成真正的一流学科。这方面有许多教训值得记取。我校汉语言文字学学科的成长,尽管也得到国家"211工程"重点学科建设项目的支持,不过在实际建设中,我们还是坚持打好基础,通过持续努力,不断积累,逐步推进。我们深感,这个学科目前的状况离国内一流高水平学科的要求还有不小的差距。但我们相信,只要遵循规律、持之以恒,其持续发展应该是可以预期的。

四是要开放兼容,培育良好学风。学科建设应该注重自身特色和优势的培育。强调自身特色和优势并不意味着自我封闭,而是要通过学术交流不断开阔学术视野,以开放兼容的学术情怀向海内外同行学习。我校汉语言文字学学科较为重视学术交流,各学科方向的带头人或骨干,先后在中国语言学会、中国训诂学会、中国文字学会、中国古文字研究会、中国音韵学会、华东修辞学会、安徽省语言学会等全国和地区性汉语言文字研究的学术团体中兼任学会会长、副会长、秘书长、副秘书长、常务理事等职务,促进了本学科团队与国内同行的交流。同时,我们重视加强学术交流与合作,不仅经常性邀请国内外学者来校讲学交流,还特聘著名学者参与学科建设,承担教学科研任务,逐步形成开放兼容的学科建设格局。丛书中收录的高岛谦一、陈秉新、李家浩三位先生就是本学科的长期客座教授或全职特聘教授。开放兼容的学科建设思路,其核心就是要将学科建设放在本学科发展的总体背景下,跟踪学术前沿和主流,形成学科自身学习和激励的内在机制,并确立自身的发展目标、特色追求和比较优势。学科建设要实现开放兼容,要注意协调和处理好学科内外部的各种关系,这不只是要处理好相关利益关系问题,还要形成学科发展的共同理想,尤为重要的是形成优良学风。优良的学风是学人之间合作共事的精神纽带。一个学科只有崇尚学术、求真务实蔚然成风,学科成员才能做到顾全大局、团结协作、相互兼容。良好的学风,也是学科赢得学术声誉、同仁尊重和开展合作交流的基础。这一点应该成为汉语言文字学科建设长期坚持和努力的方向。

人文学科有自身的特点和发展规律,最让人文学者神往的,当然是产生影响深远的学术大师,形成风格独特的学术流派。在当前社会和教育背景下,这好像是一个高不可攀的目标。但我以为,只要创造良好的学术环境,遵循学科建设和发展的规律,经过代代学者持续不断的努力追求,在一些有条件和基础的高校将来产生新的具有中国作风和气派的人文学科学派也不是没有可能。

我校汉语言文字学学科还有一大批默默奉献的教师和很有发展潜力的青年教师,他们是学科建设的基础和生力军。我相信,这套丛书的编纂出版对他们也是一个激励和鼓舞。见贤思齐,薪火相传,一个良好的学术环境和氛围,必将促进汉语言文字学学科不断取得新的成绩和进步。

2012 年立春于安徽大学磬苑

目 录

前言 ……………………………………………………………… （1）

第一编　铜器铭文、兵器铭文

㠱甫人匜铭补释 ………………………………………………… （3）
金文考释拾遗 …………………………………………………… （6）
"中播簠"应为"中獎簠" ………………………………………… （11）
兵器铭文考释（七则） …………………………………………… （13）
东周兵器铭文中几个词语的训释 ……………………………… （18）

第二编　玺印文字

"信士"玺跋 ……………………………………………………… （25）
古玺文字八释 …………………………………………………… （27）
战国官玺考释三则 ……………………………………………… （35）
战国成语玺考释四则 …………………………………………… （39）
山东新出土古玺印考释（九则） ………………………………… （43）
楚国玺印中的两个地名 ………………………………………… （49）
古玺文释读九则 ………………………………………………… （52）

释齐官"祈望" ……………………………………………………（60）

第三编 陶 文

释剌、此、邻、郲 ……………………………………………（69）
古陶文字释丛 …………………………………………………（73）
"佘成"封泥考 …………………………………………………（90）
说"喜"兼论古陶文著录中的倒置 ……………………………（94）
历博藏战国陶文补释 ………………………………………（100）
河南出土成语类陶文考释三则 ……………………………（105）
略论王襄先生的古陶文研究 ………………………………（109）
《战国古文字典》所录陶文研究 ……………………………（123）
论方濬益先生的古陶文研究 ………………………………（143）
《古籀篇》所录古陶文研究 …………………………………（153）
《读古陶文记》笺证 …………………………………………（192）
《陶文字典》中的序号错误 …………………………………（205）
《陶文字典》中的释字问题 …………………………………（212）

第四编 简帛文字

说楚简"叚"兼及相关字 ……………………………………（239）
谈楚帛书读"厌"之字 ………………………………………（246）
楚漆梮札记 …………………………………………………（253）
上博(六)文字考释二则 ……………………………………（256）
谈上博七《凡物流形》中的"詧"字 …………………………（261）
上博竹书(三)札记二则 ……………………………………（265）
上博五文字考释拾遗 ………………………………………（268）

第五编 传抄古文

传抄古文简述 …………………………………………………………（273）
《敦煌残卷古文尚书校注》字形摹写错误例 …………………………（281）
谈隶定古文中的义近误置字 …………………………………………（284）
《原本玉篇残卷》中的籀文初探 ………………………………………（287）
试说《说文》"篮"字古文 ………………………………………………（295）
传钞《老子》古文辑说 …………………………………………………（299）

第六编 其他

《敦煌残卷古文尚书校注》校记 ………………………………………（353）
略论丁佛言的古文字研究 ……………………………………………（361）
说"鬄" ……………………………………………………………………（366）

前　言

　　我非常荣幸自己的小文能够汇集在一起,列入"安徽大学汉语言文字研究丛书"。按照文集编纂总体要求,要写个自己的学术道路回顾。

　　说句实在话,我还不够资格。但一想自己的年龄,半百也没几年了。每天忙忙碌碌的,不想还没感觉到时间的速度,一旦停下来,回头看看,才发现时间真的不等人,不由得感慨,岁月无情!

　　1982年,我离开家,就读于山东省新泰一中。高中三年,除了学习还是学习,感觉特别充实,朝气蓬勃,目标只有一个:考大学。1985年,我如愿考入山东师范大学历史系。正如歌里唱的:"那时候天总是很蓝,日子总过得太慢,你总说毕业遥遥无期,转眼就各奔东西。"1989年,我报考了吉林大学历史系古代史的研究生,因名额限制转入了吉林大学古籍所,师从陈世辉、汤余惠、吴振武三位先生学习古文字。记得复试的地点是长春斯大林大街旁的文科楼,大楼里空荡荡的,老师只有三位先生加上研究生秘书魏老师。我进去时很紧张,陈先生先发话,问我哪里人、家庭情况等,心情一下子就放松了。汤先生、吴先生很认真,问了相关的历史问题。因为我对古文字一窍不通,临走时就问先生回去看些什么书。先生说看《说文解字》,再有时间,就看《古文字研究》。回校后,买了一本《说文解字》。去校图书馆查《古文字研究》,拿起《古文字研究》第一辑,翻开一看,傻眼了,看不懂,干脆也不借了。

　　毕业后回家,硬着头皮看《说文解字》,也没看几页。入校后,就去长春客车厂,穿着工作服,骑着破自行车,穿梭于学校和工厂之间,路上结着冰,锻炼了车技,也没少摔跤。晚上就摹写古文字字形。第二个学期去九台农村,生活很有规律,因没多少事,吃完饭,我就摹字形。《说文解字》、《甲骨文编》、《金文编》、《古文字类编》等就是在这一年摹完的。第二年进入专业课的学习，系统地学习了字形学、甲骨文研究、金文研究、战国文字研究、音韵学、考古学基础等课程。在导师的指导下，看书、做笔记、摹字形。1992年，顺利通过硕士答辩，毕业后回到山东师大中文系工作。

我在山东师大工作两年，第一年教初中一年级语文，第二年教大学中文系古代汉语。两年下来，古文字方面的书、文章没看多少，学术文章也没写，家属调动问题也没有解决。一看这样不行，必须考博士。1994年，吴振武先生开始招收博士生，我就报考了。这一年的下半年，重返吉林大学攻读博士。因为专业课硕士期间都学过了，吴老师就叫我看书，每周汇报一次看书情况。工作两年后重新回到校园，倍加珍惜时间，生活也有规律了，我老老实实地在吉大又待了三年。我常常对学生说，如果没有读博士，就不会走上学术之路了。我能够有今天，首先应该感谢导师吴振武先生，感谢导师陈世辉、汤余惠先生，其次应该感谢姚孝遂、林沄、何琳仪、刘钊诸先生，是他们教会我认识、分析古文字，更教会我如何做人。吉大古籍所学风非常好，一是看书，二是买书，老师、学生均是如此。

1997年12月，完成博士答辩后又回到山东师大中文系工作（我是在职读的博士）。在山东师大期间，教学之余，我就做做科研。做古文字需要图书资料，也需要一个小的环境，正因为如此，1999年，我调入了安徽大学中文系。一晃，十多年过去了。有人问我，离开家乡，来到安徽大学，可后悔？我的回答很坚定："不后悔！"

我简单做了一个统计，来安大后我出版了多部专著，单独承担多个项目，从2000年算起，发表的文章有数十篇。我之所以会取得这些成绩，与安大汉语言文字研究所的学术环境、学术团队以及学界的师友关怀、支持分不开。我很庆幸有这么好的一个氛围，能够静下心，老老实实做点事。我主要的着力点在战国文字方面。一是传抄古文。我在博士论文《隶定"古文"疏证》的基础上，申报了国家社科基金"传抄古文的整理与研究"项目，说起这个项目的申报还多亏了黄德宽老师。我原本不打算申报，因为难度很大。有一次在安大校内的鹅池旁边，碰到了黄老师，就谈起了项目。黄老师鼓励我一定要报，建议我不要报"隶定古文"，拓展一下报"传抄古文"。报了，也就没再关注，直到第二年曾宪通先生来安大主持答辩，告诉我项目审批通过了我才知道。《传抄古文字编》就是该项目的结项成果。二是古玺、陶文研究。三是新出楚简的文字考释。此外，我还参加了黄德宽老师主持的国家"九五"社科重点规划项目"商周秦汉汉字发展沿革谱系研究",承担了50多万字的撰写任务,最终成果为《古文字谱系疏证》,被列入国家社科基金优秀成果文库,由商务印书馆出版,获2009年教育部高等学校人文社会科学优秀成果一等奖。我还参加了黄德宽老师主持的2005年度国家社科重点规划项目"汉字理论与汉字发展史研究"、香港大学单周尧教授主持的香港特别行政区"楚文字诂林"项目等。专著《隶定"古文"疏证》、《传抄古文字编》先后获得安徽省社会科学文学艺术优秀成果二等奖、三等奖,合著《新出楚简文字考》获2007~2008年度安徽省社会科学文学艺术优秀成果一等奖。

  这本小书共收录了42篇小文,选录原则是正式发表的或待刊的,楚简方面的文章被《新出楚简文字考》收录的一般不再选录,合写的只收录一篇《传钞〈老子〉古文辑说》,已经征得黄德宽老师的同意。所录小文时间跨度很大,从1992年算起,有20年了,所以文章的风格也不统一。古文字文章一向难发表,感谢发表小文的编辑和杂志!小文的录入由我的硕士研究生完成,他们是杨蒙生、米雁、马晓稳、李玲、徐尚巧、姚远,小文字形多、造字多,录入难度较大,但他们完成得非常好,在此向他们表示衷心地感谢!书稿合成后,程燕副教授通读了一遍,指出不少问题,也向她表示感谢!

第一编

铜器铭文、兵器铭文

㠭甫人匜铭补释①

㠭甫人匜重新著录于《殷周金文集成》（以下简称《集成》）10261，拓片如下：

《集成》"铭文说明"为：②

  字数 一八（又重文二）
  时代 春秋早期
  著录 总集六八六一 三代一七·三五·四 贞松一〇·四〇·

---

① 原载《古文字学论稿》，合肥：安徽大学出版社，2008年，第192~194页。
② 中国社会科学院考古研究所：《殷周金文集成》（修订增补本），北京：中华书局，2007年，第6176页。

一 希古五・二七・一 小校九・六四・一 山东存纪六 汇编五・三〇四

释文为:①

> 㠱甫人釶,余王
> 寠叔孙,兹乍(作)
> 宝也(匜),子子孙孙永
> 宝用

此器亦著录于王献唐先生的《国史金石志稿》第八卷金八水器之属。②

关于此器,学者研究颇多,以李家浩先生的解释最为确切。为省却大家翻检的麻烦,我们将李先生的解释移录如下:③

> 纪甫人匜铭说:"纪('纪'字原文作从'己'从'其',即纪国之'纪'的异文,故释文径写作'纪'。参看李学勤《试论山东新出青铜器的意义》,《文物》1983年第12期19页)甫(夫)人余余王□叔孙,兹(此'兹'字跟邾陵君铜器铭文'造'前一个从'兹'之字用法相同,可能训为'始',也可能是动词前的虚字。参看李家浩《关于邾陵君铜器铭文的几点意见》,《江汉考古》1986年第4期83页)乍(作)宝也(匜),子子孙孙永宝用。"对"余余"二字,有人认为前一个"余"字是纪夫人的名字,后一个"余"字是第一人称代词(王献唐:《山东古国考》,第121~123页,齐鲁书社,1983年)。我们认为,前一个"余"字是第一人称代词,后一个"余"字应读为徐国之"徐",纪夫人是徐王宿叔的孙女嫁到纪国作纪君夫人的。这两种认识,无论哪一种正确,都是第一人称代词在同位人名之后。

我们这里要补论的是第二行的首字"▨",此字或缺释,或隶作"窠",或

---

① 中国社会科学院考古研究所:《殷周金文集成》(修订增补本),北京:中华书局,2007年,第5524页。
② 王献唐:《国史金石志稿》,青岛:青岛出版社,2004年,第1293页。
③ 李家浩:《攻敔王光剑铭文考释》,原载《文物》,1990年6期,后收入《著名中年语言学家自选集・李家浩卷》,合肥:安徽教育出版社,2002年,第56页。

释为"寒",①均不足信。只有王文耀先生的说法值得注意,王先生在《国史金石志稿》校记中说:"第二行的首字或释作'寬',聊备一说。"②

王先生对释"寬"之说,未加肯定。实际上,此字隶作"寬"是完全正确的。细审此字,从"宀"、从"䒑"、从"鬼","宀"下为"蒐"字,古文字中"艹"、"䒑"二旁相通,例不备举。郳子宿车盘"宿"字作:

《金文编》528页

郳子宿车匜"宿"字作:

《金文编》528页

""与上引"宿"字形体相同,当亦隶作"寬",释为"宿"。字形应分析为从"宀","蒐"声。上古音"宿"、"蒐"同为心纽幽部字,所以"宿"字异体可以"蒐"为声符。此外,《上海博物馆藏战国楚竹书》(六)"宿"字作:③

《平王与王子木》1

《平王与王子木》3

亦可为证。

铭文中"余王"读为"徐王",如此"宿叙"就是徐王之名了。但"宿叙"之名,不见于典籍,我们所见到的其他出土文字资料中也无此名,待考。

附带谈一下旧释为"寬"的字:

寬儿鼎《金文编》539页

寬儿鼎见《集成》2722,辞例为"苏公之孙寬儿"。"寬"字最早是郭沫若先生释,详《两周金文辞大系图录考释》下244页下,④学者多从之。但此字原拓作:

《金文编》似少摹了鬼头中间的竖画。此字与上录"寬"字形同,亦应释为"宿"。"宿儿"在铭文中为人名。寬儿鼎应改称"宿儿鼎"。

---

① 陈秉新、李立芳:《出土夷族史料辑考》,合肥:安徽大学出版社,2005年,第389页。
② 王献唐:《国史金石志稿》,青岛:青岛出版社,2004年,第1293页。
③ 陈剑:《释上博竹书和春秋金文的"羹"字异体》,复旦大学出土文献与古文字研究中心网,2008年1月6日。
④ 郭沫若:《两周金文辞大系图录考释》(下),上海:上海书店出版社,1999年,第244页。

金文考释拾遗

一、释"铸"

《殷周金文集成》(以下简称《集成》)4·2474铸司寇兽鼎铭文如下：

▨ 司寇兽
肇乍(作)宝贞(鼎)
其永宝用

此鼎未见著录,拓片系商承祚先生藏。②

据张东寅先生《济南出土青铜器铭文研究》③一文载,1978年山东长清归德小河东村的村民在掘土时发现了一件铜鼎,现藏山东长清县博物馆。因张文所附拓片漫漶不清,但从其摹本看,铭文与《集成》4·2474同,推测应为一器。鼎铭第四字张文未释,首字张文仅隶定作"䢈",认为"字书所无,不识,疑为国名"。④

按："▨"字《集成》缺释。张文隶作"䢈"是有问题的。此字下部从"示"不从"廾",上部从"䇂"、"丮",应隶作"禀"。"䇂"字见于甲骨文、西周金文,字作"▨"(《甲骨文编》112页),"▨"、"▨"(伯致簋,所从"女"当是"止"形讹变。《金

---
① 原载《中国文字研究》(第3辑),南宁:广西教育出版社,2002年,第159～163页。
② 中国社会科学院考古研究所:《殷周金文集成四·鼎类铭文说明(二)》,北京:中华书局,1986年,第111页。
③ 张东寅:《济南出土青铜器铭文研究》,山东大学硕士学位论文。
④ 张东寅:《济南出土青铜器铭文研究》,山东大学硕士学位论文。

文编》178页),《甲骨文编》、《金文编》释为"孰"是正确的。如此,"禜"字可分析为从"示","酓(孰)"声,疑读为"铸"。"孰"、"铸"古音相近。"铸"从"寿"声,"寿"又从"弓"声。《说文解字》:"弓读若毒。""毒"又与"孰"、"熟"相通。《老子》五十一章"亭之毒之",河上本"毒"作"孰",严遵本"毒"作"熟"。因此,"禜"读作"铸"是有可能的。①

"铸"疑为地名。王国维在《铸公簠跋》一文中说:"《乐记》'武王克殷,封黄帝之后于祝',郑注云'祝或为铸'。《吕氏春秋·慎大览》亦云'封黄帝之后于铸'。古铸、祝同音。"②郭沫若考证了与"铸"相关的几处地方,他说:"又《左传·襄二十三年》'臧宣叔取于铸',杜注'铸国,今济北蛇丘县。'《后汉·郡国志》济北国蛇丘县有铸乡城。今山东肥城县南尚有铸乡也。盖铸终受齐人之压迫而灭国于此。"③

如上所述,《集成》4·2474鼎应称为"铸司寇兽鼎",是铸地司寇名兽的人所作的鼎。

二、释"叔孤父"

1997年,洛阳市文物工作队在洛阳东郊发掘的西周墓中,出土了一件铜鼎。鼎腹内壁一侧铸有7个字,其中人名字作:

原报告释为"叔智父"。④ 吴镇烽先生改释为"叔父"。⑤

按:第二字既非"智",亦非"叔",而应隶作"叔",读为"孤"。铜器铭文中"叔"字作:

孤竹罍

---

① "禜"从"示","酓(孰)"声,也有可能是"祝"字或体。"祝"、"孰"古音均属舌音觉部。"祝"、"铸"二字古通。参见高亨《古字通假会典》,济南:齐鲁书社,1989年。
② 郭沫若:《两周金文辞大系图录考释》(下),上海:上海书店出版社,1999年,第200页。
③ 郭沫若:《两周金文辞大系图录考释》(下),上海:上海书店出版社,1999年,第201页。
④ 洛阳市文物工作队:《洛阳东郊西周墓》,载《文物》,1999年9期。
⑤ 吴镇烽:《读金文札记三则》,载《考古与文物》,2001年2期。

☹ 孤竹觚①

☹ ☹ 父丁卣②

☹ 九祀卫鼎"昏(孤)里(狸)"③

以上诸字均从李学勤先生释。李先生说：④

> 这些铭文中的"孤"字，下部从"日"，上半把"子"旁写在右边，因而不易辨识。上半左侧的"瓜"，各器写法有些出入，但与东周金文、玺印"瓜"字或"狐"字所从对比，即可看出递变的痕迹。只有第(三)器"孤"字所从的"瓜"有一个没有填实而像"子"字，是个别的诡变，不足为异。

所言可从。叔孤父鼎铭中的"☹"与九祀卫鼎"孤"字同，应释为"孤"，在鼎铭中用作人名。

三、释"痍"

牧师父簋中有如下一人名用字：

𢎿

《金文编》隶作"㾮"。

按：《金文编》隶作"㾮"是正确的。但此字不见于后代字书，究竟为何字，还需要进一步推究。我们认为此字所从右旁是"夷"之或体。古文字中"夷"（从"土"者为"夷"之繁体）字作：

夷 柳鼎　　　夷 侯马盟书 321

夷 边子蒷夷鼎　　夷 包山 65

夷 《古玺汇编》3901

《说文解字》："夷，平也。从大，从弓。东方之人也。"何琳仪先生疑"夷"

---

① 《金文编》放入附录(1146)。李学勤：《试论孤竹》，载《社会科学战线》，1983年2期。又收入《新出青铜器研究》，北京：文物出版社，1990年。

② 《金文编》放入附录(1145)。李学勤：《试论孤竹》，载《社会科学战线》，1983年2期。又收入《新出青铜器研究》，北京：文物出版社，1990年，第56～59页。

③ 李学勤：《试论董家村青铜器群》，载《文物》，1976年6期。又收入《新出青铜器研究》，北京：文物出版社，1990年，第103页。

④ 李学勤：《试论孤竹》，载《社会科学战线》，1983年2期。又收入《新出青铜器研究》，北京：文物出版社，1990年。

字从"己",①颇具卓识。从古文字形体看,"夷"字确从"大"、从"己"或"己"(己)。牧师父簋"㾪"字右旁亦从"大"、从"己"(己),只是偏旁位置与上引"夷"字不同而已,即将"己"移到"大"上。众所周知,古文字中偏旁位置常常不固定,例如:

视　[图]　员鼎　　[图]　兆域图

折　[图]　洹子孟姜壶　　[图]　中山王鼎

昌　[图]　《古玺文编》七·一

吊　[图]　郑叔钟　　[图]　《古玺汇编》3428②

因此,将"[图]"释为"夷"字或体是有可能的。

古文字中"疒"、"广"二旁形近混用,如:

病　[图]　包山 220　　[图]　包山 243

疾　[图]　包山 236　　[图]　包山 245

瘠　[图]　包山 220　　[图]　包山 236

如上所述,"㾪"应隶作"㾪",释为"痍"。《说文解字》:"痍,伤也。从广,夷声。"字在牧师父簋中用作人名。

四、释"鼓"

《金文编》附录下 158 号是如下一字:

[图]　伯孝鼓盨

旧不识。

按:此字又见于《集成》4407、4408,字作:

[图] 4407·1　　[图] 4407·2

[图] 4408·1　　[图] 4408·2

乍看上去,不知所从。比较一下铜器铭文"喜"、"壴"、"鼓"诸字,此字就可以解决了。

---

① 何琳仪:《战国古文字典》,北京:中华书局,1998 年,第 1239 页。
② 吴振武:《古玺姓氏考(复姓十五篇)》,载《出土文献研究》(第 3 辑),北京:中华书局,1998 年,第 80 页。

喜 󰀀 吊□簋　󰀀 士父钟

壴 󰀀　女壴方彝

鼓 󰀀 觯文　󰀀 洹子孟姜壶

󰀀 痶钟　󰀀 蔡侯申钟

通过比较，我们可以发现"󰀀"、"󰀀"本应作"󰀀"、"󰀀"，应释为"鼓"。只是"壴"旁被分为"󰀀"、"󰀀"，"攴"旁被分为"󰀀"、"󰀀"，且位置又发生变化。这与古文字中的下列情况是相似的：

敬 󰀀《古玺汇编》4225　󰀀《古玺汇编》4234　󰀀《古玺汇编》4248

䢜（㮚）① 󰀀　墙盘　󰀀　舀鼎

宝　󰀀 󰀀　《金文编》522～524 页

综上所述，"󰀀"、"󰀀"应释为"鼓"，字在伯孝鼓簋中用作人名。

---

① 裘锡圭：《史墙盘铭解释》，载《文物》，1978 年 3 期。又收入《古文字论集》，北京：中华书局，1992 年。

"中播簋"应为"中獒簋"[①]

《洛阳北窑西周墓青铜器铭文简论》一文首次刊布了 15 种铜器铭文,内容十分珍贵。[②] 其中有 1 件簋,铭文中的作器者被作者释为"中播",此簋亦被称为"中播簋"。[③]

我们认为"播"应释为"獒"。西周散氏盘铭中有地名"㪤",[④]旧多释为"播"。张亚初先生最先改释为"敝",[⑤]李家浩和李零先生将此字及包山楚简

---

① 原载《文物》,1999 年 12 期。
② 蔡运章:《洛阳北窑西周墓青铜器铭文简论》,载《文物》,1996 年 7 期。
③ 蔡运章:《洛阳北窑西周墓青铜器铭文简论》,载《文物》,1996 年 7 期。
④ 容庚:《金文编》,北京:中华书局,1985 年,第 782 页。
⑤ 张亚初:《疑难铭文拟定字一览表》,载吉林大学古文字研究室编《于省吾教授百年诞辰纪念文集》,长春:吉林大学出版社,1996 年。

中从"敝"的字释出。① 这些考释是非常正确的。"獘"字下部从"犬"应没有问题,上部所从可视为散氏盘"敝"字的省形,与马王堆汉墓帛书《老子乙前》63下"蔽"字所从"敝"形近。《说文》犬部:"獘,顿仆也。从犬敝声。《春秋传》曰'与犬,犬獘'。獙,獘或从死。"

如上所述,"中播簠"应改为"中獘簠"。

---

① 参见李家浩《包山楚简"蔽"字及相关之字》,载香港中文大学中国文化研究所·中国语言及文学系《第三届国际中国古文字研讨会论文集》,香港:香港中文大学,1997年。参见李零《古文字杂释(二则)》,载香港中文大学中国文化研究所·中国语言及文学系《第三届国际中国古文字研讨会论文集》,香港:香港中文大学,1997年。

兵器铭文考释(七则)①

一

《殷周金文集成》第 17 册(中国社会科学院考古研究所编,中华书局,1992 年。以下简称《集成》)10822 号戈铭文如下:

图 1

此戈以前未著录,现藏故宫博物院。原书释为"夙"。

按:释"夙"是正确的。"夙"应读为"宿"。"夙"、"宿"二字古通,《仪礼·士昏礼》:"夙夜毋违命。"《白虎通·嫁娶》引"夙"作"宿"。《吕氏春秋·用民》:"夙沙之民,自攻其君。"《淮南子·道应》"夙沙"作"宿沙"。《左传·襄公六年》:"季孙宿如晋。"《礼记·檀弓下》郑注引"宿"作"夙"。② 晋侯苏钟"伐夙夷"之"夙"作"🉐","夙"亦读为"宿"。③ "宿"为古国名,《春秋·隐公元年》:"九月,及宋人盟于宿。"杜预注:"宿,小国,东平无盐县也。"《左传·僖公二十一年》:"任、宿、须句、颛臾、风姓也,实司大皞与有济之祀,以服事诸夏。"宿先属宋国,后又属齐国,其地在今山东东平县稍东 20 里。

---

① 原载《古文字研究》(第 22 辑),北京:中华书局,2000 年,第 116~119 页。
② 高亨:《古字通假会典》,济南:齐鲁书社,1989 年,第 757 页。
③ 马承源:《晋侯苏编钟》,载《上海博物馆集刊》(第 7 期),上海:上海书画出版社,1996 年。

此戈国别属宋还是属齐不好遽定。齐地所出铜戈,大多铭文简短,有的仅有一字或几字,多数是地名,如郯戈(《集成》17.10828)、郮戈(《集成》17.10828)、梁戈(《集成》17.10823)、平阿戈(《集成》17.11041)、武成戈(《集成》17.10966)等均是。从这一点看,此戈属齐的可能性更大一些。

二

《集成》第 17 册 10907 号戈铭文如下:

𩵋戈(图 2)

此戈以前未著录,现藏故宫博物院。原书释为"𩵋戈"。

按:首字释"𩵋",误。古文字中"昜"、"易"二字的区别比较明显,"昜"字"日"下没有一横,而"易"字"日"下有一横。《集成》17.10908 武阳戈、10918 建阳戈、10920 晋阳戈中的"阳"字可为证明。此字应释为"𩵋"。

图 2

"𩵋"是地名,即燕国之"易"。《水经·易水注》:"易水又东迳易县故城南,昔燕文公徙易,即此城也。"顾观光《七国地理考》:"《史记·赵世家》:'惠文王五年,与燕鄚、易。'盖所属不常矣。《汉志》属涿郡,今保定府雄县。"

三

《集成》第 17 册 10932 号戈铭文如下:

郓左(图 3)

图 3

此戈以前未著录,潘祖荫旧藏。原书释文为"浑左"。

按:首字释"浑",误。谛审铭文拓片,此字左边是"邑",右边是"军",应释为"郓"。与《集成》17.10828 郓戈之"郓"字同。关于 10828 号郓戈,黄盛璋先生考证说:"郓为鲁邑,但鲁有东西二郓,《十三州志》曰:'鲁有两郓,昭公所居者为西郓,莒、鲁所争者谓之东郓。'……最早见于经传者为东郓,即文十二年经'季孙行父帅师城诸及郓',杜注:'郓,莒别也。'……西郓最早见于成四年《经》:'冬,城郓。'成十六年《传》:'晋人执季文子于莒丘,公还,待于郓。'杜注:'郓,鲁西邑,东郡廪丘县东有郓城。'……此戈字体仍当属鲁,应为西郓,去鲁都较近;若东郓因去齐近,当与莒早被齐占。"①其说可从。此戈"郓"字形体与10828号戈"郓"字形体略异,从字体风格判断似属齐戈。则此郓有可能是指鲁之东郓,战国末已被齐占领。

"郓左"之"左"与齐戈"平阿左"(《集成》17.11001)之"左"性质相同。齐戈中另有"昌城右戈"(《集成》17.10998)、"平阿右戈"(《小校》10.302)。关于"左"、"右",吴振武先生说:"跟三晋兵器一样,齐兵中的'左库'、'右库'也可以省称为'左'、'右'。"②其说可从。"郓左"即"郓左库"之省。

四

《集成》第17册11074号戈铭文如下:

豫州上(?)库造(图4)

此戈以前未著录,现藏天津市历史博物馆。首字原书释为"郯"。

按:首字释"郯",误。此字左边从"象",右边所从是"予"并非"邑",应释为"豫"。"豫"字在古文字中多次出现,古玺文或作󰀀(《古玺文编》附录511页),淳于公戈之"豫"字作󰀀(《集成》17.11124),③陈豫车戈之"豫"作󰀀(《集成》17.11037),④并从"予"、从"象"。此戈铭中"豫"字所从"予"、"象"位置与上引诸"豫"字不同,这并不奇怪,因为古文字中偏旁的位置常变动不居。此字释为"豫",应该没有问题。豫州为古九州之一,《尚书·禹贡》:"荆河唯豫州。"孔传:"西南至荆山,北距河水。"《尔雅·释地》:"河南曰豫州。"此戈铭为"豫州上(?)库造",国别应属三晋。

图4

---

① 黄盛璋:《燕齐兵器研究》,载《古文字研究》(第18辑),北京:中华书局,1992年。
② 吴振武:《赵铍铭文"伐器"解》,载《训诂论丛》(第3辑),1997年。
③ 何琳仪:《古玺杂识续》,载《古文字研究》(第19辑),北京:中华书局,1992年。
④ 或认为此字从"公"从"为",误。同注释③第39页。

五

《集成》第 17 册 11302 号戈铭文如下：

二十九年高都命(令)陈懽工帀(师)□冶胜(图5)

《集成》17.11303 号戈、18.11652~11653 号剑铭文与此戈同。

"高都"是地名,战国时韩、魏均有"高都"。黄盛璋先生认为此戈铭之"高都"乃属魏国。《史记·秦本纪》:"庄襄王三年蒙骜攻魏高都、汲,拔之。"《集解》引《括地志》:"高都故城,今泽州是。"汉为高都县,故城即今山西晋城北之高都镇。廿九年乃魏安釐王二十九年,与秦攻高都时间符合。① 这些意见都是正确的。我们这里要讨论的是高都令的名字。"陈"后一字,或释"愈",②或释"忱",③均误。谛审戈、剑铭文拓本,此字当从"个"从"吅"从"隹"从"心",应隶作"懽",释为"懽"。此字见于新出郭店楚简 (《尊德义》16), (《缁衣》28), (《性自命出》52),④在简文中或读作"懽",或读作"劝"、"权",形体与戈铭"懽"字相近。《说文·心部》:"懽,喜欵也。从心,雚声。"字在戈剑铭文中均用作人名。

最后一字是冶工的名字,或释"乘",或缺释。此字又见于古玺、楚简中,我们已改释为"胜"。⑤ 字形分析应为从"力"、"乘"声,为胜字异体,是古人名常用字。

图 5

六

《江陵九店东周墓》著录一件铜戈,铭文如下:

---

① 黄盛璋:《试论三晋兵器的国别和年代及其相关问题》,载《历史地理与考古论丛》,济南:齐鲁书社,1982 年。
② 李学勤:《战国题铭概述(中)》,载《文物》,1959 年 8 期。
③ 高明:《中国古文字学通论》,北京:北京大学出版社,1996 年,第 444 页。
④ 荆门市博物馆:《郭店楚墓竹简》,北京:文物出版社,1998 年。
⑤ 徐在国:《楚简文字新释》,载《江汉考古》,1998 年 2 期。《古玺文字八释》,《吉林大学古籍所建所十五周年纪念文集》,长春:吉林大学出版社,1998 年,第 113~114 页。

第一编　铜器铭文、兵器铭文　17

二十八年上洛左库工帀(师)□隐冶□(图6)

此戈系M412∶5出土,内上铸有铭文13字,原释文为:"二十八年上河左库工帀(师)恭(?)隐冶蝎(蠆?)。"①

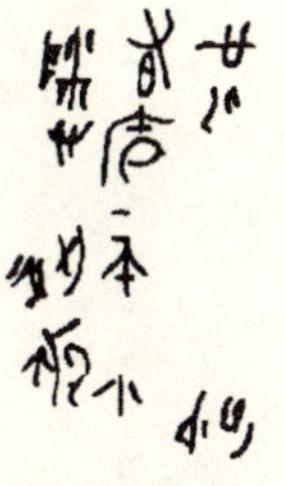

按:戈铭中用作地名的两个字不应释为"上河",而应释为"上洛"。戈铭中的"洛"字与永盂、虢季子白盘中的"洛"字(《金文编》729页)形体相同,当释为"洛"。上洛是地名,古玺作"上各"。吴振武先生说:"'上各'是地名,即敔簋中的上洛,典籍或作上雒(《左传·哀公四年》),春秋晋邑。战国时先属魏,后属秦。《战国策·秦策》:'楚、魏战于陉山,魏许秦以上洛,以绝秦于楚。'其地在今陕西省商县。此玺从形制和文字风格上看,可以确定为魏玺。"②其说甚确。此戈从铭文格式和文字风格看,应为魏戈。此外,戈铭中的"冶"字原文释为"治",可能是印刷错误。

图6

七

《太原晋国赵卿墓》M251∶657号铜戟铭文如下:

比城之棗(造)戟(图7)

原书释文为"烑城作晳戟"。③

按:戈铭首字作𣎴,释"烑",误。此字多次见于《侯马盟书》,均用作姓氏(《侯马盟书》338页)。又见于古玺,亦用作姓氏(《古玺文编》460页)。旧多不释或误释。刘钊先生改释为"比",他说:"古玺及盟书之'比',皆应读为姓氏之'比'。比为地名,在今山东淄博一带,姓比乃以封地为氏。《史记》载殷有比干,可证古有比氏。"④其说可从。比城,地名,待考。

图7

戈铭第三字原释"作",误。此字应释为"之"。第四字原拓不清,释"晳"可疑。从残存笔画看,此字似与山西长治分水岭14号战国墓出土的"宜乘之棗(造)戟"⑤中的"棗"字同,似释为"棗",读为"造"。戈铭"比城之棗(造)戟"与"宜乘之棗(造)戟"辞例相同。

---

① 湖北省文物考古研究所:《江陵九店东周墓》,北京:科学出版社,1995年,第231页。
② 吴振武:《古玺合文考(十八篇)》,载《古文字研究》(第17辑),北京:中华书局,1989年。
③ 山西省考古研究所等:《太原晋国赵卿墓》,北京:文物出版社,1996年,第96页。
④ 刘钊:《玺印文字释丛(一)》,载《考古与文物》,1990年2期。
⑤ 李学勤、李零:《平山三器与中山国史的若干问题》,载《考古学报》,1979年2期。

东周兵器铭文中几个词语的训释[1]

一、卯（茆）

"卯"字或作"茆"。见于下列戈铭：
右卯（《集成》17·10944[2]）
昌城工佐□茆戈[3]（同上 17·11211）
宋公差之所造茆戈（同上 17·11281）

昌城戈"茆"字或释为"柳"，[4]不确。此字与宋公差戈"茆"字同，并从"屮"、从"卯"。古文字中从"艹"之字或省从"屮"，如《侯马盟书》中"茀"字即从"屮"、从"弗"。[5]

"茆"字见于《说文》，在戈铭中应读为"卯"。殷墟卜辞中有"卯三牛"（《甲骨文合集》385）、"卯五牛"（同上 369）等。王国维说："卜辞屡言卯几牛，卯义未详，与尞瘞沈等同为用牲之名，以音言之，则古音卯刘同部……疑卯即刘之假借字。《释诂》：'刘，杀也。'汉时以孟秋行貙刘之礼，亦谓秋至始杀也。"[6] 胡小石认为："卯为刘之原字。"[7] 姚孝遂先生说："按：卜辞'卯'假借为干支

---

[1] 原载《古汉语研究》，2005 年 1 期。
[2] 中国社会科学院考古研究所：《殷周金文集成》（第 17 册），北京：中华书局，1992 年。
[3] 此戈旧释为"工城戈"，不确。"昌城"，地名，又见于《集成》17·10998。
[4] 黄盛璋：《燕齐兵器研究》，载《古文字研究》（第 19 辑），北京：中华书局，1992 年。
[5] 山西省文物工作委员会：《侯马盟书》，北京：文物出版社，1976 年，第 322 页。
[6] 于省吾：《甲骨文字诂林》，北京：中华书局，1996 年，第 3438 页。
[7] 于省吾：《甲骨文字诂林》，北京：中华书局，1996 年，第 3439 页。

字,亦为用牲之法。王国维'疑卯即刘之假借字',实则'刘'为'卯'之孳乳字。"①胡、姚二先生说可从。"刘"乃"卯"的孳乳分化字。《尔雅·释诂上》:"刘,杀也。"《尚书·盘庚上》:"重我民,无尽刘。"孔传:"刘,杀也。"

如上所述,"卯戈"义同刘戈,即杀戈。东周兵器铭文中,齐国兵器多称为"散戈"或"散剑",如:

陈□散戈(《集成》17·10963)

陈窜散戈(同上 17·11036)

平□□散戈(同上 17·11101)

羊角之亲造散戈(同上 17·11210)

陈御寇散戈(同上 17·11083)

陈窜散剑(同上 18·11591)

"散"字原从"林"省,从"攴"(会芟杀草木),②从"月",或释为"服",不可从。扬雄《方言》三:"虔、散,杀也。东齐曰散……"称"杀"为"散"是齐方言,"散戈"义同杀戈。鲁兵器铭文中有"叔孙敉戈"(《集成》17·11040),黄盛璋先生说:"自称'敉戈',即'诛戈',为此戈特有,齐兵器无此称。"③《广雅·释诂一》:"诛,杀也。""诛戈"义为杀戈。此外,燕国兵器铭文中常见"钱锯"、"钱矛"、"锗剑"之称。"钱"字或读为"捶",④或读为"劇",⑤均训为"击"。"锗"训为"斫"。⑥ "击"、"斫"与"杀"义近。

总之,上列兵器铭文中的"卯(茆)戈"与"散戈"、"诛戈"、"钱戈"等义同,并训为击杀之器。"右卯"应为"右库卯戈"的省称。⑦

---

① 于省吾:《甲骨文字诂林》,北京:中华书局,1996年,第3441页。
② 裘锡圭:《古文字论集》,北京:中华书局,1992年,第172页。
③ 黄盛璋:《燕齐兵器研究》,载《古文字研究》(第19辑),北京:中华书局,1992年,第50页。
④ 何琳仪:《战国文字通论》,北京:中华书局,1989年,第262页。
⑤ 汤余惠:《战国铭文选》,长春:吉林大学出版社,1993年,第64页。
⑥ 施谢捷:《郾王职剑跋》,载《文博》,1989年2期。
⑦ 吴振武说:"跟三晋兵器一样,齐兵中的'左库'、'右库'也可以省称为'左'、'右'。"参见吴振武《赵铍铭文"伐器"解》,载《训诂论丛》(第3辑),1997年。

二、同

于中航先生在《先秦戈戟十七器》一文中著录了一件齐戟，铭文如下：

平阿右同戟

于先生说："平阿为齐邑名，右同，当为齐国军队组织之称。"①黄盛璋先生认为："'同戈'当是'铜戈'，而平阿左（引者案，应为'右'）即'左造'之简，铜最早称金，'铜'字晚出，当在铁器制造之时称之为铜，以与铁器区别。"②

按：上引二说可疑。《集成》17·11102—11104 是三件铭文相同的戈："武王之童戈。"③我们怀疑齐戈中的"同"与武王戈中的"童"含义相同。"同"、"童"二字古通。《列子·黄帝》："状不必童而智童，智不必童而状童。"张湛注："童当作同。"《管子·侈靡》："山不同而用掞。"戴望校正："陈先生云：'同读为童。'"疑戈铭中的"同"、"童"均应读为"撞"。《说文·手部》："撞，卂捣也。"清钮树玉《说文解字校录》："《韵会》引无'卂'字。《一切经音义》卷五作'戟捣也'。则'卂'当是'卂'，'卂'读若戟也。"④《集韵》："撞，撞击也。"《礼记·学记》："善待问者如撞钟，叩之以小者则小鸣，叩之以大者则大鸣。"郑玄注："撞，击也。"《广雅·释诂》："撞，刺也。"王念孙《广雅疏证》："《说文》'撞，卂捣也。'《秦策》'迫则杖戟相撞'，高诱注云：'撞，刺也。'"⑤如此，"同戟"应读为"撞戟"，"童戈"应读为"撞戈"，训为刺、击之戟（戈）。与"卯戈"、"散戈"、"诛戈"等义近。

附带谈一下，江陵九店一六八号墓出土的一件楚戈，上有铭文7个字，为"南君阳邗之中戈"。⑥疑"中"亦读为"撞"。《史记·天官书》："炎炎冲天。"《汉书·天文志》中"冲"作"中"。《晏子春秋·外篇下》："冲之果毁。"《初学记》十六引"冲"作"撞"。据此，"冲"和"中"相通，而"冲"和"撞"又相通，那么"中"和"撞"也应相通。南君戈"中戈"亦应读为"撞戈"。

---

① 于中航：《先秦戈戟十七器》，载《考古》，1994年4期。
② 黄盛璋：《燕齐兵器研究》，载《古文字研究》（第19辑），北京：中华书局，1992年。
③ "戈"字原文从"刀"、"甘"、"日"，疑为"戈"字或体。
④ 丁福保：《说文解字诂林》，北京：中华书局，1988年，第11916页。
⑤ 王念孙：《广雅疏证》，北京：中华书局，1983年，第21页。
⑥ 湖北省文物考古研究所：《江陵九店东周墓》，北京：科学出版社，1995年，第328页。

三、共

《集成》17·11162为"王子□戈",铭文如下:

王子□之共戈

戈铭第五字旧不释。我们认为此字应释为"共",在戈铭中读为"拱"。"共"、"拱"二字古通,如《诗经·大雅·抑》中"克共明刑。"《玉篇·手部》引"共"作"拱"。《论语·为政》:"而众星共之。"《释文》:"共郑作拱。"《荀子·赋》:"圣人共手。"杨倞注:"共读为拱。""拱"字或训为"执"。《尔雅·释诂下》:"拱,执也。"郭璞注:"两手执为拱。"《国语·吴语》:"行头皆官师,拥铎拱稽。"韦昭注:"拱,执也,稽,棨戟也。"如此,"共戈"应读为"拱戈",训为"执戈"。

"共"字又见于湖北随县曾侯乙墓所出的"阳作共戈"中。戈铭"共"字上从"共"下从"戈",原发掘报告只作隶定,未加说明。① 黄锡全先生认为此字当是"拱"字异体,义为"执"。② 其说近是。"共"字或从"戈",当与章子戈"交"、曾侯乙戈"用"或从"戈"相类。从"戈"之"共"当是"共"字异体,在戈铭中读为"拱"。

此外,曾、楚两国的兵器铭文中还出现过"秉戈",如:

楚公家秉戈(《集成》17·11064)

曾侯养伯秉戈(同上 17·11121)

李学勤先生曾对曾侯养伯戈做过考释,他说:"'秉戈','秉'是执、持的意思。古书谈到手持兵器一类器物,常用'秉'字,如《尚书·牧誓》:'右秉白旄以麾。'因此,枣阳赵湖这件戈是曾侯养伯自用之物。"③其说可从。《尔雅·释诂下》:"秉,持也。""秉戈"义与"拱戈"同。

四、允

《集成》17·11253为鄝子戈,铭文如下:

---

① 湖北省博物馆:《曾侯乙墓(上)》,北京:文物出版社,1989年,第254页。
② 黄锡全:《湖北出土商周文字辑证》,武汉:武汉大学出版社,1992年,第98页。
③ 李学勤:《曾侯戈小考》,载《江汉考古》,1984年4期。

鄀子谣臣之元允戈

第七字黄锡全先生释为"允",是正确的。他认为"允"即"䥐"字,"允(䥐)戈"当是侍臣所执之戈。①

我们认为戈铭中"允"字不必改读。"允"字或训为用。清王引之《经传释词》卷一"允"字条下:"家大人曰:允,犹'用'也。《书·尧典》曰:'允釐百工。'言用釐百工也。《皋陶谟》曰:'允迪厥德。'言用迪厥德也。又曰:'庶尹允谐。'言庶尹用谐也。《大诰》曰:'允蠢鳏寡。'言用动鳏寡也。《论语·尧曰》引尧曰:'允执其中。'言用执其中也。……"②因此,戈铭中"元允"应训为"元用",与东周兵器铭文中常见的"元用"义同。"元用"见于下列兵器铭文中:

徐王之子之元用戈(《集成》17·11282)

楚屈叔佗之元用(《集成》17·11198)

周王假之元用戈(《集成》17·11212)

子孔择厥吉金铸其元用(《集成》17·11290)

周王孙季怡……元用戈(《集成》17·11309)

工吾王夫差自作其元用(《集成》18·11638)

吉日壬午作为元用(《集成》18·11696)

关于"元用",郭沫若先生说:"'元用'这两个字在兵器铭文里面多见,普通的彝器作'宝用',武器则多作'元用'。元者善之长也,是顶好的意思,'元用'大约就是说顶好的武器吧。"③王人聪先生曾提出新解,他说:"我们认为'元用'一词中的'元'字应解释为'宝'。……'元'训'宝','用'与'宝'义近,是知'元用'系由两个近义的词素构成的同义并列复合词,与'元宝'、'宝用'一样,都是表示'宝'或宝重的意思。"④可备一说。

---

① 黄锡全:《湖北出土两件铜戈跋》,载《江汉考古》,1993年4期。
② 王引之:《经传释词》,长沙:岳麓书社,1985年,第18页。
③ 郭沫若:《奴隶制时代》,北京:科学出版社,1956年,第130页。
④ 王人聪:《释元用与元弄》,载《考古与文物》,1996年3期。

第二编 玺印文字

"信士"玺跋①

罗福颐先生主编的《古玺汇编》(文物出版社,1981 年 12 月 1 版。以下简称《玺汇》)188·1856 著录一方两面玺(图 1),原书释为"事□·千在"。

a　　b　　图 1

今按:释图 1.b 为"千在",从字形上看应没问题。但"千在"究竟作何解释,则需要进一步探讨。我们认为"千在"应读为"信士"。李家浩先生曾认为:"信"从"言","人"声,人旁竖画加一短横成为"千","千"亦从"人"声,"千"可借为"信"。② 其说可从。

《玺汇》53.0305"三台(从吴振武先生释)在宫"中的"在"字,吴振武先生认为:"我们疑应释为'士'。中山王䰜方壶铭文中的'贤士良佐'、'士大夫'之'士'作㐅(《中山王䰜器文字编》23 页),似与此同。"③吴先生所疑极是。有关中山器中的"在"字,徐中舒、伍士谦先生认为:"此士字,从才声,谓才士也。后世以为在字。'贤士良佐'战国时习用语。"④图 1.b 中的"在"字亦当读为"士"。

综上所述,则"千在"应该释为"信士"。

---

① 原载《古汉语研究》,1998 年 4 期。
② 李家浩:《从战国"忠信"印看古文字中的异读现象》,载《北京大学学报(社科版)》,1987 年 2 期。
③ 吴振武:《古玺合文考(十八篇)》,载《古文字研究》(第 17 辑),北京:中华书局,1989 年。
④ 徐中舒、伍士谦:《中山三器释文及宫堂图说明》,载《中国史研究》,1979 年 4 期。

"信士"玺,《玺汇》著录多方,但是放置混乱,所释多误,吴振武先生曾在《〈古玺文编〉校订》(吉林大学博士论文,1984年)214条中详加考辨,此不赘述。

上海书店所出《古玉印精萃》(1989年9月1版)一书,系韩天衡、孙慰祖二先生编订。该书25页著录一方阴文小玺(如图2所示)。

原书隶作"䇉"。显然是误将此玺当作单字玺了。实际上,此玺是两个字,应释为"信士"。此玺"信"字所从的"千"旁倾斜,"士"字放在了"千"旁的下部,容易被误认为是一个字。

图2

"信士"一词,典籍常见。如《荀子·王霸》:"人无百岁之寿,而有千岁之信士,何也?曰:以夫千岁之法自持者,是千岁之信士矣。""曰:援夫千岁之信法以持之也,安与千岁之信士为之也?"王先谦《集解》:"谓使百世不易可信之士为政。"《史记·滑稽列传》:"楚王曰:'善,齐王有信士若此哉!'厚赐之,财倍鹄在也。"《说文》:"信,诚也。""信士"就是可信之士,即诚实可信的人。

附带说一下,《玺汇》吉语玺类所收4563~4568号"昌在"玺,"在"字似乎亦应释为"士",读为"士昌"。

古玺文字八释[1]

一、释"䑋"

罗福颐先生主编的《古玺汇编》[2]1020著录一钮朱文私玺：

原书释为："肖□",次字缺释,《玺文》作为不识字收在附录中(见《玺文》473页)。

今按："䑋"字可分析为从"肉"、从"羊"、从"又",当释为"䑋",战国文字中有一些从"収"的字,"収"旁常常写成"廾",例如：

兵　　《玺汇》4092

兴　　《玺汇》1507

弃　　《玺汇》0872

---

① 原载《吉林大学古籍整理研究所建所十五周年纪念文集》,长春:吉林大学出版社,1998年。

② 本文引书简称如下：

《玺汇》——罗福颐等《古玺汇编》,北京:文物出版社,1981年。

《玺文》——罗福颐等《古玺文编》,北京:文物出版社,1981年。

《集成》——中国社会科学院考古研究所《殷周金文集成》,北京:中华书局,1984年～1994年。

瘝 廦① 《玺汇》2803

既然"奴"可以写作"✲✲","奴"又是从二"又"的,"又"写作"✲"也就不奇怪了。如此,"䏦"字当分析为从"肉"、"羞"声,释为"膳",字在玺文中用作人名。

战国陶文中有字作"䍲",汤余惠先生说:"字下从𠂇,右上加丿为肉旁标志;𦍋即古文羞。甲骨文作𦍋、𦍋等形,金文作𦍋(不嬰簋)。《说文》云:'羞,进献也。从羊,羊所进也。从丑,丑亦声。'按丑、又古通,商周古文羞字从又不从丑。陶文此字羊旁省略中间直笔,古玺美、善等字从羊多如是作,可以互证;又旁作𠂇增点饰,战国文字习见。字当释'膳',即珍膳字。"② 汤先生所言极是。"膳"字作"䍲",又作"䏦",与"弃"字作"𠂇"(《玺汇》1485)又作"𠂇"相类。

二、释"滕"

《玺汇》1667 著录一纽朱文私玺:

原书释为"邳□",次字缺释。《玺文》作为不识字收在附录中(见《玺文》417页)。

今按:"𣲘"字从"水"、从"乘",应隶作"𣲘",释为"滕"。此字所从的"乘"与公乘壶"乘"字作"乘"(《金文编》387 页)形体相同,释为"乘"没有问题。古音"乘"属船纽蒸部,"滕"属端纽蒸部,韵部相同,声纽同属舌音,故"滕"字可以"乘"为声符。"滕"字异体作"𣲘",与楚文字的"胜"作"𧗟"(霁)"③相类。如此,此字可分析为从"水"、"乘"声,释为"滕",字在玺文中用作人名。

释出了"滕"字,《玺汇》1691"邳𧗟"中的"𧗟"字的问题也就可以解决了。此字可分析为从"水"、"𧗟"(胜)声,亦应释为"滕"。字在玺文中用作人名。

---

① 从汤余惠先生释,《略论战国文字形体研究中的几个问题》,载《古文字研究》(第 15辑),北京:中华书局,1986 年。

② 汤余惠:《略论战国文字形体研究中的几个问题》,载《古文字研究》(第 15 辑),北京:中华书局,1986 年。

③ 参见拙文《楚简文字新释》,载《江汉考古》,1998 年 2 期。

附带说明一下,我们曾释出了楚简的"胜"字,而没有注意到古玺及兵器铭文中的"胜"字。今补释如下:《玺文》13·13下(332页)著录如下字:

　　▨《玺汇》0947　　▨《玺汇》0948　　▨《玺汇》1910　　▨《玺汇》2180

　　▨《玺汇》2898　　▨《玺汇》2994　　▨《玺汇》1186

《玺文》隶作"勅",可从。

"勅"字还见于三晋兵器铭文中,如:

　　七年,邦司寇富▨,上库工师戎间、冶朕。《集成》18·11545

　　廿九年,高都命(令)陈□。工师□、冶▨。《集成》18·11653

这些字隶定为"勅"是正确的,但"勅"字不见于《说文》。"勅"字应分析为从"力"、"乘"声,释为"胜",字在玺文及兵器中均用作人名。

三、释"建"

《玺汇》0492 著录一纽朱文私玺:

原书为"王□",次字缺释。《玺文》作为不识字收在附录中(见《玺文》480页)。

今按:此字从"聿"、从"止",应释为"建"。战国文字中"建"字的形体如下:

　　齐　▨　武城建戈《集成》17·11025

　　燕　▨①　《玺汇》0596

　　中山　▨　中山侯钺《集成》18·11758

　　三晋　▨　建信君钹《集成》18·11677

　　　　▨　建信君钹《集成》18·11680

　　楚　▨　曾侯乙墓简

---

① 汤余惠:《略论战国文字形体研究中的几个问题》,载《古文字研究》(第15辑),北京:中华书局,1986年。汤先生怀疑是"建"字,甚是。

※ 楚帛书①
※ 九店楚简 M56·21 上②
※ 九店楚简 M56·23 上

"※"字与建信君钺中的"建"字形体最为接近,下部讹从"止",与燕玺、楚帛书及九店楚简中的"建"字从"止"同。如此,此字可释为"建",字在玺文中用作人名。

释出了"建"字,见于古玺中的下列未释字的问题也就可以解决了。

　　事※　《玺汇》1720
　　乐※　《玺汇》1370
　　虞※　《玺汇》2865

上录三形当与"※"字同释,应释为"建"。字在玺文中均用作人名。后两个形所从的"止"作"※",与古玺"正"字所从的"止"或作"※"(《玺汇》4766)、"迢"字所从的"止"或作"※"(《玺汇》1540)同。

四、释"璧"

《玺汇》1203 著录一纽朱文私玺:

原书释为"牛□",次字缺释。《玺文》作为不识字收在附录中(见该书 539 页)。

今按:此字应释为"璧"。"璧"字洹子孟姜壶或作"※",召伯簋作"※"(《金文编》24 页)。"※"与召伯簋"璧"字右部所从同,似应分析为从"玉"、"辟"省声,释为"璧"。"璧"字作"※",与"迟"字作"※"(王孙诰钟)、又作"※"(曾侯乙编钟)相类。"※"字所从的"※"是"辛"字,古文字中"辟"字所从的"辛"常作"※"形,如商卣"辟"字作"※",师虎鼎作"※",师害簋作"※"(《金文编》648～649

---

① 参见滕壬生《楚系简帛文字编》,武汉:湖北教育出版社,1995 年。
② 湖北省文物考古研究所:《江陵九店东周墓》,北京:科学出版社,1995 年。

页),均是如此。"璧"字所从的"玉"作"𤣪"形,一种可能是"〇"(像璧玉形,"辟"字所从)与"玉"字上部共用一横画,另一种可能是受"辛"旁影响类化的结果。总之,"璧"似应释为"璧"。字在玺文中用作人名。

释出了"璧"字,古玺中下列未释字的问题也就可以解决了。

  长璧　《玺汇》0724

  邮璧　《玺汇》2034

  司马璧　《玺汇》3784

"璧"与"璧"所从同,当释为"璧"。"璧"字从"尸"、从"玉",省去了"辛",似可视为"璧"字异体。三字在玺文中均用作人名。

附带说一下,《玺文》436 页第四栏著录以下两个未释字:

  㞋《玺汇》0416　　　　㞋《玺汇》2401

两字所从的"尸"与上释"璧"字所从"辛"形近,应是"辛"字。如此,两字可分析为从"辛"、从"月",释为"薛"。"薛"字薛尊作"𦥑",薛侯鼎作"𦥒",薛仲赤匜作"𦥓"(《金文编》34 页),并从"辛"、从"月"。

五、释"蔡"

《玺汇》3574 著录一钮白文玺:

原书缺释。"䣓"字《玺文》作为不识字收在附录中(见该书 384 页)。

今按:"䣓"字应分析为从"邑"、从"㐬",隶作"䣓",读为"蔡"。古玺"䣓"字或作"䣓"、"䣓"(《玺文》375 页),吴振武先生认为二字应"隶定为䣓,释为㐬……用作姓时当读作蔡氏之蔡。在先前古文字资料中,蔡字均借㐬或从䣓之字为之,例不胜举"。① 所言甚确。楚简中"䣓"字作"䣓"、"䣓"、"䣓"、"䣓"等形,②"䣓"与上引诸形形体相近,所从的"㐬"当由金文"㐬"、"㐬"(《金文编》37 页)等形讹变,乃"㐬"字异体。综上所述,此字应隶作"䣓",字在玺文中用作姓氏,

---

① 吴振武:《〈古玺文编〉校订》第 426 条,吉林大学博士学位论文(油印本),1984 年。

② 滕壬生:《楚系简帛文字编》,武汉:湖北教育出版社,1995 年,第 60~61 页。

当读为"蔡"。

六、释"剔"

《玺汇》4098 著录一方朱文私玺：

首字原书缺释。《玺文》作为不识字放在附录中（见该书 535 页）。

今按：此字应分析为从"刀"、"䍻（狄）"声，隶作"勢"，释为"剔"。这是一方燕国私玺。燕私玺中"剔生×"玺两见。《玺汇》3306 是"☒生角"，《玺汇》3488 是"☒生□"。"☒"、"☒"何琳仪先生释为"剔"①，甚是。"☒"字与上引二形不同的是它所从的"衣"旁作"☒"，所从的"刀"又与"衣"的上部相连，因此不容易辨认。"剔"在古玺中用作姓氏。

七、释"孙"

《玺汇》5346 著录一纽朱文单字玺：

原书缺释。《玺文》作为不识字收在附录中（见该书 479 页）。

今按：此字可分析为从"子"、从"又"，应释为"孙"。《订正六书通》（上海书店 1981 年）卷二·真韵·70 页"孙"字条下所引古文中有一形体作"☒"，从"子"、从"又"；郏讨鼎"孙"字作"☒"（《金文编》855 页），亦从"又"，只是所从之"又"在"子"上。古玺中"孙"字还有写作"☒"（《玺文》305 页）形的，如前所述，战国文字中的"又"字可作"☒"，则此字可分析为从"子"、从"又"。古文字中"又"、"寸"是一字之分化，疑上引诸字均应分析为从"子"、"寸"声。古音"寸"

---

① 何琳仪：《古玺杂释》，载《辽海文物学刊》，1986 年 2 期。

属清纽文部,"孙"属心纽文部,故"孙"字可以"寸"为声符。如此,"𡥜"字可分析为从"子"、"又(寸)"声,释为"孙"。

八、释"午"兼论古玺中的倒书

《玺汇》3565 著录一纽朱文私玺,共二字:

原书均缺释。"土"字《玺文》作为不识字放在附录中(见该书 577 页)。

今按:此玺首字已有学者释为"陈",可从。此字我们认为是"午"字的倒书。古玺"午"字或作"𠂉"(《玺文》353 页)可证。

众所周知,古文字中存在着倒书的情况。关于甲骨文的倒书,已有学者专文详论。① 下面我们准备谈一下古玺中的倒书:

《玺汇》1304 㚔午(?)。此玺印面呈三角形,上有一只小鸟,造型精美,许多谈古玺印的书籍均著录此玺。《古玺印概论》曾将首字释为"相",②误。首字《玺文》录作"𥎊"放在附录中(见该书 494 页)。吴振武先生在一次博士论文答辩会上指出此字是"赋"字的倒书。所言极是。

《玺汇》2207 鄩③㚔。"冬"字倒书,从丁佛言释。

《玺汇》3291 生㚔。这是一方吉语玺,"畐"(福)字倒书,从刘钊先生释。

《玺汇》3370 吊㚔。"罚"字倒书,从何琳仪先生释。④

《玺汇》3371 栗市㚔。"罚"字倒书。

《玺汇》3603 薛㚔。次字《玺文》作为不识字放入附录中(见该书 498 页)。我们怀疑此字是"曹"字的倒书。

《玺汇》4482—3 ╪百。"千"字倒书。

---

① 刘钊:《谈甲骨文中的"倒书"》,载吉林大学古文字研究室《于省吾教授百年诞辰纪念文集》,长春:吉林大学出版社,1996 年,第 55~59 页。
② 罗福颐、王人聪:《古玺印概论》,北京:文物出版社,1981 年,第 47 页。
③ 徐在国:《释䕺、此、郲、鄩》,载《山东古文字研究》,1993 年。
④ 何琳仪:《古玺杂释》,载《辽海文物学刊》,1986 年 2 期。

《玺汇》4732 土君▢。"子"字倒书。

《玺汇》4752—4755 上▢尔(玺)。"▢"即"生"字倒书,旧不识。《玺汇》4692"生䙷"之生作▢,①与"▢"形近,生字两侧加"ヽ/",乃是饰笔。

以上诸字是属于整字倒书。下面几个字是属于部分偏旁的倒书：

《玺汇》3400 ▢猨。"鄾"字所从的"邑"旁倒书。

《玺汇》5342 ▢。这是一方单字玺。刘钊先生隶作"宎"②,可从。"宎"字所从的"天"倒书。《玺汇》5339"宎"字作▢正可互证。

总之,古玺中的倒书不是很多,官玺中还没发现,只见于姓名私玺、吉语玺、成语玺及单字玺中。了解古玺中的倒书,可以开阔我们的思路,有助于我们更好地考释古文字。

---

① 汤余惠：《战国铭文选》,长春：吉林大学出版社,1993年,第89页。
② 刘钊：《古文字构形研究》,吉林大学博士论文学位(油印本),1991年。

战国官玺考释三则①

一

《古玺汇编》(以下简称《玺汇》)12页0068著录下揭一方阳文官玺:

此玺从风格上看,应属晋玺。

首字"⿰",《玺汇》缺释。何琳仪先生释为"会",读为"阴"。② 甚确。此字从"云","今"声,与《说文》"霒"字古文"⿱"同。

次字"⿱",《玺汇》缺释。《古玺文编》(以下简称《玺文》)作为不识字收在附录里(见该书454页)。我们认为此字可分析为从"土","官"声,隶作"坣",读为"馆"。在古文字中,尤其是在战国文字中,"自"用作偏旁时常常省作"⿱"或"⿱"。例如:

官　⿱　《曾侯乙墓》146号简　⿱　同上207号简
郎　⿱、⿱　天星观简《楚系简帛文字编》553页
绾　⿱　《中国古代度量衡图集》103　⿱　同上104
帕　⿱　《玺汇》242·2497　⿱③　同上242·2498

---

① 原载《考古与文物》,1999年3期。
② 何琳仪:《古玺杂释续》,载《古文字研究》(第19辑),北京:中华书局,1992年。
③ 《玺汇》隶作"帕",可从。

殿 ■①《殷周金文集成》15·9718　　■ 《曾侯乙墓》13号简
眉② ■ 师密簋　　■ 师寰簋

凡此均可证明"■"、"■"就是"自"的省体。"■"字可以隶作"㝉"。"官"、"馆"二字音近古通,如《周易·随》:"官有渝。"《释文》:"官,蜀才作馆。"《战国策·燕策一》:"而燕王不馆也。"《史记·苏秦列传》中"馆"作"官"。③"㝉"字从"土"、"官"声,"土"旁可视作赘加的义符。综上所述,"会㝉"可以读作"阴馆"。"阴馆"见《汉书·地理志》,是雁门郡下属县,地在今山西省代县西北。战国时代属赵国。

二

《玺汇》252 页 2619 著录如下一方阳文玺:

《玺汇》将此玺放在姓名私玺类,二字并缺释。

今按:"■"字应分析为从"宀"、从"■","■"即"自"之省(详见上文)。则此字应径释为"官"。

"■"字,《玺文》作为不识字收在附录里(见该书 397 页)。此字从"辵"、从"又",这没有问题,关键在于所从的"王"旁。《集篆古文韵海·东韵》"攻"字作"■",《石鼓文·邋车》"工"字作"■",二形并与"■"所从之"王"形同。如此,此字可隶作"返"。《篆隶万象名义》④十八·工部·180 下工字古文作"■",从"辵"与此字所从同。"返"字所从"攴"即攻字。古文字中,"又"、"攴"二形旁有时混用,如"启"字,癫钟作"■",攸簋则作"■"(《金文编》)209

---

① 刘钊:《谈师密簋中的"眉"字》,载《考古》,1995 年 5 期。
② 刘钊:《谈师密簋中的"眉"字》,载《考古》,1995 年 5 期。刘钊先生读"眉"为"殿",可从。但在分析师密簋中的"■"字时,认为"从尸从爪",似可商。疑"■"字所从"■"乃"自"之讹省。《殷周金文集成》18·12088 麈尿节有字作"■",与"■"应为一字,并当隶作"眉",释为"殿"。《玺汇》57·0330"始■锈"之"■"亦应隶作"眉"。"始眉"疑读为"司典"。
③ 高亨:《古字通假会典》,济南:齐鲁书社,1989 年,第 186 页。
④ 释空海:《篆隶万象名义》,北京:中华书局,1995 年,第 180 页。

~210页);"攻"字,攻敔臧孙钟作"㓃",又作"㪠",鰦镈作"㪠"(《金文编》219页)。

综上所述,"返官"应释作"工官"。"工官"是官名,见于《史记》和《汉书》。《史记·平准书》:"(武帝时)边兵不足,乃发武库工官兵器以赡之。"《汉书·贡禹传》:"禹奏言……故时齐三服官输物不过十笥,方今齐三服官作工各数千人,一岁费数钜万。蜀广汉主金银器,岁各用五百万。三工官官费五千万。东西织室亦然。"如淳曰:"《地理志》河内怀、蜀郡成都、广汉皆有工官。工官,主作漆物者也。"颜师古曰:"如说非也。三工官,谓少府之属官,考工室也,右公室也,东园匠也。上已言蜀汉主金银器,是不入三工之数也。"二说相较,当以颜师古之说为是。如此,此玺应是战国时代"工官"所用之官玺。

三

《玺汇》29页0171著录如下一方阳文官玺:

首字《玺汇》缺释。《玺文》作为不识字收在附录里(见该书444页)。

我们认为此字应分析为从"目"、从"土"、从"丿","丿"即"自"之省(详见上文),则此字当隶作"𡋑"。似应和《玺汇》247·2563"𡋑南闵(门)"中的"𡋑"是一字异体。"𡋑"字,朱德熙、裘锡圭先生曾怀疑是"𠂤"(堆)字繁文,[①]甚确。《玺文》隶作"𡋑",引《玉篇》"𡋑"字的异体作"堆",也是对的。但此字在玺文中如何读,则值得进一步探讨。

裘锡圭先生曾指出:"'𠂤'是'堆'的古字,在古代有可能用来指称人工堆筑的堂基一类建筑。……'𠂤'(堆)与'殿'也应是同源词。'𠂤'(堆)之转为'殿',犹'脾'之转为'臀'。所以上引卜辞里的'𠂤'很可能是指殿堂而言

---

① 朱德熙、裘锡圭:《战国铜器铭文中的食官》,载《文物》,1973年12期。后收入《朱德熙古文字论集》,北京:中华书局,1992年,第83~87页。

的"。① 如此,玺文中的"坫"或"𣪊"似应释为"殿"。我们怀疑此字在玺文中应读作"典"。《篆隶万象名义》卷十七:"殿,典也。"《玉篇·玉部》"瑱"字古文作"瑎",《篆隶万象名义》同。"殿"和"典"古音同属文部,声母并属端纽。"殿"读作"典",应该没有问题。

如上所释,"𣪊阳门"应读为"典阳门","𣪊南闶(门)"应读为"典南门"。春秋时晋国守门的小官称为"典门"。《七国考》:"《子华子》云'子华子违赵,赵简子不悦。烛过(人名)典广门之左,简子召而语之以其故。'""典阳门"、"典南门"应是守门的官员所使用的玺印。这两方玺印从文字风格看,并属三晋官玺,恰与文献记载相合。

附带说一下,齐大宰归父盘"归"字作"𨖫"(《金文编》85页)。郭沫若先生隶定为"遘",认为"是归之异文,'归'从'帚''皀'(追)声,此从帚遂声也。"② 上海博物馆《商周青铜器铭文选》(二)842隶作"貒",③ 大误。实际上,此字所从的"皀"绝对不是"豕"或"豕",而是"𠂤"字的省体。最上面的一横当是赘加的饰笔。"𠂤"作"𠂤",又作"𠂤"(并"官"字所从。《玺文》339~340页)可证。所以,这个字可隶作"𨖫",释为"归"。《金文编》(85页)将此字列在"归"字下是对的,但同时引用郭说,则有可商之处。

《殷周金文集成》19·11317 三年负黍令戈有字作"𨖫",④ 旧不识。"𠂤"即"𠂤"之省,"帚"即"帚",此字可隶作"𨖫",释为"归"。字在戈铭中用作冶工的名字。

---

① 裘锡圭:《释殷墟卜辞中与建筑有关的两个词——"门塾"与"𠂤"》,载《出土文献研究》(第2辑)。后收入《古文字论集》,北京:中华书局,1992年,第193页。
② 郭沫若:《两周金文辞大系图录考释》,北京:科学出版社,1957年。
③ 马承源:《商周青铜器铭文选》(二),北京:文物出版社,1987年,第842页。
④ 此戈旧释为"脩余戈",误。吴振武先生改释为"负黍"戈,可从。参见《东周兵器铭文考释五篇》,纪念容庚先生百年诞辰暨中国古文字学国际学术研讨会论文(油印本),1994年。

战国成语玺考释四则①

关于战国成语玺,叶其峰先生已有专文详论。② 另有诸多学者对部分成语玺做了相当精彩的考释。本文仅就《古玺汇编》中的四则成语玺略作考析,不当之处,敬祈学者指正。

一、释"千金"

《古玺汇编》496·5494 著录如下一方白文小玺:

原书未释。《古玺文编》作为不识字收在附录里(见该书 500 页)。

今按:此玺应该释为"千金"。古玺文字中"千"字或作"千"、"千"、"千"(《古玺文编》48 页)等形,与"千"形近。故"千"可以释为"千"。"金"字古玺文或作"金"、"金"(并"铄"字所从,《古玺文编》322 页),包山楚简或作"金"、"金"(《楚系简帛文字编》992 页),并与"金"形近。故"金"字可以释为"金"。

如上所述,此玺应释为"千金"。典籍中习见"千金"一词,如《韩非子·难四》:"千金之家,其子不仁,人之急利甚也。"《史记·货殖列传》:"是故江淮以南,无冻饿之人,亦无千金之家。"均用"千金"形容富贵。古玺中亦常见"千金"玺,如《古玺汇编》4479~4481 均是。另外,《古玺汇编》中还有"又(有)

---

① 原载《中国古文字研究》(第 1 辑),长春:吉林大学出版社,1999 年。
② 叶其峰:《战国成语玺析义》,载《故宫博物院院刊》,1983 年 1 期。

金"(4558)、"宜千金"(4740)、"宜又(有)千金"(4805)、"万金"(4487~4491)等玺,与"千金"玺性质相同,均表明古人希望能够拥有众多的财富。

最后要说明的是,《古玺汇编》将此玺列在单字玺类是不对的,按该书体例应把它归到吉语玺中。

二、释"亲寿"

《古玺汇编》427·4702 著录如下一方阳文玺:

首字原书缺释。次字原书释为"寿",是正确的。

我们认为首字似应分析为从"目"、从"辛",隶作"睪",释为"亲"。古玺文字中"目"字或作"⿱凸凵"、"⿱日凵"(《古玺文编》81 页)等形,与"⿱日凵"形近。古文字中"辛"字或作"⿱十干"(辛鼎《金文编》974 页),"⿱十干"(《古玺汇编》139·1269 等形),并与"⿱十干"形近,古陶文中有字作"⿱目辛"(《古陶文汇编》3·917),从"目"、"辛"声,汤余惠先生释为"亲",①至确。

如上所述,"⿱目辛"字应释为"亲"。《说文·见部》:"親,至也。从见亲声。"段注:"亲,父母者,情之最至也,故谓之亲。"《礼记·奔丧》:"始闻亲丧。"郑玄注:"亲,谓父母也。"《孟子·尽心上》:"孩提之童无不知爱其亲者。"孙奭疏:"襁褓之童子无有不知爱其父母。"《诗·豳风·东山》:"亲结其缡,九十其仪。"孔颖达疏:"其母亲自结其衣之缡。""亲",均指父母。"亲寿"与成语玺中常见的"君寿"(《古玺汇编》4663~4669)性质相类,表明古人希望能够健康长寿。

三、释"善人"

《古玺汇编》487·5383 著录如下一方阳文玺:

---

① 汤余惠:《略论战国文字形体研究中的几个问题》,载《古文字研究》(第 15 辑),北京:中华书局,1986 年,第 13 页。

原书缺释。《古玺文编》作为不识字收在附录中(见该书 549 页)。

今按:此玺似应释为"善人"。"㦱"字似应分析为从"羊"省,从"言",即"善"字。古玺文字中"善"字或作"㦱"(《古玺文编》57 页)、"㦱"(《古玺汇编》484·5354)、"㦱"(《古玺汇编》487·5387)①等形,所从"羊"并作"㦱"(最下一横与"言"共用),与"㦱"所从"㦱"同。"㦱"下部所从的"㦱"似"言"字之变体。②《殷周金文集成》18·11472 诏事矛之"诏"字或作"㦱",所从"言"作"㦱"与"㦱"字所从"㦱"形体相同。如此,"㦱"字应释为"善"。

此玺右部"㦱"字似应释为"人"字反写。人或作"㦱",与古玺"倚"字作"㦱",又作"㦱"(《古玺文编》209 页),包山楚简"忧"字作"㦱",又作"㦱"(《楚系简帛文字编》663 页)相类。

如上所述,此玺似应释为"善人"。《论语·述而》:"善人,吾不得而见之矣。得见有恒者,斯可矣。"邢昺疏:"善人,即君子也。""善人"当与《古玺汇编》中的"圣人"(4511)、"君子"(4512)等成语玺性质相类。

假如我们所释不误的话,《古玺汇编》将此玺放在单字玺中是不对的。按照该书体例应把它归到吉语玺中。

释出了"善"字,古玺文中下列未释之字的问题也就可以解决了。

(1) 㦱 《古玺文编》581·5457

㦱 同上 5456

㦱 同上 5455

㦱 《珍秦斋古印展》182

上引诸形中后三形所从的"㦱"与上释"善"字所从"㦱"形近,应释为"言"。"㦱"下部所从当是"言"之变体。"檐"字王命传赁节作"㦱",鄂君启车节作"㦱"、"㦱"(《金文编》396 页),包山楚简"鄘"字作"㦱"(《包山楚简》86),"鄘"字多作"㦱"(同上 174)。如此上引诸字应释为"詹"。四字均属单字玺。

---

① 吴振武:《〈古玺文编〉校订》652 条,吉林大学博士学位论文(油印本),1984 年。
② "㦱"字也可能分析为从"善"(㦱)"山"(㦱)声。"善"、"山"同为齿音元部字。"山"可视为赘加的声符。

(2) 🔲《古玺汇编》353・3809

　　🔲 同上 368・3989

二字原书未释。《古玺文编》作为不识字收在附录中(见该书 425、424 页)。

今按:二字应分析为从"疒"从"言",隶作"痻"。古玺文字中"言"字或作"🔲"("诅"字所从,《古玺文编》50・5282)、"🔲"("诬"字所从,同上 55・2531)、"🔲"("这"字所从,同上 39・3563),并与上引二字所从"🔲"、"🔲"形同或近。如此二字应释为"痻"。《玉篇・疒部》:"痻,多睡病也。"字在玺文中均用作人名。

四、释"𨛷人"

《古玺汇编》499・5529 著录如下一方圆形白文小玺:

原书未释。

今按:此玺似应释为"𨛷人"。"𨛷"字,𨛷遣簋作"🔲",𨛷造鼎作"🔲"(《金文编》448 页),古玺或作"🔲"、"🔲"(《古玺文编》150 页),并从"寺"、从"邑"。由于此玺是一方圆形小玺,可能是为了从整方玺的布局考虑,把"邑"(🔲)放在了"之"(🔲)下,"又"(🔲)和"之"又分离了,这就给我们的考释增加了困难。此玺右上的"🔲"与上释"善人"之"人"字同,应释为"人"。

如上所述,这方白文小玺似应释为"𨛷人"。古玺中常以"某人"为名,如《古玺汇编》中的"王楚人"(0642)、"孙𥃝(越)人"(1550)等,①这类情况在汉印中也普遍存在。"𨛷人"似与"楚人"、"越人"性质相同。

---

① 施谢捷:《古玺印考释十篇》,纪念容庚先生百年诞辰暨中国古文字学国际学术研讨会论文(油印本),1994 年。

山东新出土古玺印考释(九则)①

齐鲁书社新近出版的《山东新出土古玺印》一书②,共收录359方玺印,时代从战国到清代。在这些玺印中有少数是考古发掘所得,多数是从博物馆、文物店征集而来,散见于山东省内各地,搜求极为不易。该书作者不辞辛劳,足迹遍布山东各地,将这些古玺印汇集成册,功莫大焉。该书体例完备,每方玺印均有拓本、原印照片、释文、时代、质地、原大尺寸、出处,一目了然,传拓亦清晰、精美,绝大多数释文准确。该书编末还附有《山东新出土古玺印简述》一文,对有关官制的设置与职掌等问题作了必要的介绍与考证。本文拟对该书著录的九方战国古玺略作考释,不当之处,还望学者指正。

一

《山东》160著录如下一方战国阴文私玺:

此玺由济南市博物馆收藏于20世纪80年代,原书释为"郘前"。

今按:此玺首字又见于《玺汇》2090～2095,均用作姓氏,《玺文》释为

---

① 原载《中国文字研究》(第2辑),2001年。
② 赖非:《山东新出土古玺印》,济南:齐鲁书社,1998年。文中简称为《山东》。此外,《古陶文汇编》在文中简称为《陶汇》,《古玺汇编》简称为《玺汇》,《古玺文编》简称为《玺文》。为便于印刷,文中尽量使用通行字。

"䢽",可从。《说文》:"䢽,邻道也。从邑从邑。"王筠在《说文解字句读》中认为此字与"巷"字音义俱同,是一字异体。次字原书释为"前",误。"𠂆"是合文,应释为"上月","="是合文符号。古玺中常见以"某月"为名者,如《玺汇》0462"壬五月"、1613"曹五月"、1841"事(史)䤹月"、2767"尹鬼月"等,① 可能是以出生月份为名。如此,此玺应释为"巷上月"。

二

《山东》163 著录如下一方战国阴文私玺:

此玺系 1957 年枣庄市峄城出土,原书释为"會侍"。

今按:首字从"宀"从"曺","曺"即"曹"字之省,与《玺汇》1612"曹"字写法相同。则此字应隶定作"寶",字不见于后世字书,当读为曹姓之"曹"。次字原书释为"侍",误,此字从"隹"从"又",应释为"隻",字在玺文中用为人名。古玺中有以"隻"字为人名的,如《玺汇》3914"公孙隻"。② 如此,此玺应释为"曹隻"。

三

《山东》165 著录如下一方齐私玺:

此玺系 1992 年淄博水泥厂 M_1 出土,原书释为"荪遏信玺"。

今按:首字释为"荪",误。此字是复姓"公孙"的合文,"子"字右下部的

---

① 吴振武:《古玺合文考(十八篇)》,载《古文字研究》(第 17 辑),北京:中华书局,1989 年,第 281 页。

② 吴振武:《〈古玺文编〉校订》882 条,长春:吉林大学博士学位论文,1984 年。

"="是合文符号。这是一方典型的齐私玺,因为在齐私玺中"公孙"合文常如是作,如《玺汇》3912"公孙□"、3922"公孙安信玺"、3924"公孙相如玺"均是如此。次字释"遏",可商。此字从"辵","易"声,应释为"逷",见于《玉篇》、《集韵》等书,字在玺文中用作人名。如此,此玺应释为"公孙逷信玺"。

四

《山东》170 著录如下一方战国阴文私玺:

此玺由淄博市齐都博物馆收藏于 20 世纪 80 年代,原书释为"郐□信玺"。

今按:首字原书释"郐",甚是。古玺中多次出现"郐"字,可参《玺文》149 页。《说文·邑部》:"郐,邾下邑也。从邑,余声。鲁东有郐城,读若涂。"用作姓氏时读为徐姓之"徐"。次字原书缺释。此字上部所从是"目",下部从三个人,应释为"众",字在玺文中用作人名。末字"玺"字所从的"金"最下一横借用边框,布局别致。如此,此玺应释为"郐(徐)众信玺"。

五

《山东》171 著录如下一方战国阴文私玺:

此玺系 1976 年邹城市文管所征集,原书释为"陈基"。

今按:首字释为"陈"是正确的。次字释"基",误。此字下部从"土",上部所从疑是"虍"。《玺汇》0208 首字作"▨",旧不释,吴振武先生隶作"虡",疑是"虞"字异体,①可从。"虡"字所从"虍"与此字上部所从形体相近。则此字应隶定作"虘"。此字不见于后世字书,疑为"垆"字或体。"垆"字见于《说文》,

---

① 吴振武:《战国玺印中的"虞"和"衡鹿"》,载《江汉考古》,1991 年 3 期。

字在玺文中用作人名。如此,此玺应释为"陈垆"。

六

《山东》166 著录如下一方齐阴文玺:

此玺系 1978 年淄博市齐都博物馆征集,原书释为"绪休之玉"。

今按:首字释"绪",误。此字从口,从纪,应释为"纪"。"己"字陈骦钟作"![]",《玺汇》3638 作"![]",1475 作"![]",①均与此字所从"己"相同或相近。此外,《玺汇》2611 是一方齐私玺,"纪"字写法也与此完全相同。"纪"左边一字释"休",可疑,因上部不清,暂存疑待考。最后一字释"玉",误。此字应释为"巨"。楚简"佢"字或作"![]",②所从"巨"与此字同。如此,此玺应该释为"纪之□巨"。因其中一字不能确释,此玺是官玺还是私玺,不能确定。

七

《山东》273 著录如下一方古玺:

此玺由山东省文物总店收藏于 20 世纪 60 年代,原书释为"全玉□"。时代定为汉。

今按:首字原释为"全",可疑。颇疑此字应释为"百"。战国成语玺"宜又百万"(《玺汇》4806)、"宜又百金"(《玺汇》4813)之"百"字作"![]",与此玺首字同。"百"下一字原书释"玉",可从。左边一字原书未释。此字从"尚"省,从"立",应隶作"堂",释为"堂"。古文字中"立"、"土"用作表义偏旁时常通用,

---

① 吴振武:《〈古玺文编〉校订》477 条,长春:吉林大学博士学位论文,1984 年。
② 滕壬生:《楚系简帛文字编》,武汉:湖北教育出版社,1995 年,第 670 页。

例不备举。《玺汇》5421、5422"堂"字亦从"尚"省,从"立",与此字同。如此,此玺应释为"百玉堂"。古有"百"姓,《姓氏考略》:"百,《说文》'百儵,黄帝之后,姞姓。'《左传》作'伯儵'。望出南阳。"另外,从文字形体看,此玺时代似应属战国。

八

《山东》107 著录如下一方官玺:

此玺在 1958 年出土于诸城市昌城镇巴山村王绪祖墓中,原书释为"司武朁粟",定此玺时代为汉。

今按:王绪祖墓确系汉墓,但此玺从文字风格看似应属于战国。我们推测有两种可能:一种可能是此玺确系战国玺,为墓主人所收藏;另一种可能是墓主人用战国文字铸造的这方印。前一种可能性更大一些。

关于此玺的释文我们认为似当释作"楚衢(乡)司囗"。"楚"字上部从"林",但下部印拓不清楚,推测为"楚"。关键是"楚"下一字,原书释为"粟",大误。此字从"行",从"眔",应隶作"衢",读为"乡"。此字多次出现在齐国陶文和玺印中,如《陶汇》3.62～3.122、3.322～3.375、3.474～3.483、3.625～3.628、3.673～3.679,《玺汇》0196。或释为"贾",或释为"迁",或释为"鄙";或隶作"衢",读为"乡";或释为"鄹",读为"乡",或读为"廛"。现在学者意见渐趋一致,多将此字读为"乡"。① 王恩田先生说:"战国时代齐国基层地域组织。《管子·小匡》:制国以为二十一乡……四里为连,十连为乡。临沂竹书《田法》:'五十家而为里,十里而为州,十州而为乡,十乡而为县。'齐国陶文习称'某乡某里',与上述记载相符。"② "楚乡"乃当时齐国的一个乡。齐陶文中

---

① 释"贾"者为孙文楷;释"迁"者有陈介祺、顾廷龙、高田忠周、金祥恒等;释"鄙"者有周进、孙敬明、曹锦炎等;释"乡"者有方濬益、李学勤、高明、王恩田、郑超等;释"鄹"读为"乡"者为何琳仪;释"廛"者为李零。

② 王恩田:《齐国陶文地名考(八篇)》,载《考古与文物》,1996 年 4 期。

多次出现"楚郭乡某里某"(《陶汇》3.332—3.375),不知"楚乡"与"楚郭乡"是否有涉。最后一字原书释为"武",可疑。暂存疑待考。

如上所述,"楚乡司□"应理解为战国时期齐国楚乡司□之官所用之玺。

九

《山东》107 著录如下一方官玺:

此玺系 1958 年青州市益都废品站收购,原释文为"右庶长之玺",并考释说:"右庶长,爵名,战国秦置,为二十等爵第十一级。秦、汉因之。"《汉书·百官公卿表》载:"'爵:一级曰公士,二上造……十一右庶长……皆秦制,以赏功劳。'颜师古注曰:'庶长,言为众列之长也。'"①

今按:原书释文及考释均正确。不过此玺有一个疑点是"玺"字。"玺"字左旁"金"作" ",这是典型的战国楚文字的写法。这一点已为学界认同。据"玺"字形体判断,此玺应属战国楚官玺。但"右庶长"又是秦的爵名,玺文字形与玺文内容矛盾,此玺应是伪作。

众所周知,古玺伪品不在少数,作伪者亦有在"玺"字写法上露出破绽的。②

---

① 赖非:《山东新出土古玺印》,济南:齐鲁书社,1998 年,第 145 页。
② 吴振武:《古玺辨伪二例》,载《文物》,1993 年 11 期。

楚国玺印中的两个地名①

一、山桑

方雨楼《周秦古玺菁华》145 著录如下一方阴文楚官玺：

或释为"山（杂？）行宫夫人钵"。②

按：古文字中"丧"及从"丧"之字作：

丧　　　　《甲骨文编》54 页

　　旅作父戊鼎　　　　丧史實饼

　　包山 92　　　　　　包山 167

　　郭店·老子丙 8　　　郭店·老子丙 10

　　郭店·语丛 1·98

　　《古玺汇编》3271　　《古玺汇编》3272

鋉　　③《古玺汇编》1090

越　　墙盘　　　　　　癲钟

---

① 原载《古文字研究》（第 24 辑），中华书局，2004 年。
② 李学勤：《楚国夫人玺与战国时代的江陵》，载《江汉论坛》，1982 年 7 期。
③ 施谢捷：《〈古玺汇编〉释文校订》，载《容庚先生百年诞辰纪念文集》，广州：广东人民出版社，1998 年，第 646 页。

"丧"字本从"桑"声,从二口或三口、四口表示哭丧之意。"桑"字作"✱",像树上有桑叶之形,后变形作"✱"、"✱"、"✱"、"✱",或省作"✱",遂与"九"形混。

通过对比,我们可以发现楚玺"✱"与包山简"丧"字所从的"✱"(桑)形基本相同,因此,"✱"可释为"桑"。

如上所述,上引楚玺当释为"山桑行序①大夫钵"。"山桑",地名。《汉书·地理志》:"沛郡,户四十万九千七十九,口二百三万四百八十,县三十七……山桑……"《后汉书·郡国二》:"汝南郡"下"山桑,侯国,故属沛,有下城父聚,有垂惠聚"。故址在今安徽省蒙城县北,战国时代当属楚国。

二、湘陵

《古玺汇编》0164是如下一方阴文楚官玺:

原文释为"□相垂莫嚣"。很显然是把"✱"(下用A代替)当做两个字来处理了。《古玺文编》从之,把"✱"释为"相"。② 何琳仪先生释A为"湘"。③

按:何琳仪先生将A视为一字是正确的。关于形体分析,我们与何先生略有不同。我们认为A所从的"✱"与前引包山简丧字所从的"✱"(桑)形体相近,似应释为"桑"。④ A右下角所从的"✱"是"目"没什么疑问。A字从"桑"、从"目",是否应释为"瞵"字呢?我们认为此字隶作"橡"似乎更好一些。原因很简单,"桑"、"相"共用了"木"旁。类似的借笔,古文字中常见,如:⑤

臧(臧):✱ 《古玺汇编》0177

踦:✱ 《古玺汇编》1684

醜(丑):✱ ✱ 《侯马盟书》

---

① 此字或释"宫",或释为"宫",或释为"序"(李家浩释)。
② 罗福颐:《古玺文编》,北京:文物出版社,1981年,第82页。
③ 何琳仪:《战国古文字典》,北京:中华书局,1998年,第708页。
④ 此字右上角原拓不很清晰,假如是"口"旁的话,应是"丧"。
⑤ 所引例证参见吴振武《古文字中的借笔字》,载《古文字研究》(第20辑),北京:中华书局,1999年,第322~323页。

祁（祁）：𥜽　祁布

A字可隶作"𥜽"，"桑"、"相"二字均是声符，二字古音同属心纽阳部。"𥜽"字似应释为"相"，"桑"可视为叠加的声符。

如上所述，此玺当释为"相陵莫嚣"。"相陵"为楚国地名，读为"湘陵"。刘宋时所设，在今湖南长沙附近，据楚玺知战国时已有湘陵。①

---

① 何琳仪：《战国古文字典》，北京：中华书局，1998年，第709页。

古玺文释读九则①

一、暴虎

《古玺汇编》（以下简称《玺汇》）3994号是如下一方阳文私玺：

第三字原书隶定为"戯"，或释为"戏谑"。②

按：《玺汇》的隶定是错误的。"🦎"字有合文符，我们认为应隶作"戯虎"，释为"暴虎"。"🦎"字，又见于古玺、曾姬无卹壶、楚简，旧多释"虐"，不确。郭店楚简资料公布后，才知道此字在战国文字中多读作"吾"。但形体如何分析，却颇为棘手。新近黄德宽先生在《曾姬无卹壶铭文新释》中认为此字当释为"虎"，下部所从的"🦎"，当由"🦎"形演变而来，在古文字中读作"吾"，是假"虎"为"吾"，③所言极是。"戯"字见于甲骨文及夨方鼎，字作：

🦎 《甲骨文编》225页

🦎 夨方鼎"禷"所从

---

① 原载《考古与文物》，2002年5期。
② 曹锦炎：《古玺通论》，上海：上海书画出版社，1995年，第64页。承施谢捷先生面告，他也认为此玺当读为"暴虎"。
③ 黄德宽：《曾姬无卹壶铭文新释》，新世纪古文字学暨国际学术研讨会论文，2000年；又载《古文字研究》（第23辑），北京：中华书局・合肥：安徽大学出版社，2002年，第102～107页。又，谭宏姣《战国古玺文字考释两篇》，载《考古与文物》，2000年3期，亦有类似观点。

旧不识。裘锡圭先生认为:"虩应该是虣字的古体。古代称搏虎为暴……古书里有时把疾暴的暴写作虣,例如《周礼》的'暴'字就大都写作'虣'。《文选·芜城赋》李善注引字书说虣是古暴字。从字形上看,虩字从虎,应该就是暴虎之暴的本字。"①所论极是。如此,"虩"应释为"暴虎"。"暴虎"一词典籍中多次出现,如《诗·郑风·大叔于田》:"禮裼暴虎,献于公所。"毛传:"暴虎,空手以搏之。"《诗·小雅·小旻》:"不敢暴虎,不敢冯河。"《论语·述而》:"暴虎冯河,死而无悔者,吾不与也。"邢昺疏:"空手搏虎为暴虎,无舟渡河为冯河。"《尔雅·释训》:"暴,徒搏。"裘先生据"暴"字的古文字形体,纠正古注"暴虎"之误,认为"暴虎"是指徒步搏虎,并非无兵杖徒手搏虎。② 古玺"东阳暴虎"之"暴虎"为人名。

附带说一下古玺中的如下字:

A 虩《玺汇》0486　　虩《玺汇》0487

B 虩《玺汇》3034　　虩《玺汇》3035

A《玺汇》释"戏",《古玺文编》(下简称《玺文》)从之。吴振武先生认为 A 应隶作"虗",与诸"戏"字形体异。③ 何琳仪先生释"虣"。④ 我们认为 A 似应分析为从"日","虣"声,释为"曝"。《广韵·屋韵》:"暴,日干也。曝,俗。"以"曝"为"暴"字俗体。从古玺看,"曝"字在战国时已经出现了。B 字吴振武先生隶作"虣",是正确的,⑤颇疑 B 是 A 之省体,亦释为"曝"。A、B 在玺文中均用作人名。

---

① 裘锡圭:《说"玄衣朱襮袡"——兼释甲骨文"虣"字》,载《文物》,1976 年 12 期。又见《古文字论集》,北京:中华书局,1992 年,第 350 页。

② 裘锡圭:《说"玄衣朱襮袡"——兼释甲骨文"虣"字》,载《文物》,1976 年 12 期。又见《古文字论集》,北京:中华书局,1992 年,第 350 页。

③ 吴振武:《〈古玺文编〉校订》第 321 条,吉林大学博士学位论文(指导教师:于省吾教授),1984 年。

④ 何琳仪:《战国古文字典》,北京:中华书局,1998 年,第 327 页。

⑤ 吴振武:《〈古玺文编〉校订》第 323 条,吉林大学博士学位论文(指导教师:于省吾教授),1984 年。

二、不壬

《玺汇》5692 号是一方阳文燕私玺：

原书释为"率口不壬"。

按：首二字，吴振武先生释为"轩辕"，是复姓。①《玺汇》将最后一字隶作"壬"是不正确的。学者多隶作"壬"，可从。"不壬"当读为"不廷"，古代成语。"不廷"见于金文及楚简中。毛公鼎有"膺受大命，率怀不廷方"语；秦公簋有"镇静不廷"之语；包山楚简有"癸未之日，不廷，登门又败"（简 29）之语。典籍作"不庭"。《左传·成公十二年》："谋其不协，而讨不庭。"杜预注："讨背叛不来王庭者。"《汉书·赵充国传》："鬼方宾服，罔有不庭。"颜师古注："庭，来帝庭也。""不庭"意为不朝于王庭。燕玺"不廷"用为人名。

三、九女

《玺汇》3001 号是如下一方阳文私玺：

原书释为"賈奴"。

按：首字学者多释为"贾"，是正确的。"奴"似应释为"九女"，与《玺汇》3384"𩰬"释为"九单"相类。②"九女"读为"九如"，见《诗·小雅·天保》："天保定尔，以莫不兴。如山如阜，如冈如陵，如川之方至，以莫不增……如月之

---

① 吴振武：《燕国玺印中的"身"字》，载《胡厚宣先生纪念文集》，北京：科学出版社，1998 年，第 197 页。
② 施谢捷：《古玺复姓杂考（六则）》，载王人聪、游学华《中国古玺印学国际研讨会论文集》，香港：香港中文大学文物馆，2000 年，第 34～35 页。

恒,如日之升,如南山之寿,不骞不崩,如松柏之茂,无不尔或承。"①连用9个"如"字,为祝颂之辞。玺文"九女(如)"为人名。

四、鬼月

《玺汇》2767、2934是如下两方阳文私玺:

2767 2934

左边人名用字,《玺汇》、《玺文》均隶作"䩂"。

按:何琳仪先生释"䩂"为"鬼月"二字合文,②甚确。古玺"亡(无)鬼(畏)"之"鬼"字作:

𩲡《玺汇》2674 𩴲《玺汇》1628

"褱"字作:

𧟰《玺汇》1218 𧟷《玺汇》2928

所从"鬼"均与"䩂"同。"鬼月"疑读为"九月"。"鬼"、"九"二字古通,如《礼记·明堂位》"脯鬼侯",《史记·周本纪》"鬼侯"作"九侯"。《史记·鲁仲连邹阳列传》:"昔者九侯、鄂侯、文王,纣之三公也。"《集解》引徐广曰:"九一作鬼。"古玺"九月"用作人名,与古玺出现的"王五月"(《玺汇》0462)、"曹五月"(《玺汇》1613)、"七月"(《玺汇》5333)相类,可能是以出生月份为名。

五、九嗌

《玺汇》1551号是如下一方阳文私玺:

原书释为"孙九益"。

---

① "九如"出处蒙何琳仪先生面告,谨致谢忱。
② 何琳仪:《战国古文字典》,北京:中华书局,1998年,第1497页。

按:《玺文》将"井"放在"嗌"字下,是正确的。"九嗌",《玺汇》2294 作"艽嗌"。吴振武先生说:①

"艽嗌"疑当读为"鸠夷"。"艽"、"鸠"并从"九"声,例可通假。……上古"嗌"、"夷"二字读音相去亦不远。从"益"得声的"溢"古通"洓",如:《尚书·禹贡》"导沇水,东流为济,入于河,溢为荥"之"溢",《史记·夏本纪》作"洓";《庄子·天地》"数如洓汤"之"洓",《释文》谓"本或作溢"。而"洓"古又与"夷"通,如见于《庄子·达生》中的神兽"洓阳",《国语·周语上》等多作"夷羊"。据此,"嗌"读为"夷"是有可能的。

"鸠夷"是古姓氏,陈仕元《姓觽》(平声二十六尤)"鸠夷"氏条下谓:"《路史》云:宋公族之后。"《希姓录》(上平声四支)谓:"鸠夷氏,微子之后。"

据此,古玺"孙九嗌"之"九嗌"亦应读为"鸠夷",在玺文中用为人名,当是以复姓"鸠夷"为人名。类似的例子有《玺汇》1361"孟俞头"之"俞头",亦是以复姓为人名,读为"愈豆"或"俞豆"。《通志·氏族略》:"俞豆,芈姓。楚公子食采于南阳俞豆亭,因氏焉。"《姓氏考略》:"愈豆,《路史》'颛帝后有愈豆氏',《通史》作'俞豆'。"

六、敦狐

《玺汇》0646 号是如下一方阴文秦印:

原书释为"王敦狐"。

按:《玺汇》释文是正确的。以"敦狐"为名的秦印文又见于《十钟山房印举》14·13 上"上官敦狐"。此外,秦印中用作人名的还有"淳狐"、"敦胡",如:

---

① 吴振武:《古玺姓氏考(复姓十五篇)》,载中国文物研究所《出土文献研究》(第 3 辑),北京:中华书局,1998 年,第 82~83 页。

《印典》2107 页

《中国古玺印集萃》551

颇疑"敦狐"、"淳狐"、"敦胡"应读为"敦圉"。① "敦"、"淳"古通，如《周礼·天官·内宰》："出其度量淳制。"郑注："故书淳为敦。"《淮南子·俶真》："骑蜚廉而从敦圉。"《史记·历书》索隐引"敦圉"作"淳圉"。"狐"、"胡"古音均属匣纽鱼部，"圉"为疑纽鱼部，声纽均属喉音，韵部相同，"狐"、"胡"读为"圉"是有可能的。"敦圉"见于《淮南子·俶真》："若夫真人，则动溶于至虚，而游于灭亡之野，骑蜚廉而从敦圉，驰于方外，休乎宇内。"高诱注："敦圉，似虎而小；一曰，仙人名也。"秦印即以"敦圉"为人名。

七、夷吾

《玺汇》3758 号是如下一方阴文楚私玺：

首字原书缺释。或释"嗌缶"。②

按："𱊬"应隶作"嗌䇹"，疑读为"夷吾"。"嗌"读为"夷"，见"九嗌"条引吴先生说。"䇹"作"𱊬"，与晋侯篡"庚午"之"午"作"𱊬"近似，③似应分析为从"臼"、"午"声。"午"、"吾"音同相通。《国语·晋语六》："夷吾羊。"宋庠本"五"作"午"。《史记·天官书》："其人逢俉，化言诚然。"《索隐》："俉亦作迕。"

---

① 或读"雕胡"。敦、雕古通。《诗·周颂·有密》："敦琢其旅。"《正义》："敦雕古今字。""雕胡"是一种植物，见《史记·司马相如列传》："其卑湿则生藏莨蒹葭，东蔷雕胡。"司马贞《索隐》："雕胡，按谓苽米。"

② 何琳仪：《战国古文字典》，北京：中华书局，1998 年，第 1491 页。

③ 北京大学考古系、山西省考古研究所：《天马——曲村遗址北赵晋侯墓地第二次发掘》，载《文物》，1994 年 1 期。

《史记·老子韩非列传》:"大患无所㧊悟。"《正义》:"㧊悟,当为怫忤。古字假借耳。"据此,"䛐"读作"吾"是有可能的。

"夷吾"是古姓氏。《通志·氏族略四》:"夷吾氏,姬姓。晋惠公名夷吾,怀公继之,不享其位,其后支庶以名为氏也。"汉印中有"夷吾遂"。

八、甘事

《玺汇》3590号是如下一方阴文齐私玺:

原书释为"囗齌"。

按:谛审原拓,右边姓氏用字中左下方有"="合文符,是两个字,应释为"甘事"。"甘"字作"⬚",与《玺汇》3235、1285"甘士"之"甘"作"⬚"、"⬚"同。施谢捷先生指出这是齐系文字的特有写法,并详举例证,①兹不赘述。齐系文字"事"字或作:

⬚　陈璋壶　　　⬚　《古陶文汇编》3.18

⬚　子和子釜　　⬚　《考古》1980.1 陶

均与"⬚"形同。如此,二字当释为"甘事",读为"甘士"。"事"、"士"二字古通,如《书·金縢》:"二公及王乃问诸史与百执事。"《后汉书·蔡邕传》暗引"执事"作"执士"。《荀子·致士》:"士其刑赏而还与之。"杨注:"士当为事。"

齐玺"甘事(士)",复姓,与《玺汇》3235、5570、1285"甘士"同。施谢捷先生说:②

"甘士"是古姓氏,亦见于汉印,如"甘士广印,甘士广"三套印(《十钟山房印举》)即其例。林宝《元和姓纂》卷五:"甘士,《世本》宋司徒华定甘

---

① 施谢捷:《古玺复姓杂考(六则)》,载王人聪、游学华《中国古玺印学国际研讨会论文集》,香港:香港中文大学文物馆,2000年,第41~42页。

② 施谢捷:《古玺复姓杂考(六则)》,载王人聪、游学华《中国古玺印学国际研讨会论文集》,香港:香港中文大学文物馆,2000年,第39~40页。

士氏。周卿士甘平公为王卿士,后氏焉。"《通志·氏族略四》:"以邑系为氏"类:"甘士氏,周甘平公为王卿士,因氏焉。"

所言可从。

九、马尸

刘体智《善斋玺印录》著录如下一方阳文私玺:①

或释"口仁庆"。

按:右边姓氏用字似应释为"马尸",右下方的"="当为合文符号。"马"字作"![]",与玺文"马"字作"![]"、"![]"、"![]"(《玺文》245 页)等形近。"尸"作"![]",与铜器铭文"尸"作"![]"、"![]"、"![]"(《金文编》603 页)等形近。"马尸",当读为"马矢"。典籍从"尸"得声的字或与"屎"通,如《诗·大雅·板》:"民之方殿屎。"《说文·口部》引"殿屎"作"𠯘吚"。"屎"古又与"矢"通。如《史记·廉颇蔺相如列传》:"顷之三遗矢矣。"《索隐》:"矢一作屎。"《庄子·人间世》:"以筐盛矢。"《释文》:"矢或作屎。"《韩非子·内储说上》:"士门之处何多牛屎。"《太平御览》八二七引"屎"作"矢"。因此,"尸"可读为"矢"。

"马矢",复姓。又见于《玺汇》3081"马矢镶"。吴振武先生说:②

  玺文"马矢(原从"米"形偏旁)"二字占有姓氏字地位,无疑就是《汉书·马宫传》中所提到的"马矢"氏。据《马宫传》记载,大司徒马宫本姓马矢氏,后因仕学而改为马氏。"马矢"氏亦屡见于汉代私印中(看《姓氏征》卷下 2 页上)。

所言可从。

---

① 参见《玺汇》3475,原拓不很清晰。
② 吴振武:《古玺姓氏考(复姓十五篇)》,载中国文物研究所《出土文献研究》(第 3 辑),北京:中华书局,1998 年,第 75 页。

释齐官"祈望"①

传世齐国官玺和封泥中有"祈望"一官：
(1)梛(夜)祈望铱　　　　《玺汇》0265
(2)武强祈望铱　　　　　《玺汇》0336
(3)鉛闻(门)祈望　　　　《玺汇》0312
(4)□闻(门)祈望　　　　《玺汇》0334
(5)㓨(剌)祈望铱　　　　《玺汇》0273
(6)武平祈望　　　　　　《郑庵所藏封泥》24下

已有多位学者做过考释。在吸收他们研究成果的基础上，我们试着提出另外一种解释。不当之处，请读者指正。

先谈一下"祈"字，此字又见于陶文(《陶征》59页)。诸家之说如下：

吴大澂释"宅"。② 陈介祺释"铱"，又释"田"。③ 高田忠周释"窯"，认为是"宝"字省文。④ 顾廷龙先生隶作"宝"。⑤ 高明先生隶作"宝"。⑥ 葛英会先生从之，释"堂"。⑦《陶征》释"堂"。⑧ 吴振武先生隶作"罒"，认为是"塓"字古

---

① 原载香港中文大学中国语言及文学系编《第四届国际中国古文字研讨会论文集》，2003年。
② 丁佛言：《说文古籀补补》附录二二下，北京：中国书店，1990年。
③ 丁佛言：《说文古籀补补》附录二二下又附录6下，北京：中国书店，1990年。
④ 高田忠周：《古籀篇》71·39下，东京：古籀篇刊行会，1925年。
⑤ 顾廷龙：《古陶文香录》13·4，北平研究院石印本，1936年。
⑥ 高明：《古陶文汇编》，北京：中华书局，1990年。
⑦ 葛英会：《古陶文研习札记》，载北京大学考古学系编《考古学研究(一)》，北京：文物出版社，1992年，第312～321页。
⑧ 高明、葛英会：《古陶文字征》，北京：中华书局，1991年，第59页。

体,在玺文中读作"冥"。① 曹锦炎先生隶作"旦",释为"坰"。② 汤余惠先生释"匄"(陶)。③ 刘钊先生从之。④ 周宝宏先生释"圠",读冂(mi)。⑤ 何琳仪先生隶作"旦",释为"坰"。⑥ 李家浩先生释"坐",怀疑是"圻"字异体。⑦

上引诸说中,以释"坐"为是。今略作疏证。战国文字中"几"或从"几"之字作:

楚　　　　几： 包山260
　　　　　旨⑧： 包山266
　　　　　㭉⑨： 信阳2.08
　　　　　处： 郭店·成之8
　　　　　　　 郭店·成之34
　　　　　　　 包山238

燕　　　　坐： 《玺汇》1229⑩
　　　　　　　 《玺汇》2286⑪

---

① 吴振武:《齐官旦𥳑考》,载吴荣曾主编《尽心集——张政烺先生八十庆寿论文集》,北京:中国社会科学出版社,1996年,第153～156页。
② 曹锦炎:《古玺通论》,上海:上海书画出版社,1995年,第132～133页。
③ 汤余惠:《略论战国文字形体研究中的几个问题》,载《古文字研究》(第15辑),北京:中华书局,1986年,第80页。
④ 刘钊:《古文字构形研究》,吉林大学学位博士论文,1991年,第284～285页。
⑤ 周宝宏:《古陶文形体研究》,吉林大学博士学位论文,1991年,第45页。
⑥ 何琳仪:《战国古文字典》,北京:中华书局,1998年,第787页。
⑦ 李家浩:《包山二六六号简所记木器研究》,载袁行霈主编《国学研究》(第2卷),北京:北京大学出版社,1994年,第550～551页。
⑧ 李家浩:《包山二六六号简所记木器研究》,载袁行霈主编《国学研究》(第2卷),北京:北京大学出版社,1994年,第534页。
⑨ 李家浩:《包山二六六号简所记木器研究》,载袁行霈主编《国学研究》(第2卷),北京:北京大学出版社,1994年,第535页。
⑩ 汤余惠:《略论战国文字形体研究中的几个问题》,载《古文字研究》(第15辑),北京:中华书局,1986年,第80页。吴振武:《〈古玺文编〉校订》570条,吉林大学博士学位论文,1984年。
⑪ 汤余惠:《略论战国文字形体研究中的几个问题》,载《古文字研究》(第15辑),北京:中华书局,1986年,第80页。吴振武《〈古玺文编〉校订》570条,吉林大学博士学位论文,1984年。

　　　　　　　　　　▨　《燕下都》234.10①
　　　　　　　　　　▨　《燕下都》165.3
　　　　　　　　　　▨　《燕下都》167.4
　　　　　　　　　　▨　《燕下都》229.6
　　　　　　　　　　▨　《燕下都》229.5
　齐　　　　　坓：▨　《玺汇》0265
　　　　　　　　　　▨　《玺汇》0336
　　　　　　　　　　▨　《玺汇》0312
　　　　　　　　　　▨　《陶汇》3.380
　　　　　　　　　　▨　《陶汇》3.382
　　　　　　　　　　▨　《陶汇》3.490
　　　　　　　　　　▨　《陶汇》3.515
　　　　　　　　　　▨　《陶汇》3.596

　　由上述诸形可知,齐文字"坓"与燕陶文"坓"字作形者同。"坓"字作"▨",又作"▨",与"处"字作"▨",又作"▨"相同。因此,"坓"字可分析为从"土","几"声。吴振武先生曾怀疑燕玺"坓"字是"畿"字异体,②甚确。《说文》:"畿,天子千里地。以远近言之,则言畿也。从田,幾省声。"古音"畿"属群纽微部,"几"属见纽脂部,声纽均属牙音,微、脂旁转。"畿"字可以"几"为声符。典籍中"几"可与"機"通假。《荀子·哀公》:"俛视几筵。"《孔子家语·五仪》:"几"作"機",可为旁证。"土"、"田"用作义符可通用,故"坓"字可读为"畿"。

　　以上谈的是"祈"字。下面再谈"祈"后之字。

　　此字主要有四种用法,一释家,一释冡,一释冣,③一释冒。裘锡圭先生、④李家浩先生均隶作"冒"。李先生说:⑤

————————

① 原书不识。
② 吴振武:《〈古玺文编〉校订》570条,长春:吉林大学博士学位论文,1984年。
③ 吴振武:《齐官坓冣考》,载吴荣曾主编《尽心集——张政烺先生八十庆寿论文集》,北京:中国社会科学出版社,1996年,第158～159页。
④ 裘锡圭:《古文字论集》,北京:中华书局,1992年,第58页。
⑤ 李家浩先生2002年9月21日致笔者信。

从字形来看,绝非"豕"或"豖"。我认为此字该释写作"毁",从"又"、"网"声。唐中牟县丞乐炫墓志"罔"作"図"(见秦公《碑别字新编》,北京:文物出版社,1985年,58页),不知与玺文是否有关。"罔"是"网"后起的形声字,从"亡"声。"望"也从"亡"声。故知玺文"毁"可以读为"望"。

其说可从。此字从"又","网"声,为"网"之异体。《说文》:"网,庖牺所结绳以渔。从冂,下象网交文。罔,或从亡。網,或从糸。"

齐玺、封泥中的"畿网"应读为"祈望"。"畿"、"祈"二字古通。《诗·小雅·祈父》郑笺"祈、圻、畿同。"《周礼·春官·肆师》:"及其祈珥夏官小子。"郑注云:"祈或作畿。""网"从"亡"声,"望"也从"亡"声。诚如李家浩先生所言"网"读为"望"。"祈望"为齐国官名。《左传·昭公二十年》:"(晏子)对曰:不可为也。山林之木,衡鹿守之;泽之萑蒲,舟鲛守之;薮之薪蒸,虞侯守之;海之盐、蜃,祈望守之。"杜预注:"衡鹿、舟鲛、虞侯、祈望皆官名也。言公专守山泽之利,不与民共。"孔颖达正义:"海是水之大,神有时,祈望祭之,因以祈望为主海之官也。此皆齐自立名,故与《周礼》不同。"《晏子春秋·外篇》所记与《左传》同。《周礼·地官》有"掌蜃",孙诒让疑"祈望"即此言。① 从"祈望"与"衡鹿"、"舟鲛"、"虞侯"并列来看,"祈望"当是齐国特设的主管海产品的官员。我们从齐封泥中发现了"祈望"一官,正好与典籍互证。

再谈一下"祈望"前面的地名。(1)"𨛘",②即齐夜邑之"夜"的古写。《战国策·齐策》貂勃常恶田单章:"王乃杀九子而逐其家,益封安平君以夜邑万户。"汉代置掖县,属东莱郡,见《汉书·地理志》,地在今山东掖县,西北临渤海莱州湾。因此,夜地设置"祈望"一官,主管海产品是很正常的。(2)武强,见《汉书·地理志》信都国"武强",在今河北武强西南。(3)鋗或释"锱",读"箕",③见《汉书·地理志》,地在今山东莒县北,县名因箕水而得名。(4)首字从"穴",从"剀"声,读为"郪"。廿五年阳春戈"剀"字作 ,包山简"剀"字

---

① 孙诒让:《周礼正义》,北京:中华书局,1990年,第680页。
② 曹锦炎释为"夜邑"。曹锦炎:《战国古玺考释(五篇)》,载香港中文大学中文系《第二届国际中国古文字学研讨会论文集》,香港:香港中文大学,1993年,第399页。
③ 曹锦炎:《战国古玺考释(五篇)》,载香港中文大学中文系《第二届国际中国古文字学研讨会论文集》,香港:香港中文大学,1993年,第399页。

作"🖋"(16),"🖋"(137)。"剸"字作"🖋",或作"🖋",与折字作"🖋"(中山王鼎),或作"🖋"(洹子孟姜壶)相类。鄋,地名。《春秋公羊传·成公六年》:"鄋者何?朱娄之邑也。"其地王献唐先生怀疑在山东邹县附近,战国时期应属齐。(5)武平,见《后汉书·郡国志二》陈国,在今河南省鹿邑县西四十里。从地望看不属于齐国。待考。

武强、箕门、剸、武平等地,虽不靠近海,但齐国独擅盐业、海产资源,在各地设置"祈望"一官也不是不可能的。《史记·齐太公世家》:"太公至国,修政,因其俗,简其礼,通商工之业,便鱼盐之利,而人民多归齐,齐为大国。"又说:"桓公既得管仲,与鲍叔、隰朋、高傒修齐国政,连五家之兵,设轻重鱼盐之利,以赡贫穷,禄贤能,齐人皆说。"《国语》、《管子》也有类似记载。《国语·齐语》:"通齐国之鱼盐于东莱。"《管子·海王篇》:"唯官山海为可耳……海王之国谨正盐荚。"《地数篇》:"君伐菹薪,煮沸水为盐,正而积之三万钟。"据此可知,齐国工商业发达,很大程度上是靠鱼盐之利,由国家"官"(管山海),对盐实施专买监管而成的。因此,齐国在各地设置"祈望"一官主管海产品是没有什么奇怪的。

最后谈一下《山东博物馆藏古印》第一集著录的如下一方白文印:①

(6)

我们怀疑此玺印应释为"房坒夫"。"夫"字写法与《郭店楚墓竹简·成之闻之》13"戎夫"之夫的写法相同。"坒夫"疑亦读为"祈望"。"方"、"夫"二字古通。如《书·汤诰》:"其尔万方有罪。"《论语·尧曰》、《墨子·兼爱下》引"万方"作"万夫"。湖南常德出土的距末铭文"光张上下,四夫是备。""四夫",李家浩先生读为"四方"。②"方"、"罔"二字古通。如《周礼·夏官·方相氏》:"敺方良。"郑注:"方良,罔良也。"《国语·鲁语下》:"水石之怪夔罔两。"因此,"夫"可读为"望"。房,地名,疑读为"防"。据《春秋左传词典》防地有四处,后均属于鲁国。其中见于《左传·僖公十四年》的"防",定公五年作"房"。

---

① 此玺乃李家浩先生提供,谨致谢忱。
② 李家浩先生 2002 年 10 月 12 日致笔者信。

其地在今山东曲阜市东。"房"也有可能读作《左传·隐公八年》的"防",其地亦属鲁国。

如果上释不误的话,此玺印当读为"房(防)祈望",是鲁国的官玺。也就是说,鲁国也有"祈望"一官。

2001 年 8 月初稿
2003 年 6 月二稿

补记:拙文草成后,曾求教于李家浩先生。李先生告知他也读为"祈望"。蒙李先生二次致函指正,并提供相关资料,在此谨致谢忱!

引书简称表:

《玺汇》:罗福颐《古玺汇编》,1981 年。

《陶征》:高明、葛英会《古陶文字征》,1991 年。

《陶汇》:高明《古陶文汇编》,1990 年。

第三编

陶文

释菻、此、郐、郲[①]

释 菻

《古陶文字征》附录 307 页著录下揭齐陶文：

《陶汇》3·708

旧不识。今按此字应分析为从"艸"、从"炊"，隶作"茯"，释为"菻"。

"炊"即"火"，这是齐系文字的特有写法，如齐系陶文中"谈"字作"炊"（《陶汇》3·198），齐系玺文中"营"字作"炊"（《玺汇》3687），"铸"字作"炊"（《玺汇》3760），齐系铜器铭文中"堇"字作"炊"（陈曼匜）。凡此均证"炊"即"火"。则此字可隶作"茯"。"茯"字不见于后世字书，《说文》"菻"字或体从"炎"作"炊"，"茯"字我们认为应是"茨"字。它和"茨"所不同的，只是把上下结构的"炎"变成左右并列的"炊"。古文字中有些字的偏旁位置常常变动不居，此现象在战国文字中尤为习见，如："多"字小篆作"多"，《说文》古文则作"竹"，战国文字作"多"（"胗"所从，《玺汇》1580）；"圣"小篆作"圣"，战国文字则作"圣"，均属此类现象。

如上释不误，则此字应隶作"茯"，释为"菻"。

释 此

《古陶文字征》附录 342 页著录下揭齐陶文：

---

① 原载《山东古文字研究》，1993 年。

《陶汇》3·1110

旧不识。按此字从"止"从"匕"，应释为"此"。

"↗"是"匕"是没有问题的。关键是"↙"旁，实际上"↙"乃是"止"的讹变。在古文字中，"中"、"止"常常相混，例如："族"字，番生簋作"↙"，陈喜壶作"↙"；"旂"字，邾旂士钟作"↙"，邾公钘钟则作"↙"；"道"字，散盘既作"↙"，又作"↙"。凡此均是"中"、"止"相混之例。更有一个确证，簷平钟"其受此眉寿"的"此"字作"↙"、"↙"，与上揭陶文非常相似，故"↙"应释为"此"。

释 郐

《古陶文汇编》著录下揭齐系陶文：

 3·1188　 3·728

《陶汇》作为不识字收在附录里（见该书303页）。今按此字从"余"、从"邑"，应释为"郐"。

"郐"在齐系文字中作"↙"（《陶汇》3·329），"↙"（《玺汇》1946），"↙"（《玺汇》1952）诸形。上揭陶文所从的"↙"只是将向下的一竖笔断开，若相连则成"余"状，和"余"相比只多了一小横，这一小横可以看作饰笔。上引齐玺"↙"所从的"↙"也断开了，只不过"△"变成"▽"。故此字应释为"郐"。

释 䣙（秦）

齐系玺文里有如下一字：

　　a. 　《玺汇》2206　b. ↙　《玺汇》2207

《古玺文编》作为不识字分别列入附录378页和465页。吴振武先生在《〈古玺文编〉校订》（博士论文，1984年10月，油印本）第629条中认为这两个字应同列，十分正确。丁佛言在《补补》中将b释为"鄹"，并说"或以为秦字，非。"今案：此字释"鄹"误，或释"秦"确。应分析为从"邑"从"秝（或禾）"从"大"形，释为"䣙"。

"鄹"所从的"無"，甲骨文作"↙"（《殷契粹编》1313），像人手持尾形物舞蹈之形。金文作"※"(厚氏匜)、"※"(邾公华钟)等形,形体已经有所讹变。小篆作"※",《说文》说:"丰也。从林※。或说规模字。从大、冊。冊,数之积也;林者,木之多也;冊与庶同意。"许慎据讹变的形体分析"無"字,全不可解。丁佛言在《补补》卷六"鄾"字条下首列 c:※字,说"古玺※鄾※,此周秦间文字,※为林之讹,从大,不从午。故应释鄾"。"※"显然是"秝"而非"林",况《说文》"無"字之说不足取,因此释"鄾"没有道理。但是丁佛言认为 c 从"大",并把 b 列在 c 下,也就是说,他认为 b 所从的"※"也是"大"形,这一点是对的。c 字虽不见于《古玺汇编》,但从玺文内容及文字格看,是齐系文字则无疑义。

a、b 所从的"※"可以看作与"大"相同,看下面的例子:

"火"作"※"("窑"所从,公孙窑壶)或作"※"("谈"所从,《陶汇》3·198),"※"("营"所从,《玺汇》3678)。

"矢"作"※"("疾"所从,羆镈),或作"※"("射"所从,《玺汇》3483),"※"("疾"所从,《陶汇》3·701)。

由上例可以得出,"一"和"∨"可互作,因此"※"可看作与"大"同。

齐系文字中"大"形一般作"※"(陈喜壶),也有作"※"(齐刀)、"※"(《陶汇》3·69)、"※"(齐刀)诸形的,"※"和"※"相同,"※"释为"大"形是可以成立的。

我们知道,"秦"字在古文字中一般从"午",从"大"形的则比较少见。但在汉印文字资料中,却发现"秦"字确有从"大"形的。《汉印文字征》卷七·十一"秦广昌"之"秦"作"※","秦安成"之"秦"作"※",均从"大"形。吴振武先生摹汉印拓本,"公孙秦"之"秦"作"※","秦固"之"秦"作"※",从"大"形是没有问题的。这就是说"秦"字除从"午"外,也有从"大"形的。这为我们释"※"为"大"形又提供一佳证。

如上释不误,则此字应隶作"鄾",读为"秦"。"秦"字在玺文中一个用作姓氏,一个用作人名。"秦"在战国文字中迭出繁见,在目前所见到的齐系文字中则很少见。此字形体独特,可知为齐系文字中秦氏之秦的特有写法。

附记:本文是笔者硕士论文《论晚周齐系文字的特点》中的一部分,是在导师陈世辉、汤余惠、吴振武先生的联合指导下完成的,在此谨致谢忱!

附:引书简称表

《陶汇》:《古陶文汇编》

《陶征》:《古陶文字征》
《玺汇》:《古玺汇编》
《补补》:《说文古籀补补》

古陶文字释丛①

清同治十一年(1872),山东潍县的知名金石学家陈介祺首次发现了陶文并作了考证,②距今已有128年了。在这100多年间,涉及陶文考释的专著、文章近300种。③大部分陶文得到确释,但也有部分疑难字至今未得到解决。笔者近年因从事陶文集释的工作,在摘录诸家成果的同时,也试着考释了部分古陶文字。今汇集成篇,以就正于方家。

一、释"畗"

古陶文中有如下字:

A 《陶汇》④3·853—854

B 《陶汇》3·1036

《陶汇》缺释。《陶征》将 A 倒置放入附录中(311页),《陶字》从之(664页)。《陶字》将 B 放入附录中(687页),又隶作"畕",放在"田"部下(543页),前后矛盾。丁佛言在《补补》中将 A 倒置释为"鲁"。吴大澂认为 A"似盛酒之器,

---

① 原载《古文字研究》(第23辑),北京:中华书局·合肥:安徽大学出版社,2002年。
② 李学勤:《山东陶文的发现与著录》,载《齐鲁学刊》,1982年5期。又载《缀古集》,上海:上海古籍出版社,1998年,第143页。
③ 拙作《古陶文集释》,待刊。
④ 本文征引部分书目简称如下:《陶汇》:《古陶文汇编》;《陶征》:《古陶文字征》;《陶字》:《古陶字汇》;《玺汇》:《古玺汇编》;《补补》:《说文古籀补补》。

中象郁鬯形。或即古文尊酉字"。B字，丁佛言怀疑是A之省文。①

按：诸释不可从。丁佛言将A、B释为一字之异，颇具卓识。我们认为此字应释为"畐"。古玺文字中"畐"字作：

　　　《玺汇》4559　　又畐

　　　《玺汇》4560　　大畐

　　　《玺汇》3291　　生畐

　　　《玺汇》4698　　生畐

《玺汇》3291、4698中的"畐"字均是倒文，旧不识。刘钊先生释为"畐"，甚确。将B与上引诸"畐"形比较，不难发现B字应该释为"畐"。A所从的五点可以看做饰点，与B应为一字，应释为"畐"。"畐"字作 ，又作 ；与"福"字作 （王孙诰钟），又作 （王子午鼎）相类同。

如上所述，A、B应释为"畐"。《说文》："畐，满也。从高省，像高厚之形。读若伏。"A、B是单字陶文，著录此字的陶拓又多倒置，致使此字无法确释。

二、释"澹"

古陶文中有如下一字：

C 　《陶汇》3·1140

《陶汇》缺释。《陶征》放入附录中（310页），《陶字》从之（666页）。

按：新出郭店楚简《语丛一》107简"各以澹诒毁也"之"澹"字作 ，C与此形体基本形同。我们认为C应释为"澹"。字形似应分析为"詹"省声，"淡"省声，"詹"、"淡"均为声符。古文字中"詹"或从"詹"之字作：

　　鱤：　　国差鱤

　　詹：　　《玺汇》5456②

　　儋：　　包山147

　　檐：　　鄂君车节

---

① 征引诸家之说均见于徐在国《古陶文集释》。
② 徐在国：《战国成语玺考释四则》，载吉林大学古文字研究室编《中国古文字研究》第一辑，长春：吉林大学出版社，1999年，第149页。李家浩释同，见《燕国"洀谷山金鼎瑞"补释》，载《中国文字》新廿四期，台北：艺文印书馆，1998年，第73页。

郒：▨　包山 186

詹：▨　包山 174

C 从"八"与上引诸"詹"从"八"同，从"厂"与"鐕"从"厂"同，下省言。"淡"本从"水"，"炎"声，C 所从的"▨"，当是"淡"省。古音"詹"、"淡"均为舌音谈部，故"淡"字可以"詹"、"淡"为声符。

如此，C 应释为"澹"。《说文》："澹，水摇也。从水，詹声。"《陶汇》3·1140 是一方单字陶文。

三、释"胘"

齐国陶文中有如下一字：

D ▨　《陶汇》3·88

《陶汇》缺释。

按：战国文字中"玄"字作：

▨ 《玺汇》0748

▨ 《玺汇》1969

▨ 郭店·老子甲 8

▨ 郭店·老子甲 28

D 上部所从"▨"与上引"玄"字形近，应是"玄"。

如此，D 可分析为从"肉"，"玄"声，释为"胘"。《说文》："胘，牛百叶也。从肉，弦省声。"《陶汇》3·88"繇衢大匋里胘"，"胘"为人名。

四、释"召"

齐陶文中有如下一字：

E ▨　《陶汇》3·5

《陶汇》缺释。《陶征》放入附录（310 页），《陶字》从之（665 页）。吴大澂释"留"，疑"瘤"之省文。陈介祺释为"㗊"。高田忠周释"偝"，认为是"背"之异文。唐兰释"甾"。①

按：诸释可疑。笔者 1996 年在吉林大学读博士期间，曾将考释的几个战国文字向吴振武师请教，其中将此字释为"召"，吴师认为释"召"可信。金文中"召"字或作：

＊ 卯卣三

＊ 召伯毛鬲

＊ 禹鼎

E 即上引金文"召"字之省体。E 所从"＊"与卯卣三"召"字所从"＊"同，所从"丿"即"刀"，是声符。禹鼎"召"字亦从"刀"声。

如此，E 从"＊"，"刀"声，应释为"召"。《说文》："召，呼也。从口，刀声。"《陶汇》3·5 为"陈向立事岁召之王釜"。

五、释"乘"

齐陶文中有如下一字：

F ＊ 《陶汇》3·1304

《陶汇》释"盇"。《陶征》释"盇"。《陶字》从之。李零先生隶作"夯"。②

按：李零先生认为此字下部所从"＊"是"力"，颇具卓识。《玺汇》0909 肖力之"力"作"＊"，可为佳证。"力"上所从"＊"应是"乘"字。古文字中"乘"字或作：

＊ 《陶汇》3·207

＊ 《玺汇》3554③

＊ 天星观简

＊ 包山 267

＊ 郭店·语丛二 26

＊ 《玺汇》1107

---

① 参见徐在国《古陶文集释》，待刊。
② 参见徐在国《古陶文集释》，待刊。
③ 吴振武：《古玺姓氏考（复姓十五篇）》，载《出土文献研究》（第 3 辑），北京：中华书局，1998 年，第 76 页。

上部均从"大",有加脚形和不加脚形之分,已有学者指出"乘"字所从的"大"加脚形是后起的写法。"大"下从"车"者是车乘之乘的专用字。① 从"🞬"者当是"木"之变;从"🞬"(冂)即"几",加注意符;亦有省去下部者。另外,在齐系文字中,"大"字上面像人手臂的部分往往拉平作横画,这是齐系文字的一个明显特点。② 因此,F所从"🞬"是"乘"字应没问题。F应隶作"𣫴",分析为从"力","乘"声,释为"胜"。战国文字中"胜"字作:

🞬 《陶汇》3·843

🞬 包山 113

🞬 郭店·尊德 36

🞬 《玺汇》2180③

🞬 《玺汇》2994

并从"力","乘"声。齐陶文"胜"字作"🞬"又作"🞬",与楚简"胜"字作"🞬",又作"🞬"相同。

如此,F应释为"胜"。《陶汇》3·1304 是一方单字陶文。

附带谈一下河北平山灵寿城遗址内出土的如下一方陶文"",原文未释。④ 按此方陶文应释为"右𣫴(胜)"。从"胜"字的写法看,这方陶文应属于三晋。

六、释"郭"

齐陶文中有如下一字:

G 🞬 《陶汇》3·678

---

① 吴振武:《古玺姓氏考(复姓十五篇)》,载《出土文献研究》(第3辑),北京:中华书局,1998年,第76页。

② 吴振武:《古玺姓氏考(复姓十五篇)》,载《出土文献研究》(第3辑),北京:中华书局,1998年,第76页。

③ 徐在国:《古玺文字八释》,载《吉林大学古籍所建所十五周年纪念文集》,长春:吉林大学出版社,1998年,第114页。

④ 河北省文物研究所:《河北平山三汲古城调查与墓葬发掘》,载《考古学集刊》(第5辑),北京:中国社会科学出版社,1987年,第166页。

《陶汇》缺释。

按：战国文字中"𩫖"（郭）字或作：

　　[图] 《陶汇》3·368

　　[图] 《陶汇》3·370

　　[图] 郭大夫釜甗①

　　[图] 郭大夫釜甗

　　[图] 《玺汇》5672

　　 珍秦 152

已有学者指出燕文字"郭"形体下部所从的"寸"乃是讹变所致。② G 字上部所从的"𠰢"与齐陶"郭"字上部所从同。下部所从的"才"与上引燕"郭"字下部所从形近。如此，G 应释"郭"。但 G 与齐陶常见的"郭"字形体不同，其实这并不奇怪。因为战国时期同一国家一字异形的现象也是常见的。

《陶汇》3·678"□衢新里郭它"之"郭"，姓氏。齐地有郭氏之虚，盖古国，国灭之后，亦为郭姓。见颜师古注《急就篇》。

七、释"鲜"

齐陶文中有如下一字：

　　H [图] 《陶汇》3·1152

《陶汇》缺释。《陶征》放入附录，但摹写有误（310 页）。

按：齐陶文字中"鲜"字作：

　　[图] 《玺汇》1143

　　[图] 《陶汇》3·605

并从"鱼"，"生"声。H 与上录"鲜"字形体相近，应释为"鲜"。《说文》："鲜，鱼也。从鱼，生声。"段注："与肉部胜义别，字俗作鲤。"《陶汇》3·1152 是一方单字陶文。

---

① "郭"字从李家浩、董珊释。

② 李家浩：《燕国"洵谷山金鼎瑞"补释》，载《中国文字》新廿四期，台北：艺文印书馆 1998 年，第 78 页。

八、释"㬍"

古陶文中有如下一字：

Ⅰ 《陶汇》3·861

    《陶汇》3·862

《陶汇》缺释。《陶征》放入附录(313 页)。吴大澂释为"桢臼"，丁佛言认为从"火"，从"鼎"，高田忠周认为从"心"，"桢"省声，高明先生释为"焯"，李零先生隶作"𤆢"，何琳仪先生释"㬍"。①

按：诸释中当以何琳仪先生所释为确。古文字"巢"或从"巢"之字作：

巢：𤰇 班簋

    𤰇 望山 1·89②

𤇾：𤰇 《玺汇》5379③

Ⅰ所从之"𤰇"与楚简、古玺"巢"同，应是"巢"字。Ⅰ下部所从"⼕"、"⼕"是"臼"，或认为从"心"、"火"，均不确。"旧"字所从"臼"作"⼕"、"⼕"形可证（《金文编》260 页）。

如此，Ⅰ当隶作"𤆢"，应分析为从"臼"，"巢"声，释为"㬍（䃺）"。"巢"、"㬍"二字古通。《仪礼·觐礼》："以瑞玉有缫。"郑注："今文缫或作璪。"《周礼·夏官·弁师》："五采缫。"《释文》："缫，司农云：古璪字。"《书·甘誓》："天用剿绝其命。"《说文》"剿"字下引"剿"作"劋"。望山简人名"公孙巢"又作"公孙㬍"。因此，"𤆢"可读为"㬍（䃺）"。

《广雅·释器》："㬍，甾也。"《方言》五："甾，赵魏之间谓之㬍。"郭璞注："㬍，亦作䃺。㬍又作䃺。"④《广韵》："䃺，同䃺。""㬍"（䃺）训"甾"，"甾"字是从"臼"的。"㬍"（䃺）字从"臼"当是缀加的义符。《陶汇》3·861～962 是单字

---

① 参见徐在国《古陶文集释》，待刊。
② 湖北省文物研究所等：《望山楚简》，北京：中华书局，1995 年，第 98 页。
③ 何琳仪：《战国古文字典》，北京：中华书局，1998 年，第 1552 页。
④ 王力：《同源字典》，北京：商务印书馆，1982 年，第 220 页。

陶文。

九、释"淖"

邹滕出土的单字陶文中有如下一字：

J　《陶汇》3·995

《陶汇》缺释。《陶征》释为"滈"(145 页)。《陶字》从之(449 页)，又放入附录中(645 页)。李零先生释"灭"。①

按：诸释可疑。因为此字是单字陶文，我们怀疑原拓被倒置。J 应作""，从"水"，从"卓"，释为"淖"。齐陶文中"淖"或作：

　《陶汇》3·418

　《陶汇》3·419

并从"水"，从"卓"，与 J 形近。

如此，J 应释为"淖"。《说文》："淖，水朝宗于海。从水，朝省。""淖"为"潮"之初文。

十、释"寈"

古陶文中有如下一字：

K　《陶汇》3·804

《陶汇》缺释。《陶征》放入附录(311 页)，《陶字》从之(687 页)。

按：古文字中"青"字或作：

　《玺汇》1335

　《玺汇》4646

　楚帛书

　郭店·性自 50

并与 K 所从""形近。故 K 可分析为从"宀"，"青"声，释为"寈"。《龙龛

---

① 参见徐在国《古陶文集释》，待刊。

手镜》:"青,古文,音青。"《字汇补》:"青,古文青字。"据此知"青"乃"青"字古文。郭店楚简中"青"字二见,或读为"静",如:性自 62"身欲青(静)"。或读为"情",如:语丛四·1"青(情)以旧"。可见战国文字中"青"字古文确有作"青"者。由此亦可证明《龙龛手镜》《字汇补》中的隶定"古文"确有所本。

《陶汇》3·804"乐青",即"乐青"。"青"为人名。

十一、释"畿畐"

齐陶文中有如下二字:

L　[图]　《陶汇》3·760

M　[图]　《陶汇》3·760

又见于《陶汇》3·761,M 最下一横画不清晰。《陶汇》缺释。《陶征》将二字当作一字释为"䇥"(232 页),又引《季木藏陶》16:3、16:6 将 M 作为不识字放入附录中(320 页)。① 《陶字》沿袭《陶征》错误(514 页、703 页)。

按:L 从"丝",从"坐",应隶作"鏊"。古文字中"丝"字作:

88　大保簋

88　何尊

88　《陶汇》3·622

88　中山侯钺

并与 L 上部所从形近。

齐文字中"坐"字作:②

[图]　《玺汇》0336

[图]　《玺汇》0273

[图]　《玺汇》0265

[图]　《陶汇》3·1333

L 下部所从与上引诸形同。

----

① 周宝宏:《古陶文形体研究》450 条,吉林大学博士学位论文,1994 年。
② 此字或释"㕚(坰)"、释"宝"、释"匋"、释"坐"等,当以释"坐"为是。

如上所述，L应隶作"坔"，释为"畿"。"坔"所从的"几"当是声符。古音"畿"属群纽微部，"几"属见纽脂部，声纽均属牙音，微、脂旁转，"畿"字可以"几"为声符。典籍中"几"可与"機"通假。《荀子·哀公》："俛视几筵。"《孔子家语·五仪》中"几"作"機"，可为旁证。"土"、"田"用作义符可通用，故"坔"可释为"畿"。

M当以摹作"🀄"形者为是，此字乃"畐"字倒文，应释为"畐"。参前释"畐"字。

《陶汇》3·760～761"畿畐"，似应读为"祈福"，是吉语，与吉语玺性质同，意思是祈求得到福佑。"畿"、"祈"古音同属群纽微部，例可通假。典籍中亦有二字通假的例子。如：《诗·小雅·祈父》郑笺："祈、圻、畿同。"《周礼·春官·肆师》："及其祈珥夏官小子。"郑注云："祈或作畿。""福"字从"畐"声，故"畐"字可读为"福"。

十二、释"酾"

古陶文中有如下一字：

N 〔图〕　《陶汇》9·39

《陶汇》缺释。《陶征》放入附录（304页），《陶字》从之（753页）。

按：此字应分析为从"邑"，"布"声，释为"酾"。"布"字古文字或作：

〔图〕　信阳2·015

〔图〕　仰天4

〔图〕　郭店·六德27

〔图〕　货系1446

从"巾"（或市），"父"声。N右部"布"字所从的"父"，"巾"连在一起，也可以说是"父"与"巾"共用的竖笔。

如此，E应释为"酾"。《陶汇》9·39"酾王□□"，疑"酾王"与河南固始县白狮子地二号墓出土的酾王剑之"酾王"同。"布"、"甫"古音同为帮纽鱼部，例可通假。《说文》"悑"字或体作"怖"。《礼记·乐记》"铺"作"布"。因此，"酾"可读为"郙"。"郙王"疑为甫国之王。春秋时有吕国，又称为甫国，其地在今河南南阳,后为楚国所灭。①

十三、释"诎"

燕陶文中有如下一字:

O《陶汇》4·98

《陶汇》缺释。《陶征》放入附录(296 页),《陶字》从之(769 页)。

按:古文字中"申"及从"申"之字作:

郭店·忠信 6

郭店·缁衣 19

郭店·缁衣 39

郭店·唐虞 15

O 右旁所从与上引"申"字形近,应是"申"。如此,O 应分析为从"言","申"声,释为"诎"。《广韵》:"诎,诎说,信也。"《陶汇》4·98"缶(陶)攻(工)诎","诎"为人名。

十四、释"曲阳夔"

河北平山中山国灵寿城遗址出土的板瓦上有如下三字:

原发掘报告释为"阳义"。②

按:板瓦上的陶文应是三个字。第一、二字中间下部有"="号,是合文符

---

① 李学勤:《东周与秦代文明》(增订本),北京:文物出版社,1991 年,第 137 页。
② 河北省文物研究所:《中山国灵寿城第四五号遗址发掘简报》,载《文物春秋》,1989 年 1~2 期。

号,应释为"曲阳"。战国文字中"曲"字作:

ㄴ 《玺汇》2317

ㄴ 《玺汇》3404

ㄴ 《中国历史博物馆馆刊》1979 年 1 期

陶文"ㄴ"与上引"曲"字同,应释为"曲"。"夒"释"义"误,字应分析为从"萑",从"又",应释为"蒦"。《说文》:"蒦,规蒦商也。从又持萑。一曰,视遽皃。一曰,蒦,度也。"

如上所述,此陶文应释为"曲阳蒦"。"曲阳"是地名,战国时魏、赵皆有曲阳。《史记·魏世家》昭王九年:"秦拔我新垣、曲阳之城。"此即魏曲阳,地在今河南省济源县西。又《史记·赵世家》武灵王二十一年:"赵与之陉,合军曲阳。"这是赵曲阳,地在今河北省曲阳县西。① "蒦"是人名。此陶文应属三晋。

十五、释"躳"

河北平山灵寿城遗址内出土如下一方单字陶文:

原发掘报告未释。②

按:战国文字"躬"字作:

  《玺汇》5190～5193

  包山 226

  包山 227"穷"字所从

  郭店·唐虞三"穷"字所从

并从"身"从"吕",与 P 字所从同。因此,P 字可分析为从"月(肉)","躬"声,隶作"臂",释为"躬"。《说文》:"躬,身也。从身,从吕。"故"躬"可赘加"肉"旁以繁化。这与"吕"字《说文》或体作"膂"相类。

---

① 吴振武:《谈战国货币铭文中的"曲"字》,载《中国钱币》,1993 年 2 期。
② 河北省文物研究所:《河北平山三汲古城调查与墓葬发掘》,载《考古学集刊》(第 5 辑),北京:中国社会科学出版社,1987 年,第 166 页。

十六、释"敬事"

洛阳市西工区 212 号东周墓中出土的陶壶中有如下二字：

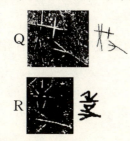

原发掘报告释为"敗事"，并考证说：①

> I 式壶上的两个陶文，乃是"敗事"二字。第一字左边作"⽊"，东周时的"兄"字常作此形，如侯马盟书中的兄弟之兄作"⽊"，祝字作"祝"。右边的"⽁"，即反文，所以此字从兄从支，识作敗。第二字为"事"字的东周习见写法之一……敗字字书所无，估计是以兄为声符的字。兄古音在阳部，读音和黄相近。事字和吏字古代是一个音，也就是使字。我们认为前字是陶壶主人的姓名或名字，这二字之义是说明此器是何人所享用的。

按：Q 释"敗"，误。我们认为应释为"敬"。战国文字中"敬"字或作：

　　　　郭店·五行 22

　　　　《玺汇》3655

　　　　《玺汇》4149

　　　　《玺汇》5049

上引郭店简、《玺汇》3655"敬"字所从"苟"作"⽊"、"⽊"，虽与"兄"字形体相近，但并不是"兄"字，而是"苟"之讹变。Q 与《玺汇》3655"敬"字形体相同，应释为"敬"。《说文》："敬，肃也。从攴、苟。"R 原报告释"事"是正确的，但读为"使"则不可从。原报告认为陶文是主人的姓氏和名字，不可信。陶文"敬事"

---

① 洛阳市文物工作队：《洛阳市西工区 212 号东周墓》图三·1，载《文物》，1985 年 11 期。

乃是一方成语陶文,性质与古玺文字中常见的"敬事"成语玺(《玺汇》3655、4142~4198)是相同的。

附带说一下,《玺汇》3655"敬事"玺作:

二字形体与陶壶上的"敬事"形体相同。此又为陶玺文字形体、内容相同增添一佳例。

十七、释"敬"

三晋陶文有如下一字:

　　　　《陶汇》6·18

《陶汇》缺释。《陶征》放入附录(364页),《陶字》从之。或释为"□件"。①

按:我们怀疑此字应释为"敬"。战国文字"敬"字或作:

　　　《玺汇》5029

　　　《玺汇》5001

　　　《玺汇》4248

　　　《玺汇》5045

　　　《玺汇》5046

并从"苟"从"攴"。"苟"又从" "、" "、" "、从" "、" "、" "(人)。S所从的" ",与" "、" "形体相近;所从的" ",陈伟武先生认为是"人",甚确。" "与《玺汇》5029"敬"字所从的" "形同。" "与" "应释为"苟",只是"人"旁放到右边,位置发生了转移。我们注意到古玺中"敬"字所从各偏旁位置有移动的现象,像上举第三形即是如此。S所从的" "与"午"形近,但在这里似乎是"攴"旁的讹变,上举"敬"字第四、五形所从的"攴"作" "、" "可为证明。

如上所述,S似应释"敬"。与古玺单字"敬"性质相同,属吉语玺。

---

① 陈伟武:《〈古陶文字征〉订补》,载《中山大学学报》,1995年1期。

十八、释"畗"及从"畗"之字

齐陶文中有如下一字：

T1　[字形]　《陶汇》3·646

又见于齐玺，作：

T2　[字形]　《玺汇》0259

或缺释，或释为"盲"，①或释为"封"。②

按：诸释可商。以此字为偏旁的字又见于下列文字中：

[字形]　《陶汇》3·282

[字形]　《陶汇》3·132

[字形]　《陶汇》3·131

[字形]　《陶汇》3·130

[字形]　《玺汇》2196

[字形]　《玺汇》0209

或缺释，或隶作"蒥"、③"鄐"。④

要解决 T 及从 T 之字，必须要对 T 所从的"占"（或"㞢"、"㞢"、"㞢"）作出解释，是"亡"、是"乍"、是"丰"，或是其他字。在回答这个问题前，先让我们看一下战国文字中的"身"字：

[字形]　《陶汇》3·67"息"⑤字所从

[字形]　郭店·成之7

[字形]　郭店·六德44

[字形]　包山226

---

① 李学勤：《缀古集》，上海：上海古籍出版社，1998年，第150页。
② 何琳仪：《战国文字通论》，北京：中华书局，1989年，第206页。
③ 周进（藏）、周绍良（整理）、李零（分类考释）：《新编全本季木藏陶》0318～0320、0046，北京：中华书局，1998年。
④ 何琳仪：《战国古文字典》，北京：中华书局，1998年，第1534页。
⑤ 周进（藏）、周绍良（整理）、李零（分类考释）：《新编全本季木藏陶》0318～0320、0046，北京：中华书局，1998年。

� 郭店·尊德20"𢀉"字所从

㞢 《玺汇》5593

㞢 《考古学报》1982年4期"𢀉"字所从

㞢 《玺汇》5680

㞢 《玺汇》2705

㞢 《玺汇》2698

㞢 《玺汇》3463

㞢 《玺汇》5427"詷"所从

通过上引"身"字，可说明以下两点：其一，"身"字从"人"，所从"人"作"亻"、"亻"、"亻"、"卜"、"亻"、"亻"等形；其二，"身"字表示身体的部分一般作"𠃍"，位置或作"人"形中间，或在下部，也有作"𠃌"、"𠃍"等形者。基于以上对"身"字形体的分析，我们再回过头来看 T 及从 T 之字上部所从的"㞢"，或作"㞢"、"㞢"、"㞢"，与齐陶"𢀉"字所从"身"作"㞢"形相同，并从"人"从"𠃍"，是"身"字应该没有问题。至于"㞢"、"㞢"、"㞢"等形，可视为"㞢"形讹体。T 下部所从是"田"，毋庸多言。

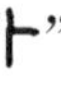

如上所述，T 字应分析为从"身"从"田"，隶作"畠"。此字不见于后世字书，从偏旁分析看，应是双声符字，古音"身"属书纽真部，"田"属定纽真部，声纽均属舌音，韵部相同。

以上是对 T 形体的分析。下面我们看一下 T 字的具体用法：

《陶汇》3·646"左畠漕铩"，《玺汇》0259"右畠漕东羽工铩"，疑"畠"应读为"田"。齐国掌管农田的官员称"田"、"大田"或"大司田"。《管子·小匡》："宁戚为田。"尹知章注："教以农事。"又："垦草入邑，辟土聚粟为众，尽地之利，臣不如宁戚，请立为大司农。"《晏子春秋·内篇·问上》："君……闻宁戚歌……举以为大田。"张纯一注："农官。"①由齐陶、齐玺可知，齐国田官分左、右，称为"左田"、"右田"，与"廪"分"左"、"右"同。秦印中有"泰上寝左田"、"左田"，封泥有"赵郡左田"。可见，秦国也有"左田"官。曹锦炎先生说："'左田'，读为'佐田'，职官名，即田官之副佐。"②其说是。

《陶汇》3·130～3·132"蒦阳南里蕾"，《陶汇》3·282"中蒦阳里人蕾"，

---

① 左言东：《先秦职官表》，北京：商务印书馆，1994年，第292页。
② 曹锦炎：《古玺通论》，上海：上海书画出版社，1995年，第185页。

《玺汇》2196"邬 蕙"。"蕾"、"蕙"均为人名。以声类求之,疑读为"芒"。《集韵》:"芒,草名。"

《玺汇》0209"酄陵之铄"之"酄",似读为"陈"。"陈"、"田"古音同。《说文》:"陈,宛丘,舜后妫满之所封。"地在今河南东部、安徽北部一带。战国属楚。从"陵"字形体看,此玺也应属楚。"陈陵"地名待考。

以上是我们考释的部分古陶文字。错谬之处,恳请专家指正。

"会成"封泥考[①]

孙慰祖先生的《中国古代封泥》著录了一方罕见的三晋封泥,是上海博物馆馆藏品,以前未见著录。这方封泥如下:

孙先生释为"□城守"。[②] 首字缺释。

我们认为首字应当释为"会"。三晋文字中"会"字的写法有:[③]

  《古玺汇编》0068

  《古玺汇编》3162

  《古玺汇编》3164

首字与《古玺汇编》3164 中的""字形体最为接近,字形当分析为从"云"、"今"声,释为"会"。

第二字作"",原释为"城"。如果将下部边框看作笔画的话,释"城"可从。也有可能是"成"字。三晋文字中"成"字或作:

  三晋71 《战国文字编》962 页

  三晋71 《战国文字编》962 页

  《古玺汇编》1308 《战国文字编》962 页

均与""形近,我们改释为"成"。

[①] 原载《中国文字研究》(第 8 辑),南宁:广西教育出版社,2007 年。
[②] 孙慰祖:《中国古代封泥》,上海:上海人民出版社,2002 年,第 36 页。
[③] 汤余惠:《战国文字编》,福州:福建人民出版社,2001 年,第 767~768 页。

末一字作"㊞",原书释"守"是正确的。这种写法的"守"字三晋文字中习见,如:

㊞ 《古玺汇编》0341

㊞ 《古玺汇编》3307

㊞ 《古玺汇编》3236

㊞ 《侯马盟书》

㊞ 《侯马盟书》

㊞ 中山守丘石刻①

㊞ 赵十六年守相信平君铍

㊞ 赵十五年守相廉颇铍

上引诸形均与"㊞"形同或形近。

上释不误的话,此方封泥当释为"佥成守"。"佥成"当读为"阴成"或"阴城",地名。见于《史记》和《战国策》中。《史记·建元以来侯者年表第九》:"阴城(《索隐》表、志缺)。赵敬肃王子。"钱穆先生《史记地名考证》说:②

《战国策·赵策》:"魏王朝邯郸,抱阴城,负葛薛,为赵蔽。"

《魏策》:"抱葛薛、阴城为赵养邑。"

葛薛故城,今河北肥乡县西南二十里,阴成当亦相近。就"抱"、"负"之义,则在葛薛南,于汉属广平。

何建章先生《战国策注释·赵策四·齐欲攻宋章》:"且王尝济于漳,而身朝于邯郸,抱阴成,负(蒿)葛薛,以为赵蔽。"注(24):"葛薛,故城在今河北省肥乡县西南。阴成,与葛薛近。"③

缪文远先生《战国策新校注》:

《赵策四·齐欲攻宋秦令起贾禁之章》:"且王尝济于漳,而身朝于邯郸,抱阴(成)[地],负(蒿)葛薛,以为赵蔽,而赵无为王行也。"注(11):"按:阴地指黄河以南,熊耳山脉以北,陕豫交界地。今河南卢氏县东北

---

① 汤余惠:《战国文字编》,福州:福建人民出版社,2001年,第500页。
② 钱穆:《史记地名考》,北京:商务印书馆,2001年,第1253页。
③ 何建章:《战国策注释》,北京:中华书局,1990年,第765页。

有古阴地城,则此"阴城"或"阴地"之误。"注(12):"葛薛当如鲍本作'葛孽',地在今山西翼城县东南。"

《魏策三·叶阳君约魏章》:"谓魏王曰:'王尝身济漳,朝邯郸,抱葛、孽、阴、成以为赵养邑,而赵无为王有也。'"①

王延栋先生《战国策词典》:"阴成,地名,在今河南卢氏县东北洛水北岸。""葛孽,地名,在今河北肥乡县西南。"②

《中国古今地名大辞典》:"阴成,古邑名。战国魏邑。在今河南卢氏县东北。"③

上引文献中,将"阴成"、"葛孽"当做地名的,应该是正确的。封泥中的"佥(阴)成"就是最好的证明。缪文远先生《战国策新校注》中,在《赵策》注中,将"阴城"看做"阴地"之误;在《魏策》中又将"阴成"、"葛孽"分为四地,是不正确的,应当改正。

"阴成"、"葛孽"作为地名,其确切地方,学者说法不一。先说"葛孽",多数学者认为"故城在今河北省肥乡县西南"。我们认为这个说法可从。至于"阴成",或说"在今河南卢氏县东北"。此说可疑。因为此说是将"阴成"与"阴地"相混,"阴地在今河南卢氏县东北"。我们还是赞同"阴成,与葛孽近"之说,确切地方有待进一步考证。

由此,我们可以得出以下结论:

第一,"佥成守"封泥中的"佥成",就是见于《战国策》中的"阴成",见于《史记》中的"阴城"。

第二,"佥成守"封泥属于三晋封泥,其国别不能确知。从"守"字的形体、"阴成"地方与"葛孽"近推测属于赵的可能性较大。但也不排除属魏的可能。

第三,阴成地望应与"葛孽"近,确切地点有待进一步考证。

附记:本文写定于2005年9月24日,投寄一刊物,退回,理由是太简单。文字的考释是简单了一些,因为古文字学者可能一眼就认出,但由于涉及古书记载,或许有些许价值。文成后曾寄呈吴良宝师弟指正,

---

① 缪文远:《战国策新校注》,成都:巴蜀书社,1987年,第735、881页。
② 王延栋:《战国策词典》,天津:南开大学出版社,2002年,第366、437页。
③ 谭其骧:《中国古今地名大辞典》,上海:上海辞书出版社,2005年,第1349页。

半年后他在电话中还询问文章发表情况。后见施谢捷教授在其博士论文《古玺汇考》中亦释为"阴城",但限于体例,其文未作考证。故拙文不废,改投《中国文字研究》。特此记之。

说"喜"兼论古陶文著录中的倒置①

陈平先生在《中国历史文物》2007年第4期发表了《释"㗊"——从"㗊"论定燕上都蓟城的位置》一文,该文"对北京白云观出土战国陶罐上的陶文'㗊'字做出考释,认为此字即'蓟',从而证实了陶罐出土的白云观遗址附近就是战国燕国上都蓟城之所在"。②作者在其大著《20世纪中国文物考古发现与研究丛书》之《燕文化》卷和《北方幽燕文化研究》③中已经陈述了这个观点,这次又单独成文发表,论证更加细密。该文的证据是建立在对"㗊"考释的基础上,"㗊"是否是"蓟"字?下面把我们的观点写出来,请大家指正。

这方陶文是1956年在白云观至宣武门一带战国古瓦井中出土的1件陶罐上发现的,见《考古》1963年第3期《北京西郊白云观遗址》一文。陈先生认为"这则陶文资料在《考古》1963年第3期公布以后,一直未引起历史、考古界和古文字学界注意……中华书局1990年出版的高明先生编集的《古陶文汇编》一书中,对它也未作收录。"④此说欠当。高明先生在《古陶文汇编》一书中已经收录了此陶文,放在四、河北出土陶文中,编号为4·166,图拓为"㗊",释文为"喜"(北京西郊,据《白云》复制)。⑤我们认为高先生的释文是正

---

① 原载《安徽大学学报(哲社版)》,2008年5期。
② 陈平:《释"㗊"——从"㗊"论定燕上都蓟城的位置》,载《中国历史文物》,2007年4期。
③ 陈平:《北方幽燕文化研究》,北京:北京群言出版社,2006年。陈平:《燕文化》,载《20世纪中国文物考古发现与研究丛书》,北京:文物出版社,2006年。
④ 陈平:《释"㗊"——从"㗊"论定燕上都蓟城的位置》,载《中国历史文物》,2007年4期。
⑤ 高明:《古陶文汇编》,北京:中华书局,1990年,第68页。

确的。新近出版的王恩田先生的《陶文图录》(以下简称《图录》)一书中也收录了此陶文,放在卷四燕国部分,编号为 4·139·2,从高先生释为"喜"(北京)。① 为了便于比较,今将《图录》中的"喜"字全部摘录如下:

▨ 《图录》2·156·4 䚡巷东匋里喜　　▨ 《图录》2·553·2 东酤里孟喜

▨ 《图录》3·43·1 喜　　▨ 《图录》3·43·2 喜
▨ 《图录》3·43·3 喜　　▨ 《图录》3·43·4 喜
▨ 《图录》3·43·5 喜　　▨ 《图录》3·43·6 喜
▨ 《图录》3·44·1 喜　　▨ 《图录》3·44·2 喜
▨ 《图录》3·44·3 喜　　▨ 《图录》3·44·4 喜
▨ 《图录》3·44·5 喜　　▨ 《图录》3·44·6 喜
▨ 《图录》3·45·1 喜　　▨ 《图录》3·45·2 喜
▨ 《图录》3·45·3 喜　　▨ 《图录》3·45·4 喜
▨ 《图录》3·45·5 喜　　▨ 《图录》3·45·6 喜
▨ 《图录》3·46·1 喜　　▨ 《图录》3·46·2 喜
▨ 《图录》3·46·3 喜　　▨ 《图录》3·46·4 喜
▨ 《图录》3·46·5 喜　　《图录》3·46·6 喜
▨ 《图录》3·47·1 喜　　《图录》3·47·2 喜
▨ 《图录》3·47·3 喜　　▨ 《图录》3·47·4 喜
▨ 《图录》3·47·5 喜　　▨ 《图录》3·47·6 喜
▨ 《图录》3·48·1 喜　　▨ 《图录》3·48·2 喜
▨ 《图录》3·48·3 喜　　▨ 《图录》3·48·4 喜
▨ 《图录》3·48·5 喜　　▨ 《图录》3·48·6 喜
▨ 《图录》3·638·6 喜

上录"喜"字与"▨"形体近似,释"喜"没什么问题。陈先生误释此字的原因是将此陶拓倒置作"▨",又误将左侧的边框看作"刀"旁,遂误释为"剑"。

顺带谈一下古陶文中的倒置或侧置。古陶文尤其是单字陶文往往容易倒置或侧置,结果导致误释或不释。下面举几个例子。

---

① 王恩田:《陶文图录》,济南:齐鲁书社,2006 年,第 1657 页。

一、■《图录》3·73·4 ■《图录》3·73·5 ■《图录》3·73·6

此字高明、葛英会先生在《古陶文字征》50页摹作■3、917独字、■铁云643,误释为"啻"。徐谷甫、王延林《古陶字汇》214页沿袭之。①汤余惠先生曾对此字作过如下考释:②

> 战国陶文有"■"(《季木》20.7)字,旧不识。按此字上从目,与魏石经古文"众"、"释"二字所从目旁写法相同,字下从辛,实即亲字省文。《古文四声韵》上平声"真"部引《古孝经》作"■"又引《古老子》作"■",《订正六书通》上"真"部引《六书统》作"■"。中山王鼎"亲率三军之众"字作"■",从目即见之省,从新声实与小篆从亲声、陶文从辛声为一事,三者自可互证。

其说甚是。《陶文字典》从汤先生释,但仍放在"罩"字下,不确。③

二、■《图录》3·580·6　1435页

按:《陶文字典》附录436页第3栏倒置作"■",是不对的。"■"形可与《图录》3·385·5"■"形比较,证明《图录》是正放,《陶文字典》则是倒置。"■"可分析为从"日","己"声,隶作"昌"。"■"可分析为从"日","吕"声,隶作"昌"。疑二字是一字异体。

三、■《图录》3·519·4　■《图录》3·519·5　■《图录》3·519·6

按:前二形《图录》释"干",后一形释"示",均误。高明、葛英会《古陶文字征》90页"干"字作"■"3·1122独字。周宝宏说:"按:陶文此字释干不确。3·1122号陶文应是"土"字或"士"字的倒置,查《古陶文汇编》将原拓片作土形方向放置,是正确的,《古陶文字征》却摹作干形。"④杨泽生认为90页"干"字引3·1122■应摹作■,是"土"字(参看裘锡圭《古文字论集》,北京:中华书局,1992年,395页)。⑤

---

① 高明、葛英会:《古陶文字征》,北京:中华书局,1991年,第50页。徐谷甫、王延林:《古陶字汇》,上海:上海书店出版社,1994年,第214页。
② 汤余惠:《略论战国文字形体研究中的几个问题》,载《古文字研究》(第15辑),北京:中华书局,1986年,第13页。
③ 王恩田:《陶文字典》,济南:齐鲁书社,2007年,第272页。
④ 周宝宏:《古陶文形体研究》81·104,北京:社会科学文献出版社,2002年。
⑤ 杨泽生:《〈古陶文字征〉补正例》,载任剑涛、彭玉平主编《论衡》(第4辑),广州:中山大学出版社,2006年。

释"士"说可从,《图录》三形均倒置,应释为"士"。

四、▨《图录》5·13·4 □水(河南新郑)1745 页

按:《陶文字典》附录 567 页第 2 栏释"▨"为"吴长"。"▨"形倒置,应作"▨",当释为"善"。《图录》5·13·4 均倒置,导致误释。《图录》5·13·4 应释为"水善"。

五、▨《图录》5·20·4 □□1752 页

按:此陶又著录于王襄先生的《古陶今释》中,王先生摹作"▨",考释如下:①

司马▨,马之省文。▨,从目,从束省。

《陶文字典》将"▨"放在附录 557 页第 3 栏,将"▨"放在附录 412 页第 6 栏。《图录》将此陶倒置,遂导致不释。此陶应作"▨",王襄先生所摹基本正确,释"▨"为"司马",颇具卓识。疑"▨"形应释为"帝"。刘钊先生提示,此字可能是从"日"、从"帝"之字,可从。

六、▨《古陶文汇编》4·157、《图录》5·25·3 □□□1757 页

按:《古陶文汇编》释为"元昌咏",②误。此陶倒置,应为"▨",实际上是两个字,即"▨"和"▨",第一字似为"半"字。第二字应释为"章"。《古陶字征》把"▨"分为两个字,释"▨"为"昌",③ 把"▨"放在附录 350 页第 3 栏。《陶文字典》从之,亦将▨分为两个字,将"▨"放在附录 568 页第 1 栏。将"▨"放在附录 559 页第 4 栏中。均误。

七、▨大观·战国(燕)111

此陶著录于中国历史博物馆编《中国历史博物馆藏法书大观·第三卷陶文、砖文、瓦文》38 页,刘振清先生释为"赊",他说:"陶瓮棺口唇处刻有阴文

---

① 王襄:《古陶今释》(1947 年),载《王襄著作选集》,天津:天津古籍出版社,2005 年,第 1161 页。
② 高明:《古陶文汇编》,北京:中华书局,1990 年,第 68 页。
③ 高明、葛英会:《古陶文字征》,北京:中华书局,1991 年,第 119 页。

'赊'字,为工名。"①按:释"赊",误。此陶文倒置,应作"▨",左旁为"言",右旁似为"玄",如此,此字应释为"该"。此为单字陶文,可能为工名。

八、▨大观·战国(燕)117

此陶著录于中国历史博物馆编《中国历史博物馆藏法书大观·第三卷陶文、砖文、瓦文》39页,刘振清先生释为"刃南",他说:"陶甖棺口唇处刻有'刃南'二字,为工名。"②按:释"刃南",误。此陶文倒置,应作"▨",当为一字,非两字,上部为"寅",下部是"心",应分析为从"心","寅"声,释为"惪"。此为单字陶文,可能为工名。

九、▨大观·战国(燕)117

此陶著录于中国历史博物馆编《中国历史博物馆藏法书大观·第三卷陶文、砖文、瓦文》39页,刘振清先生释为"工羽",他说:"陶罐口缘印有阴文'工羽'二字,工为职名,羽为人名。"③按:释"工羽",误。此陶文倒置,应作"▨",上部从"翌(翏)",燕陶"翏"作"▨"(图录4·179·2)可证,下从"止",可隶作"翌"。

十、▨《文物》1972年第6期图六·6

北京市文物管理处写作小组《北京地区的古瓦井》一文发表了六方陶文,见《文物》1972年第6期43页图六。第6方陶文为"▨"。

《图录》4·137·4重新著录,缺释。《陶文字典》放在附录538页第4栏。

按:《文物》及《图录》均将陶文拓片侧置,故不释。此陶应作"▨",当释为"昌"。

十一、▨大观·战国(燕)115

此陶著录于中国历史博物馆编《中国历史博物馆藏法书大观·第三卷陶文、砖文、瓦文》38页,刘振清先生释为"罗",他说:"陶豆颈部印有阴文'罗'

---

① 中国历史博物馆:《中国历史博物馆藏法书大观·第三卷陶文、砖文、瓦文》,上海:上海教育出版社,2000年,第19页。

② 中国历史博物馆:《中国历史博物馆藏法书大观·第三卷陶文、砖文、瓦文》,上海:上海教育出版社,2000年,第19页。

③ 中国历史博物馆:《中国历史博物馆藏法书大观·第三卷陶文、砖文、瓦文》,上海:上海教育出版社,2000年,第20页。

字,为工名。"① 按:释"罗",误。此陶文侧置,应作:"⬛"。《图录》4·163·1作"⬛",放置正确,但缺释。《陶文字典》作为不释字放入附录545页第1栏。

将《大观》的拓片和《图录》的拓片仔细比对,发现有些许差别,《图录》的拓片来自《燕下都》图一六六·1。我们怀疑此字从"车","勻"声,应释为"军"。包山楚简"军"作"⬛"(93)、"⬛"(173),中山王鼎作"⬛"可证。

以上仅仅举了几个例证,类似的情况不在少数。认识到陶文中倒置或侧置的情况,将有助于我们对文字进行正确释读。

---

① 中国历史博物馆:《中国历史博物馆藏法书大观·第三卷陶文、砖文、瓦文》,上海:上海教育出版社,2000年,第19页。

历博藏战国陶文补释①

《中国历史博物馆藏法书大观·第三卷陶文、砖文、瓦文》②主要著录中国历史博物馆馆藏的陶文、砖文、瓦文,陶文共分4部分:战国(燕)122方,战国(齐)37方,秦10方,其他30方。砖文部分有2方秦砖,瓦文部分有2方燕瓦,其余的砖瓦文均是秦以后的。图录后是释文说明,较为详细,释文大多准确。陶文的说明由刘振清先生撰写,砖文的说明由盛为人先生撰写,瓦文的说明由杨桂荣先生撰写。今仅就战国陶文部分的个别释文略作补释,敬请专家指正。

一、释"言"

《大观》著录如下一方燕国陶文:

战国(燕)·1、十六年陶片

刘振清先生说:"'十六年'是燕王纪年,也是器物的制造年代,'又目'同'右目',应为职名和人名。"③

按:所谓的"年"字作"",有些模糊,但绝对不是"年"字。燕陶文"年"字

---

① 原载《出土文献与古文字研究》,上海:复旦大学出版社,2010年。
② 中国历史博物馆:《中国历史博物馆藏法书大观·第三卷陶文、砖文、瓦文》,上海:上海教育出版社,2000年。
③ 中国历史博物馆:《中国历史博物馆藏法书大观·第三卷陶文、砖文、瓦文》,上海:上海教育出版社,2000年,第4页。

作▢(《陶文图录》(以下简称《图录》)①4·2·2)、▢(图录4·9·2)可证。我们怀疑此字应释为"䇂",读为"觳"。燕陶文"䇂"字作:

　　▢　《图录》4·111·3 缶▢　三䇂反　▢　《图录》4·112·4 三䇂
　　▢　《图录》4·113·1 五䇂　▢　《图录》4·113·2 六䇂
　　▢　《图录》4·98·4 二䇂反

上录"䇂"字均与"▢"形近,故可释为"䇂",在燕陶中均读为"觳",是燕系文字资料中常见的容量单位,或写作"亭",均读为"觳"。《说文》:"觳,盛觵卮也,一曰射具。从角㲉声,读若斛。"《周礼·考工记·陶人》"鬲实五觳",注"郑司农云,觳读为斛。觳受三斗。《聘礼记》有斛。玄谓,豆实三而成觳,则觳受斗二升。"一觳合 12 升。

燕陶文中的"䇂"或"亭",常被误释为"匋",《大观》亦承此误。如:

　　▢ 17　▢ 20　▢ 23　▢ 24　▢ 25
　　▢ 18　▢ 19　▢ 22

刘先生在考证 17 时说"'二陶'为其所在地",考证 22 时说"阴文戳记'三陶'二字,疑为制陶作坊的标记",②均误,均应改释为"䇂"或"亭",读为"觳"。

二、释"鵤"

《大观》著录如下二方燕陶:

　　▢ 24　　▢ 74

刘振清先生分别释为"三匋(陶)工▢"、"二陶七▢"。③ 相同的陶文又见《图录》4·110·3,作:"▢"王恩田先生释为"二觳七反"。④

按:刘振清先生释"䇂"为"匋"误,参上条。24 中的"▢",释"工",误。

---

① 王恩田:《陶文图录》,济南:齐鲁书社,2006 年。
② 中国历史博物馆:《中国历史博物馆藏法书大观·第三卷陶文、砖文、瓦文》,上海:上海教育出版社,2000 年,第 7 页。
③ 中国历史博物馆:《中国历史博物馆藏法书大观·第三卷陶文、砖文、瓦文》,上海:上海教育出版社,2000 年,第 8、14 页。
④ 王恩田:《陶文图录》,济南:齐鲁书社,2006 年,1628 页。

应释为"七"。王恩田先生释"☐"为"反",亦不确。"☐"、"☐"、"☐"为一字,当从李家浩先生释为"鹖",读为"掬"。① 燕文字"鹖"字作:

☐ 《集成》09607 文水上贤铜壶"受②六㪷四"

☐ 《集成》09617 重金方壶"受一㪷六"

☐ 盱眙南窑铜壶

☐ 丙辰方壶

☐ 王后左桓室鼎

这些字李家浩先生认为从"鸟","又"声,疑即见于《玉篇》等书的"鹖"字。李先生读"鹖"字为"掬"。《孔丛子》卷三《小尔雅·量》:"一手之盛谓之溢,两手谓之掬。掬,一升也,掬四谓之豆。""掬"与"㪷"均为容量单位。上录三方燕陶均应释为"二㪷七鹖(掬)",合 31 升。可惜陶器残破,无法实测。

三、释"荟"

《大观》著录如下三方燕陶:

 29 30 47

刘振清先生释"☐"、"☐"为"泰",释"☐"为"堂"。

按:此字释"泰"、"堂",误。我们怀疑此字应释为"荟"。战国文字中"会"或从"会"之字作:

☐ 䣅羌钟

☐ 中山王壶 《金文编》364 页

"☐"所从的"☐"与上引"会"形近,疑是"会";上从"屮"、"艸"二旁古通,例不烦举。47 中的"荟"字略有残缺。如此,此字应释为"荟"。陶文"左宫荟"、"陶攻(工)荟","荟"均为人名。

---

① 李家浩:《盱眙铜壶刍议》,载《古文字研究》(第 12 辑),北京:中华书局,1985 年,第 357 页。

② 参见吴振武《释"受"并论盱眙南窑铜壶和重金方壶的国别》,载《古文字研究》(第 14 辑),北京:中华书局,1986 年。

四、释"取"

《大观》著录如下一方燕陶：

 106

刘振清先生释为"付"字，认为是工名。

按：此字当释为"取"。陶文中"取"字或从"取"之字作：

▨ 《图录》4·204·1 比趣

▨ 《图录》2·285·4 鞘里匋取

"▨"与"▨"均与此字形同，可看作"又"旁与"耳"的右边竖笔共用笔画。这是一方单字陶文。

释出了"取"字，《大观》42 中的"▨"字当释为"趣"，"趣"字异体。释"迓"，不确。

五、释"甚"

《大观》著录如下一方燕陶：

 119

刘振清先生释为"世惡"二字。

按：首字释"世"，不确。此字当释为"甚"。战国文字中"甚"字或作：

▨ 郭店·唐虞之道 24   ▨ 郭店·唐虞之道 24

▨ 郭店·唐虞之道 25   ▨ 郭店·语丛四 25

▨ 形与上引郭店简"甚"字形体比较，可以发现"口"旁与上▨ 上部横画共用。这与齐文字"区"作"▨"(《图录》2·5·4)，又作"▨"(《图录》2·44·1)类同。此字释为"甚"应该没有问题。第二字刘先生释为"惡"是正确的。此字从"心"，"亞"声，可能是"惡"字，《说文》："惡，疾也。从心，亞声。一曰谨重皃。"陶文"甚惡"，文意待考。

六、释"莧駹"

《大观》著录如下一方燕陶文：

 114

刘振清先生释为"藐"。

按：此字释"藐"不确。我们怀疑此拓倒置，应作：

似应释为"莧駹"。因陶拓倒置而误释的例子很多，参拙文《说"喜"兼论古陶文著录中的倒置》。"莧"字与齐侯盘"（莧）"旁形近。《说文》："莧，山羊细角者……宽字从此。""駹"字从"马"，"方"声，疑即见于《玉篇》的"駹"字。《玉篇》："駹，駹駹，马行皃。今作彭。"陶文"莧駹"，似为人名。

除上述字误释外，还有许多字学者早已经释出，而释文未吸收者。如：

第一，战国（燕）部分：将2的"胲"误释为"脩"。将4、10、15中的"劃"误释为"朝"。将16、21的"士"误释为"上"。将19、20、46、48、86的"坣"误释为"堂"。将26、40的"者"误释为"志"。将81的"士"误释为"土"。将88的"辻"误释为"徒"。将111的"该"误释为"赊"。将115的"军"误释为"罗"。将117的"惠"误释为"刃南"。将120的"翌"误释为"工羽"。

第二，战国（齐）部分：将3的"者"误释为"都"。将23、24的"婣"误释为"姁"。将35的"焰"误释为"陶"。将37的"常"误释为"棠"。

第三，其他部分：将4的"豐"误释为"豐"。将6的"组"误释为"绎"。将9的"敩"误释为"祭"。将11的"肺"误释为"卖"。将13的"癰"误释为"痈"。将19的"張"误释为"六长"。将22的"文是獅"误释为"赵齿"。等等。

河南出土成语类陶文考释三则①

《古玺汇编》中有"吉语玺",曹锦炎先生说:"其实,这类玺文并不单是吉语,也有一部分是格言(或称箴言),所以有人建议另分出'箴言玺'一类。若用'成语'一名,可以兼含两者,不必再细分。……另外,成语玺也有单字的。"②我们采用曹先生的观点,将玺印中的吉语、箴言玺统称为成语玺。战国陶文中也有成语类的陶文,尽管数量不多。我们选出河南出土的成语类陶文三则,略作考证,部分成语类陶文可与成语玺比对。

一、中正

河南省文物考古研究所编著的《新郑郑国祭祀遗址》645 页著录如下一方韩陶文:

 图四五二.18 罐肩部

编著者释为"中正","疑为管理制陶官吏或陶工私名姓"。③

按:释"中正"是对的,但认为是"管理制陶官吏或陶工私名姓"则是错的。此陶文应为成语类陶文。又见于古玺,如:

《古玺汇编》4531　《古玺汇编》4532 正中

---

① 原载《中国文字博物馆》,2010 年 1 期。
② 曹锦炎:《古玺通论》,上海:上海书画出版社,1995 年,第 37 页。
③ 河南省文物考古研究所:《新郑郑国祭祀遗址》,郑州:大象出版社,2006 年,第 644 页。

"中正"为古成语,有得当、不偏不倚义。《书·吕刑》:"明启刑书,胥占,咸庶中正。"蔡沈集传:"咸庶中正者,皆庶几其无过忒也。"又有正直、忠直义。《管子·五辅》:"其君子上中正而下诡谀。"《东观汉记·申屠刚传》:"性刚直中正,志节抗厉,常慕史䲡、汲黯之为人。"又指正道。《易·离》:"柔丽乎中正。"高亨注:"象人有柔和之德,附丽于正道。"《楚辞·离骚》:"跪敷衽以陈辞兮,耿吾既得此中正。"王逸注:"中心晓明得此中正之道。"

二、和

河南省文物考古研究所编著的《新郑郑国祭祀遗址》645 页著录如下一方韩陶文:

 图四五二.15 盆口沿

编著者释为"和",认为是"吉祥语或陶工名姓"。①

按:释"和"是对的。此陶文应为成语类陶文。又见于古玺,如:

《古玺汇编》5107   《古玺汇编》5108   《古玺汇编》5111

古玺"和"字形体与陶文同,据此,可判定三玺应为韩玺。

"和"义为和顺、平和。《书·康诰》:"惟民其勑懋和。"蔡沈集传:"民其戒勑,而勉于和顺也。"又有和谐、协调义。《礼记·乐记》:"其声和以柔。"又有适中、恰到好处义。《周礼·天官·大司徒》:"一曰六德:知、仁、圣、义、忠、和。"郑玄注:"和,不刚不柔。"《周礼·春官·大司乐》:"以乐德教国子:中、和、祗、庸、孝、友。"郑玄注:"和,刚柔适也。"《论语·学而》:"有子曰:'礼之用,和为贵。'"又有和睦、融洽义。《书·皋陶谟》:"同寅协恭,和衷哉。"孔传:"以五礼正诸侯,使同敬合恭而和善。"《孟子·公孙丑下》:"天时不如地利,地利不如人和。"

三、千万

2007 年 7~10 月,为了配合"南水北调"中线工程建设,郑州大学历史学

---

① 河南省文物考古研究所:《新郑郑国祭祀遗址》,郑州:大象出版社,2006 年,第 644 页。

院考古系受河南省文物管理局"南水北调"办公室委托,会同新乡市文物局、辉县市文物局对辉县孙村遗址进行抢救性发掘,发现战国时期带有刻画符号或文字的陶片19片(其中有1个完整的陶豆),每片符号或字数多为1—2个,个别为3个,合计字数达27个,其中符号3个。这些符号或文字多印在或刻在陶器的口沿、颈部或者底部。① 图二6是如下一方陶文:

图二6

魏继印先生说:②

> 右边一字似可释为"长"字,为姓。关于长姓,商代就有,如安阳殷墟花园庄东地54号墓出土许多带有"亚长"铭文的青铜器,应为商代姓长的军事首领;又如鹿邑太清宫的"长子口"墓,也应是长姓贵族墓葬。战国时期,发现的长姓玺印更是不胜枚举。左边一字,字形较为相似的是""和""。应释为"蠆",从"蚰",萬声,"蠆"的繁文。《说文》:"蠆,毒虫也。"战国时"蠆"常用于人名。故释为"长蠆",为一人名。

我们认为二字应释为"千蠆",读为"千万"。此陶文应为成语类陶文。又见于古玺,如:

《古玺汇编》4471   《古玺汇编》4466

《古玺汇编》4469   《古玺汇编》4472

也见于秦陶:

王辉先生考释如下:③

---

① 魏继印:《辉县孙村遗址发现的陶器文字》,载《中原文物》,2008年2期。
② 魏继印:《辉县孙村遗址发现的陶器文字》,载《中原文物》,2008年2期。
③ 王辉:《秦文字释读订补(八篇)》,载《考古与文物》,1997年5期。

秦东陵采集陶罐刻文有"千万"2字(图二),未刊布……我以为此千、万并非实指,而是一种带有吉语性质的区别字。在战国六国古玺中,常有"宜又(有)千万"的吉语(《古玺汇编》4793~4804);四川巴县冬笋坝秦墓M49出有"富贵"、"万岁"二印;至汉,这种风气更为盛行,日利千万泉范:"日利千万"。大监千万钟:"大监千万"。东陵陶罐刻文"千万"及始皇陵陶罐刻文"千千",说明在战国晚期秦国,这种追求富贵多金的风气已盛行。

王先生之说可从。

略论王襄先生的古陶文研究①

王襄(1876~1965),字纶阁,号簠室。祖籍浙江绍兴,世居天津。清光绪二年十一月十六日(1876年12月31日)生,1965年1月31日卒。7岁入私塾,熟悉经史辞章。20岁时"为款识之学,且学摹印",②1910年12月15日,于北京农工商部高等实业学堂矿科毕业,1913年4月又毕业于天津民国法政讲习所政治经济科。曾在天津、福建、广东、四川、浙江、湖北等省盐务稽核所任职多年。1953年,王襄先生任天津文史研究馆馆长。

王襄和王懿荣基本同时,是我国殷墟甲骨文的最早鉴定和购藏者之一。③ 1900年秋,王襄开始就所藏的甲骨进行整理,6年后编辑成书《贞卜文临本》,分为3册,共收录564个甲骨文字,以后又录存各家甲骨著述,扩大为5册。1920年出版《簠室殷契类纂》一书,释字873个,1929年增订再版时,释字957个,是最早的一部甲骨文字典。该书在每字之下,有释义、辞例,体例较为完备。1925年据自藏甲骨撰《簠室殷契征文》一书,收录甲骨1125片,并附有释文。1949年,在74岁高龄的时候,王襄先生完成了《古文流变臆说》一书的写作,后又反复斟酌删改3次,于1961年出版。在出版说明中,王襄先生说:"本书为作者多年前旧著,聚形比谊以探字源,或汇举通假而发凡例,成一家之言,其中有可为读者参考之处。"④举甲骨文69字、金文75字以为例释。

---

① 本研究得到2007年度国家社会科学基金的资助,原载《中国文字学报》(第2辑),北京:商务印书馆,2008年。
② 唐石父、王巨儒整理:《王襄著作选集》,天津:天津古籍出版社,2005年,第2589页。
③ 王宇信:《甲骨学通论》,北京:中国社会科学出版社,1989年,第35~42页。
④ 唐石父、王巨儒整理:《王襄著作选集》,天津:天津古籍出版社,2005年,第2651页。

学界对王襄先生有关甲骨文的发现及研究论著关注较多,很少有文专论他在古陶文方面的研究情况。本文拟对王襄先生的古陶文研究略加探讨,疏漏之处,还请指正。

王襄先生古陶文方面的论著主要有:

《古陶今釋》,1947年(72岁)完成,共2卷。序文为:①

  陶器为人生事之需,自王公至民庶,奉生敬死,凡百供用,罔不利赖。在周之世,官有陶人、瓶人,掌理其事。至今观览其文,可定其时代,而千年之文教,万民之习俗,由此可以推知,亦考史之旁证。余少年时读金石图籍,志重三古文字,器物不能力得也,因访求拓本,彼稀有者,假诸朋好,倣古影覆法,以留其真,以广其传。此千纸陶文皆昔日所橅,乃诸家之珍秘,以陈氏为多。今春风雪多厉,避寒室居,始加排比,成书二册。陶文之后坿一以释文,意有所见并记入之,用宋人治金文例也。

收录陶拓摹本共计928方,体例为:器名,序号,摹本,考释。如:

瓦器第一②

蓑阳匋里人壐

"辇",古䕻字,今作矮,古作蓑。"图",古文阳,从囗。《说文解字·𨸏部》堕之古籀文作"𨻻",篆文作"𨺻",从土。阯或体作"址",从土。防或体作"坊",从土。是𨸏与土古相通。土部之坿殆即𨸏部附之或体,特分隶二部耳。又戈部或,邦也,或体作域,从土。又囗部,国,邦也。段注云:古或、国同用,亦即或、域、国同用,疑或为初文,域、国皆其后起或其或体。由𨸏或从土与土、囗相同二例证之,知𨸏、土、囗古相通假,故阳之古文或从𨸏作"𨺹",见币文;或从囗作"图",见陶文。不阳戈之"𡎺"从土,胥可证之。成

---

① 唐石父、王巨儒整理:《王襄著作选集》,天津:天津古籍出版社,2005年,第1028~1029页。

② 唐石父、王巨儒整理《王襄著作选集》,天津:天津古籍出版社,2005年,第1031~1032页。

阳戈之"⿰钅昜",从"⿱屮土","⿱屮土"亦土之变体。阳长鼎之阳作"⿱宀昜",从宀作,师园敵之园作"⿴宀袁",从宀作,毛公鼎之家作"⿴囗豕",从囗作,其例相同。又可证宀、囗亦相通假。高阳三剑之"⿰钅昜",假对扬字为之。古钵阳"⿰钅昜"之阳作"⿷匚昜",从"匚"。匚即囗之讹也。"⿱穴缶",古匋字,俗作陶,或释窑,从穴从"古",古为缶之省变。人下之"⿰亻畐",或作"⿱宀畐"、"⿰亻畐",古文垔,人名。其字凸出者,因器所印之模本有人名,制器者易人,更以其人之名模覆于其上,尺度不能适合,故而此旧模之人名拓本尚可见残留字画。蔓阳,里名,犹达巷、互乡、深井也。匋里,制匋之地,意一里所制之匋,可供二十五家之用,殆官制欤。《周礼》有陶人,春秋襄公二十五年左氏传"昔虞阏父为周陶正。"盖于陶为寡且不可以为国。陶为生民用器,利民之用,官治之宜也。

1948年(73岁),《古陶残器絮语》一文,刊登在《燕京学报》第三十五期。该文由前序、古陶残器之出土、古陶残器之时代、古陶残器之种类、古陶残器之书法、古陶残器之文字、古陶残器之画像、古陶残器之著录、乱辞九部分组成,"是概述陶文的一篇重要文字"。①

《古陶今釋续编》,1949年(74岁)完成,共3卷。序文为:②

> 往者成《古陶今釋》二册,陈氏旧本为多,今之《续编》三册,周氏匋拓、文氏瓦削文颇录收之,各家所有并加捃摭响拓,积久得千三百七十纸,附以说解,与《前编》偶有违异,亦两存之,不加涂乙。欲告读者知余治学力求其真,初不敢自护昨非,尤不敢自信今是也。

《古陶今釋续编》体例与《古陶今釋》同,兹不赘。

由以上三种陶文论著,可知王襄先生的学术视野较为宽广,其论著涉及古陶文的方方面面,我们拟从两方面略作探讨。

一、关于古陶文时代的判定

王襄在古陶文时代的判定上较准确,他依据字体、书法、内容将古陶文分

---

① 李学勤:《山东陶文的发现和著录》,载《齐鲁学刊》,1982年5期。
② 唐石父、王巨儒整理:《王襄著作选集》,天津:天津古籍出版社,2005年,第1365页。

为:晚周、秦、汉、六朝、唐、宋等。比如:

属于人名者,有"王釜"、"王料"、"王区"、"王豆"。王之上画有一点,或释主,则为官名。"吕伯"、"邻平",皆晚周时物,又有"满据"、"丙邓"、"䓖缯"、"䓖疾"、"义游"、"范舍"、"王酉"、"练更"、"庆安"、"郑丑"、"荣木",皆秦时物。"徐方"、"曹长孙"、"王春青"、"北冀"、"中徒"、"贾婪"、"茅五"、"公孙少"、"梁君宾"、"华子孙"、"张子"、"巨公年"、"大徐估"、"梁孙倩"、"高文",皆汉时物。①

晚周有字之陶,有笔书,有模印。模印者,阳识阴款胥备,以阴款为多。字则古籀,体颇奇诡。时期当春秋之季,至六国灭亡以前。秦时之陶,模印者近私玺;笔书者,其字之妙,可与吕不韦戈、秦公敦之凿款竞美。瓦量之字,在篆与今隶之间,许浣长所谓隶书,为章草,刀笔与竹笔书也。模印之字,为缪篆。六代以后之陶,字皆今隶,惜稀有;见官陶局刘家,王和,十数品仅尔。

有"豆里塞"、"豆里乘"、"豆里安"、"豆里桢"、"豆里造"、"豆里鱼生"、"中里癸"、"北里五"、"北里壬"、"北里何"、"左里赏"、"南里塞"、"非里塞"。或曰非乃北之异文。文极简,只里名人名而已,皆为晚周。秦、汉以后之陶,不载里名。②

有"东武市"、"曹市"、"代市"、"上郡"、"畜亭",皆秦时物。《周礼·地官》有司市,市之制由来盖久。上郡,秦地,《史记·秦本纪》:"惠文君元年,魏纳上郡十五县。"又《始皇本纪》:"秦王还从太原上郡归。"《汉书·百官公卿表上》云:"大率十里一亭,亭有长",又云:"县大率方百里,其民稠则减,稀则旷,乡亭亦如之,皆秦制也。"汉高祖曾为亭长,亭为秦制。有"东梁"、"邯亭"、"安平"、"河阳",为汉时物。时代之分,由文字定之。③

🪶古文陈,齐陈曼簠陈作"塦",陈犹釜陈作"塦",从自,从土。此从"🪶",从土。"邑"与"自"同义,笔书之字,瘦硬通神。读契文见殷世法书,读此文见晚周法书④。

上录陶文时代的判定大致准确。只是最后一例字从"邑","重"声,释

---

① 王襄:《古陶残器絮语》,载《燕京学报》第35期,1948年。
② 王襄:《古陶残器絮语》,载《燕京学报》第35期,1948年。
③ 王襄:《古陶残器絮语》,载《燕京学报》第35期,1948年。
④ 唐石父、王巨儒整理:《王襄著作选集》,天津:天津古籍出版社,2005年,第1136页。

"陈"不确。限于材料,对个别陶文时代的判定亦有不确之处,如:

㊀文记五斗,当为量器,汉人遗物。①

㊁木,汉时之匋。②

按:这两方陶文均应为秦代陶文,认为"汉人遗物",不确。"㊁",当释为"市",秦文字"市"字多作此形,例不备举。

二、关于古陶文字的考释

王襄先生关于古陶文字的考释,注重与铜器铭文、玺印文字、货币文字相互比证,注意与典籍相结合,得出的结论颇为可信。比如:

属于地名者,有"节墨之亢之玺",节墨、即即墨,齐地,见《史记·齐太公世家》。齐货刀文,亦做节墨。③

有驺字。驺、邹古今字,鲁邑名,见《史记·孟子荀卿列传》索隐。④

驺,古文从"马"。驺、邹古今字。《史记·孟子荀卿列传》孟轲,邹人也。索隐:邹,鲁地名。或云春秋邾国七国时改为邹。⑤

有"王孙陈俊立事岁左里敀亳区"。立事岁,与陈猷釜陈骍壶铭文例同,为当时习用语。⑥

㊂,从"目",从"又",又即寸之省,古文得。虢叔钟作"㊃",此作"㊂",疑即"㊃"之省。一字匋文之"㊂"阴款阳识均有。(1036 页)⑦

"㊄",古文丹,人名。与甘丹刀之"㊄"字同。(1035 页)

"㊅",古去字,或从"辵"。古钵陈去疾信钵去作"㊆",宋去疾钵去作"㊇",皆从辵。"㊈"即"㊈"之别构。"㊉",古疾字,与许书之古文近。(1069 页)

"㊊",古文旦,像日出地上之形,与篆文近。金文之"㊊",像日出时下有

---

① 唐石父、王巨儒整理:《王襄著作选集》,天津:天津古籍出版社,2005 年,第 1241 页。
② 唐石父、王巨儒整理:《王襄著作选集》,天津:天津古籍出版社,2005 年,第 1286 页。
③ 王襄:《古陶残器絮语》,载《燕京学报》第 35 期,1948 年。
④ 王襄:《古陶残器絮语》,载《燕京学报》第 35 期,1948 年。
⑤ 唐石父、王巨儒整理:《王襄著作选集》,天津:天津古籍出版社,2005 年,第 1136 页。
⑥ 王襄:《古陶残器絮语》,载《燕京学报》第 35 期,1948 年。
⑦ 括号内的页码均指《王襄著作选集》的页码,下同。

云物之形，人名。（1081页）

"囗"，古昔字。许书昔之籀文作"囗"，宗妇鼎郜国郜之偏旁昔作"囗"，皆与此同。武，里名。昔，人名。（1079页）

"囗"，从"囗"、从"贝"，"囗"，即尚，古赏字，篆文作"囗"，屬羌钟作"囗"，人名。（1075页）

"囗"，古文朝，从"囗"，从"囗"，金文之朝，盂鼎作"囗"，乖伯敦作"囗"，矢敦作"囗"，趞鼎作"囗"，陈侯因资镦作"囗"，所从之"囗"、"囗"、"囗"、"囗"为"川"或"水"，川与水同义，意初民见早潮以制潮字，故从"囗"，像日初出尚在草中之形，犹莫像日将落在林中也。潮为水，故此或从"囗"、"囗"、"囗"、"囗"皆水之异形，为古文"川"。潮水为初义，朝会朝莫皆后起之义。许氏舟声之说，或未见。有从"囗"、"囗"、"囗"之朝，误以"囗"为舟。舟之古文作"囗"、"囗"、"囗"诸形，不作"囗"，又以"囗"隶于水部，由古文证之，朝、潮实一字。近隶作潮，从"水"，从古文川，于形义为复。（1090页）

"囗"，殆乘之异文。陶文之乘作"囗"，契文作"囗"、"囗"，金文作"囗"、"囗"，从"大"、从"木"，象人乘木。（1095页）

王釜："囗"，人之姓名。"囗"，古文釜，从"父"，从"囗"，"囗"，古缶字。子禾子釜作"囗"，陈猷釜作"囗"，皆与此同。竹笔所书笔已用退，故多破笔。（1096页）

"囗"，邿之倒文。春秋时国名。邿公华钟邿作"囗"，以鼉鼈字为之，杞伯敏亡鼎盖作"囗"，器作"囗"，从"支"，为异。邿公钊钟作"囗"，与此文同。

"囗"，古文传，散氏盘作"囗"。（1260页）

"囗"，纫之异体。《说文解字》纫，单绳也。从"糸"，"刃"声。匋文从"囗"，许书刃部之"囗"，训伤也。从"刃"，从"一"。段氏改本作"囗"，然梁伯戈作"囗"，大梁鼎作"囗"，曾伯簠稻梁字作"囗"，陈公子甗作"囗"，史宂鼎作"囗"，刅从"囗"或"囗"，段改作"囗"字形有未谛，纫本以刃得声，匋文从刅形近而伪也。（1269页）

"囗"，古文正与王之作"囗"同例，钟伯鼎作"囗"，子璋钟作"囗"。（1270页）

"囗"，古文定，篆文从"宀"，从"正"，古文亦从"正"，"囗"，正之异文。古鉥作"囗"、"囗"、"囗"，胥可证。（1275页）

"談",从"言",从"炎","炎"亦声,即古文谈,其偏旁之"炎"为"炎",閒字而閒所从之火作"大",其证。(1371页)

"旅",古"旅"字。从"〇",即"㫃"之变体。从"㠯",有行义,金文有"〇"、"〇"字,亦从"㠯"作。(1395页)

"〇",古悬字。许书期古文作"囧",从"日",从"丌",菖箕鼎箕作"〇",亦从丌,是其、丌古为一字,丌亦其之省,许训下基,别分部居,实古文其也。此从亓与丌同文。(1397页)

"〇",古文"塙"。"〇",从门,从肤,为古文间。

按:"肤"古与"昝"、"莒"、"吕"同声。酅侯敢之酅,簵鼎之簵,皆昝或莒之借字,为国名。吕为昝、莒之初文。肤即吕之假借,即间之异文矣。许说《周礼》五家为比,五比为间。间,侣也。二十五家相群侣也。"〇",古文棋,从"贝"。(1121页)

"旦",古旦字。所从之"一"与颂鼎之"〇",休盘之"〇"所从"〇"与"一"相同,殆像日初出时云物之形。(1415页)

"下",古文下,古钵作下,鱼匕作下,与此同。(1261页)

"乍",乍之古文,与作通,契文金文皆以为作。(1262页)

"稟",古亩字。或作"廩"。此从米与从禾同义。古玺平阿左廩,廩作"稟",与此同。(1446页)

上录陶文中,值得一提的是对"谈"字的考释。陶文"谈"字,高明、葛英会先生编著的《古陶文字征》仅作硬性隶定,并认为"说文所无"(220页)。陈伟武、周宝宏先生均作校订,指出其误,均正确的释为"谈"(《〈古陶文字征〉订补》124页、《古陶文形体研究》141页)。王襄先生较早释出此字。

与《说文》古文、籀文互证,如:

"〇",与他匋文之"〇"、"〇"近,即庸之古文,与墉、郭为一字,亦为城之偏旁古文作"〇"、"〇",《说文解字》城籀文作"〇",金文或作"〇",亦从"章"也。绍庸,人名。(1036页)

"〇",古旅字。《说文解字》旅之古文作"〇",与此同。旅州,人名。(1202页)

"陟",古文陟。《说文解字》陟之古文亦作"〇"。(1251页)

"〇",《说文解字》刚,古文作"〇",与此同。(1272页)

"▢",古文辟。《说文解字》辟古文作"▢",孟鼎作"▢"。(1274 页)

"▢",与许书籀文同,昔,许说干肉也,从残肉日以晞之,此字从"▢",从"▢",于形谊为复合隶,腊字由此孳乳矣。(1411 页)

"▢"匋攻鞭。《说文解字》鞭之古文作"▢",与此"▢"字同。(1578 页)

"▢",许书良之古文作"▢",与此同。(1719 页)

王襄先生在古陶文的考释中,已经注意引证《说文》古文、籀文,难能可贵。

此外,文中另有大量释字正确者,如:

"▢",古文五,人名。关里匋人亦有名五者,与此或一人欤?(1083 页)

"▢",古文赏,从尚省,人名。(1087 页)

"▢",古壤字,从"土"、从"▢","▢"即"▢",襄之省。襄,古文作"▢",攘,古文作"▢"或"▢",其偏旁之襄与此同。盼壤疾卜,义未详。"▢",或释畜。"▢",或作"▢",乃攘字。(1094 页)

"▢",疑古文平。王釜,制匋者,文中习见。(1112 页)

"▢",古文脾。《说文解字》囟之或体作"脾",似人名。"▢",疑食之"残"字。脾之食豆,脾特制之器欤?(1125 页)

"▢",潮,古文省舟,人名,即朝。(1168 页)

"▢",古文痹。《说文解字》:"▢,湿病也。从疒,畀声。"与此同,人名。古钵有疡、痈、痔、瘩、疢以及其他从疒偏旁之字,吴愙斋以为医者所用之玺。窃疑其人生有异征、异状或有宿疾即取以为名。春秋时有周公黑臀、周公黑肩、公孙耳,钵文有去疾、去疢诸名,可以为证。六朝时艁像记之大眼黄头,犹衍其流风。(1178 页)

▢,范,古文,从艸。(1244 页)

▢,寿,见天津市立博物馆藏匋。(1245 页)

▢,古文晋。▢,疑翼字。(1304 页)

▢,古文朔,倒文。(1321 页)

▢,古文劲,从"弓"。(1322 页)

▢,古怙字,从"故"。(1373 页)

▢,古文缀,或从"叕"。(1388 页)

▢,古诞字。(1401 页)

▨,缪。(1408 页)

▨,疑齌之省。(1428 页)

▨,古郪字,夷之古文或从土作。▨子鼎夷作"▨",亦从"土"作"▨"。▨,古奭字。(1432 页)

▨,古愃字。(1436 页)

▨▨,郶攸。(1466 页)

▨,公釜。(1491 页)

▨,疑共之繁文。(1580 页)

▨,灵。(1585 页)

▨,古文羞,从"羊",从"肉",从"屮","屮",所以进献也。许书古文养作"▨",与小篆之"▨",似进羞之器。(1590 页)

▨,古文脊从咨。(1691 页)

▨,波。(1700 页)

▨,此。(1711 页)

▨,从心,从朿,疑古文谏。(1719 页)

上录诸字的释读,颇见其功力。释"缪"、"羞",汤余惠先生释同,详见《略论战国文字形体研究中的几个问题》。① 释"▨"为"郶",至确。新近出版的《陶文字典》仍将此字放入附录,②过于谨慎。所释"公釜",亦具卓识。曾有学者释为"公耕",并将"耕"读作量名"溢",不确。疑"▨"为共之繁文,颇具卓识。此为燕国陶文,高明、葛英会先生将此字形体割裂,误释为"差"。③ 吴振武先生在《〈古玺文编〉校订》(053)条已经释为"共",④汤余惠、陈伟武、刘钊诸先生均从之。

最后谈一下"晋翼"陶文,摹本作"▨"。此陶以前未见著录,王襄先生的摹本应该是早的。现藏吉林大学文物室。吴振武、于闰仪、刘爽诸先生考证

---

① 汤余惠:《略论战国文字形体研究中的几个问题》,载《古文字研究》(第 15 辑),中华书局,1986 年,第 11、65 页。
② 王恩田:《陶文字典》,济南:齐鲁书社,2007 年,第 428 页。
③ 高明、葛英会:《古陶文字征》,北京:中华书局,1991 年,第 86 页。
④ 吴振武:《〈古玺文编〉校订》,吉林大学博士学位论文,1984 年。

如下①：

（15）晋囗（室藏编号：1—517）：

泥质灰陶。残片系陶盆之口沿。陶文印戳，阴文。旧未见著录。"晋"字的写法比较特别。从目前我们所掌握的战国文字资料来看，这样写法的"晋"字，只在楚系文字资料中出现过。因此，我们大胆地将本片陶文径定为楚陶文，尽管楚陶文在整个古陶文资料中是十分罕见的。"晋"下一字笔画清楚，然奇诡不可识。"晋囗"，疑是人名。

此陶原拓作"[字]"，对比可知，王襄先生的摹本是准确的，首字的释读与吴先生等所释同。

释字错误者：

[字]，古文造，人名。（1037页）

按：此字王献唐、汤余惠先生曾释为"这"，②李零、李家浩先生改释为"达"。③

[字]，疑古文册。（1051页）

按：此字当释为"鹿"。

[字]，从"民"，从"虫"，古蝨字，许训啮人飞虫，人名。（1052页）

[字]，蝨，或从"彳"，亦人名。（1053页）

按：上录二字上部所从是"女"，非"民"。杨泽生先生认为首字既可能是"蝨"字的异体，也可能是"蚤"字的异体。④

[字]，古文尚。"[字]"，疑明上合文。[字]，疑关字。（1056页）

按：首字是"者"，非"尚"。此陶著录于《古陶文汇编》3·164－5，此字摹写有误，且将形体割裂，应作"[字]"，何琳仪、周宝宏释为"璞"，可从。⑤

---

① 吴振武、于闻仪、刘爽：《吉林大学文物室藏古陶文》，载《史学集刊》，2004年4期。
② 王献唐：《周曹这玺考》，《那罗延室稽古文字》，济南：齐鲁书社，1985年。汤余惠：《略论战国文字形体研究中的几个问题》，载《古文字研究》（第15辑），北京：中华书局，1986年。
③ 周进（藏）、周绍良（整理）、李零（分类考释）：《新编全本季木藏陶》，北京：中华书局1998年，第4页。李家浩：《九店楚简》，北京：中华书局，2000年，第87页。
④ 杨泽生：《古陶文字零释》，载《中国文字》新廿二期，台北：艺文印书馆，1997年，第251～252页。
⑤ 何琳仪：《战国古文字典》，北京：中华书局，1998年，第1355页。周宝宏：《古陶文形体研究》，北京：社会科学文献出版社，2002年，第184～185页。

※,疑崇字。"※",疑柜字。"※※",人名。(1085页)

※,柜之别体。"※",或从"㞢",象中之出于地。(1085页)

按:"※"乃"※"之误摹。汤余惠先生释为"马柽",是正确的。①

※,从"门",从"弓","弓",支之古文。(1122页)

※,从"门",从"氏","卪",氏之异文。墒,疑里名。只,人名。(1122页)

※,从"门",从"正",古文閞。许书所无。(1126页)

按:三字均应隶定为"閞",从"门"、"疋"声,"间"字异体。

※,荧木(1146页)

※,用(1146页)

※,木,汉时之匋。※,木。(1286页)

按:这三方陶文均为秦陶。"木"、"用"均为"市"字误释。

※,上公,官名。尊官无制陶之事,疑供官府之用器,故明志之。匋文有□阳匋里上公,或属人名欤?许书月部期,古文作"※",与此近。(1043页)

按:释"上公",误。当从后说,释为"期",与《说文》古文同。

※,匋工癸。匋工,与《周礼·考工记》攻木攻金攻皮,职任或类攻饬治也。癸,人名。(1199页)

按:此字李家浩先生释为"登",是正确的。②

※,高工,或属人名,或属工名,难确定。(1201页)

按:此为一字,应释为"台"。王襄先生误析为两个字。

※,从"车",从"余",即俞之省文,古输字。※,古文输,从"车",从"个","个"即俞之省。齐镈作"※",与此同。豆闭敦作"※",黄韦俞父盘作"※",皆不省,记输当为供应官府之器。(1238页)

按:此字多释为"轮"。

※,毋亢,义难解。(1304页)

按:王襄先生在其著作中均将"亓"误释为"亢"。"亓母"即古代复姓綦

---

① 汤余惠:《略论战国文字形体研究中的几个问题》,载《古文字研究》(第15辑),北京:中华书局,1986年,第37页。

② 李家浩:《盱眙铜壶刍议》,载《古文字研究》(第12辑),北京:中华书局,1985年,第356页。

母,《左传》晋大夫有綦母张。

▆,古文睪,从辛,辛即幸之伪变。(1322 页)

按:汤余惠先生释为"亲",至确。①

▆,疑古文刘。(1324 页)

按:汤余惠先生释为"创",至确。②

▆,疑赵字。(1329 页)

按:此字当从施谢捷先生释为"遡"。③

▆,从月,从大。(1351 页)

按:此字倒置,当从吴大澂、丁佛言释为"朔"。

▆,疑古西字。(1394 页)

按:《古陶文汇编》、《古陶文字征》均释为"西"。吴振武先生改释为"中",认为此字是右转 90 度而形成的,甚确。④

▆,疑望字。(1396 页)

按:此字应释为"为"。

▆,立里。(1462 页)

按:此字应释为"垄"。何琳仪先生疑为"陞之异文"。⑤

▆,疑聶字。(1464 页)

按:此字倒置,应释为"曹"。

▆,司綯。(1465 页)

按:两个字,应释为"右繇"。详曾宪通先生《说繇》一文。⑥

▆,匋工上周▆。(1469 页)

按:这方陶文又著录于《古陶文汇编》4·70、《陶文图录》4·103·2。所

---

① 汤余惠:《略论战国文字形体研究中的几个问题》,载《古文字研究》(第 15 辑),北京:中华书局,1986 年,第 13 页。

② 汤余惠:《略论战国文字形体研究中的几个问题》,载《古文字研究》(第 15 辑),北京:中华书局,1986 年,第 32 页。

③ 施谢捷:《古陶文考释三篇》,载《古汉语研究》,1997 年 3 期。

④ 吴振武:《朱家集楚器铭文辨析三则》,载《黄盛璋先生八秩华诞纪念文集》,深圳:中国教育文化出版社,2005 年,第 294~295 页。

⑤ 何琳仪:《战国古文典》,北京:中华书局,1998 年,第 786 页。

⑥ 曾宪通:《说繇》,载《古文字研究》(第 10 辑),北京:中华书局,1983 年,第 23~36 页。

谓的"上周"应释为"二害（穀）"。"㕭"字，顾廷龙释"八月"合文，①何琳仪、周宝宏均从之。②何琳仪又释为"肯"，③前后矛盾。王恩田先生释为"八反"。④王先生把下部看作从"又"，是对的。此字原拓作"㕭"，与《陶文图录》4·106·1中的"㕭"字对比，不难发现，下部的确是从"又"，学者多将"又"旁误认、误摹作"月"，遂有"八月"合文之误释。我们认为此字当分析为从"又""八"声，在燕陶中读为"半"。

㕭，疑省，或眥。（1474 页）

按：此字当从裘锡圭先生释为"市"。⑤

㕭，钧鉢。（1474 页）

按：右边一字当从裘锡圭先生释为"市"。左边一字当从郑超、吴振武先生释为"冢（钟）"。⑥

㕭，王胥之㕭豆。（1482 页）

按：此陶应释为"王眨市豆"。

㕭，王寸子。（1486 页）

按：应从李家浩先生释为"冢子"，职官名。⑦

㕭，字在槃，㕭，匋，㕭，辛。（1656 页）

按：此陶为一个字，误析为两个字。此字又著录于《陶文图录》3·611·3。王恩田先生释为"詺"。⑧王先生认为左旁从"言"，是对的，但右旁不是"各"，释"詺"是不正确的。右旁应分析为从"口"，"爻"声，"口"可看作是赘加的形旁。如此，此字从"言"，"爻"声，应释为"詨"。

属于器名者，有柜豆，《说文解字》："柜、木也"，又"桓、木豆谓之桓"。是

---

① 顾廷龙：《古匋文香录》卷二 1 上，国立北平研究院石印本 1936 年。
② 何琳仪：《战国古文字典》，北京：中华书局，1998 年，第 1495 页。周宝宏：《古陶文形体研究》，北京：社会科学文献出版社，2002 年，第 186 页。
③ 何琳仪：《战国古文字典》，北京：中华书局，1998 年，第 1130 页。
④ 王恩田：《陶文图录》，济南：齐鲁书社，2006 年，第 1621 页。
⑤ 裘锡圭：《战国文字中的"市"》，载《考古学报》，1980 年 3 期。
⑥ 郑超：《齐陶初探》，中国社会科学院硕士学位论文，1984 年；吴振武：《试说齐国陶文中的钟和溢》，载《考古与文物》，1991 年 1 期。
⑦ 李家浩：《战国时代的"冢"字》，载《语言学论丛》（第 7 辑），1981 年；又《著名中年语言学家自选集·李家浩卷》，合肥：安徽教育出版社，2002 年，第 5、7 页。
⑧ 王恩田：《陶文图录》，济南：齐鲁书社，2006 年，第 1466 页。

豆古有木制者。《尔雅·释器》:"木豆谓之桓,竹豆谓之笾,瓦豆谓之登。"桓、笾、登,形皆为豆,由质之不同,名因之以异。近今所有金铸者,铭文中仍名豆,无异称也。亦犹簠簋之器,有竹制、木制、陶制、金制之不同,其名不变。……至篆文簠簋字皆从竹,可知簠簋之字,虽有从竹木陶金之异,第以偏旁标识而已。柜豆,疑最初为柜木制成,故名之;后以陶制者代之,仍用其旧名。①

按:此字作"▨"、"▨",众说纷纭。吴大澂释为"桓"。顾廷龙、金祥恒从之。李零先生释为"柜豆"(案:或为一字)。② 何琳仪先生亦释为"柜豆"。③ 李家浩先生考释如下:④

> 古匋文字中有一个字作▨(《古陶文字征》309页),按此字也是"櫃",唯将"木"旁移到"豆"旁之上,与"臣"旁并列;旧释为"桓",非是。"櫃"字应当分析为从"木"从"豎"声。"豎"字常见于战国文字(《古玺文编》70页、《古陶文字征》222页),即"竖"字省写。"竖"、"树"音近古通。《仪礼·乡射礼》"君国中射则皮树中",郑玄注:"今文'皮树'[为]'繁竖'。""櫃"当是"树"异体。

李先生之说可从。

限于篇幅,我们仅仅选取了部分例证略作分析。

总之,王襄先生注重对陶文资料的搜集,所搜罗的陶文资料较为齐备,摹写较为准确,所收录的部分陶文《古陶文汇编》、《陶文图录》均未收录,亦可见其价值所在。在考释陶文时,引证传抄古文及同时期的铜器铭文、玺印文字、货币文字,精彩之处纷呈,值得称道。毋庸讳言,其摹写有失真之处,释文亦存在不少问题,但毕竟瑕不掩瑜。

---

① 王襄:《古陶残器絮语》,载《燕京学报》第35期,1948年。
② 周进(藏)、周绍良(整理)、李零(分类考释):《新编全本季木藏陶》,北京:中华书局,1998年,第225页。
③ 何琳仪:《战国古文字典》,北京:中华书局,1998年,第1127页。
④ 李家浩:《九店楚简》,北京:中华书局,2000年,第130页。

《战国古文字典》所录陶文研究[①]

我们曾经指出：何琳仪教授的《战国古文字典——战国文字声系》[②]（以下简称《战典》），是"我国第一部战国文字方面的综合字典"，"这部著作材料搜罗宏富，编排方法科学，见解新颖独到，是研究古文字尤其是战国文字者必备之工具书。"[③]这个评价并不过分，此书出版后，学者广泛征引书中内容便是最好的证明。此书出版后，何教授指导他的高足程燕博士撰写了《〈战国古文字典〉订补》[④]（以下简称《订补》）一文，最早发表在《古文字研究》第23辑上，2004年，中华书局重印此书时在书末收录此文，以方便读者使用。《订补》内容大致分为五类：释字错误、释字矛盾、摹写有误、序号有误、说解有脱衍。我们这篇小文仅指出《战典》所录陶文存在的释字矛盾、摹写有误、序号有误等问题，增加"明显漏收"部分，并简单分析其原因。

一、释字矛盾

释字矛盾就是一个字前面释为甲，后又释为乙。《订补》指出3处：

1. 792上　《陶汇》[⑤]6·48、6·51归"京"，读"亭"。

[①] 原载《中国文字学报》（第3辑），北京：商务印书馆，2010年。
[②] 何琳仪：《战国古文字典——战国文字声系》，北京：中华书局，1998年。
[③] 白兆麟、徐在国：《战国文字的一部力作——评〈战国文字声系〉》，载《古籍整理研究学刊》，2003年2期。
[④] 程燕：《〈战国古文字典〉订补》，载《古文字研究》（第23辑），北京：中华书局，2000年，第149～174页；又载《战国古文字典——战国文字声系》，北京：中华书局，2004年。
[⑤] 文中《陶汇》，指的是高明《古陶文汇编》，北京：中华书局，1990年。

2. 1495下　八月　《陶汇》4·70删,1103页已释"旮"。

3. 1524下　牧　前文已释杀。

为了节省大家翻检的麻烦,我们把《战典》的原文引述如下:

亭:帛《陶汇》六·四八昃~帛六·五一□~帛七·一降~(《战典》792页)

京:帛《陶汇》六·四八昊~帛六·五一斛~帛陶文鄌邡~铢帛包五·四三七~帛五·四三八帛七·一降~(《战典》639—640页)。

八月:旮《陶汇》四·七〇匋工二□~(《战典》1495页)

旮:旮《陶汇》四·七〇缶工三啬~(《战典》1103页)

牧:牒《陶汇》三·九三七　~(《战典》1524页)

杀:牒《陶汇》三·九三七　~(《战典》940页)

李贤在《〈战国古文字典——战国文字声系〉校订》①(以下简称《校订》)中指出4处:

4. 第58页有""字,出自《古陶文汇编》九·五,何琳仪先生隶定为"痦";第306页亦有出自《古陶文汇编》九·五的形体,但摹作"疳",何琳仪先生隶定为"疳"。经查,《古陶文汇编》九·五原拓如下:

由此拓片推知,摹作"疳"正确,所以这个字应该隶定为"疳","痦"字当删。②

5. 第738页有"垠"字,出自《古陶文汇编》三·四五八,何琳仪先生释此字为"规"。在第948页,此字被摹作"垠"形,隶定为"蚬"。

在《古陶文汇编》中,这方陶文拓片如下:

可见摹作"垠"形更符合原拓,因此应该是"蚬"字。③

6. 第1253页有"儞"字,出自《古陶文汇编》四·四七,何琳仪先生认为"~,从人,尔声。上加厶疑为叠加音符。你之繁文。《类篇》:'~,与你同。'《正字通》:'你,汝也,俗作你。'""燕陶~,人名。"此字又见于第1498页,在这

---

① 李贤:《〈战国古文字典——战国文字声系〉校订》,安徽大学硕士学位论文,2008年。
② 李贤:《〈战国古文字典——战国文字声系〉校订》6,安徽大学硕士学位论文,2008年。
③ 李贤:《〈战国古文字典——战国文字声系〉校订》29,安徽大学硕士学位论文,2008年。

里,何先生又认为此形体为"厶儞"的合文。根据比较,第 1498 页合文当删。①

7. 第 1270 页有"󰀀"字,出自《古陶文汇编》三·五六八,何琳仪先生认为这个字从贝,齐声,隶定为"齎"字。第 1388 页亦有出自此片陶文的形体,摹作"󰀀",释为"从贝,合声",隶定作"賹"字。②

上引二文共指出 7 例,还有 20 余例,具体如下:

8. 芓:󰀀《陶汇》三·一一五九~

~,从艸,才声。《广韵》:"~,蔽也。"齐陶~,人名。(《战典》100 页)

苧:󰀀《陶汇》三·一一五九~

《说文》:"~,~䓘,朐也。从艸丁声。"《尔雅·释草》:"蒿,苧䓘。"《广韵》:"苧,草名。"齐陶~,人名。(《战典》792 页)

按:《陶汇》三·一一五九原拓作"󰀀",《战典》的摹写均不够准确。《陶征》③释为"芊"。我们怀疑此形与《图录》④中的󰀀(《图录》3·277·5)、󰀀(《图录》3·277·6)同,吴大澂、⑤丁佛言⑥均释为"芊",王恩田先生从之。⑦总之,此字释"芓"或"苧"均可疑。

9. 痏:󰀀《陶汇》三·一〇〇九~ 《说文》:"~,肿也。从疒,隹声。"(《战典》405 页)

瘫:󰀀《陶汇》三一·〇〇八~

~,从疒,维声。疑维之繁文。(《正字通》:"~,痏字之误。"与~同形而无关。)齐陶~,人名。(《战典》1207 页)

按:《陶汇》三一·〇〇八、一〇〇九应为一字,当以释"瘫"为是。

10. 疋:󰀀 陶征一六三

~,从疒,疋声。疑瘠之省文。《集韵》:"瘠,痛病。"晋器~,人名。(《战典》584 页)

疋:󰀀《陶汇》三·八一一事~(《战典》582 页)

---

① 李贤:《〈战国古文字典——战国文字声系〉校订》,安徽大学硕士学位论文,2008 年。
② 李贤:《〈战国古文字典——战国文字声系〉校订》,安徽大学硕士学位论文,2008 年。
③ 文中《陶征》,指的是高明、葛英会:《古陶文字征》,北京:中华书局,1991 年。
④ 文中《图录》,指的是王恩田《陶文图录》,济南:齐鲁书社,2006 年。
⑤ 吴大澂:《吴愙斋尺牍》7·13 上,北京:商务印书馆,1938 年。
⑥ 丁佛言:《说文古籀补补》附 24 上,北京:中国书店,1990 年。
⑦ 王恩田:《陶文图录》,济南:齐鲁书社,2006 年,第 1129 页。

按:《陶征》一六三与《陶汇》三·八一一是一方陶文,原拓作"囗",《战典》所摹有误,当隶作"疨"。

11. 㱿:囗《陶汇》四·一三四正四~

~,从口,青声。疑㱿之省文。《说文》"㱿,欧兒。从口㱿声。《春秋传》曰:'君将㱿之。'"(二上十四)燕器~,读㱿。见壴字b。(《战典》352页)

昏:囗《陶汇》四·一二二缶乙一~正

燕陶"~正",见《左·庄廿九》:"水昏正而栽",注"谓今十月定星昏而中,于是树板干而兴作。"(《战典》1311页)

啇:囗《陶汇》四·七〇缶工三~(《战典》748页)

壴:囗《陶汇》四·一三六,六~左北坪

燕陶~,读㪔。《周礼·考工记·陶人》"甗实五㪔",注"郑司农云,㪔读为斛。㪔受三斗。《聘礼记》有斛。玄谓,豆实三而成㪔,则㪔受斗二升。"(《战典》351页)

按:《战典》所摹《陶汇》四·一二二原拓作"囗",《陶汇》四·七〇作"囗",《陶汇》四·一三六作"囗",三形均应隶作"壴",读为"㪔"。燕国文字中较为清晰的"壴"字作:

囗《图录》4·103·1 囗《图录》4·106·1 囗《图录》4·108·1
囗《图录》4·108·2 囗《图录》4·110·2 囗《图录》4·111·3
囗《图录》4·112·4 囗《图录》4·113·1 囗《图录》4·98·4

上引诸形可证,《战典》所摹三形有误。释《陶汇》四·一二二为"昏",是从高明先生之说。① 释《陶汇》四·七〇为"啇",是从高明、葛英会先生之说。② 释"昏"说影响颇广,季旭昇先生在《说文新证》上536页"昏"字下即引《陶汇》4、122之形。③

12. 农:囗《陶汇》三、一二三四~ 秦陶~,人名。(《战典》277页)

硃:囗《陶汇》三·一二三四~。

~,从石,林声。《集韵》:"~,~~,深皃。"齐陶~,人名。(《战典》1412

---

① 高明:《古陶文汇编》,北京:中华书局,1990年,第66页。
② 高明、葛英会:《古陶文字征》,北京:中华书局,1991年,第50页。
③ 季旭昇:《说文新证》上,台北:艺文印书馆,2002年,第536页。

页）

按：此字金祥恒先生释"农"，①高明、葛英会先生从之。②李零先生隶作"薅"。③ 字待考。

13. 叓：[字形]《陶汇》三·一一〇五～（《战典》234 页）

更[字形]三·一一〇五～（《战典》711～712 页）

按：当以释"更"为是。"叓"字当删。

14. 敭：[字形]中原八六·一·七七陶　系～

～，从攴，易声。扬之异文。《说文》："扬，飞举也。从手，易声。敭，古文。"韩陶～，人名。（《战典》662 页）

戬：[字形]《陶汇》六·七九系～　　～，从戈，易声。（《战典》670 页）

按：《陶汇》六·七九即中原八六·一·七七陶，原拓作"[字形]"，字从戈，易声，当以释"戬"（伤）为是。

15. 郋：[字形]《陶汇》三·二一～公

～，从邑，系声。齐陶～，读系，姓氏。见系字 C。（《战典》777 页）

厊：[字形]《陶汇》三·二一～公

～，从厂，绝声。齐陶～，或作绝，地名。（《战典》1372 页）

按：此字学者多释为"郋"。"厊"条当删。

16. 桕：[字形]《陶汇》三·一一五〇～

～，从木，自声。椎之异文，槌之省文。《广韵》："椎，椎钝不曲。亦棒椎也。又椎髻。上同。～，俗。"战国文字～，人名。（《战典》1214 页）

邦：[字形]《陶汇》三·一二九九～　[字形]三·一一五〇

～，从邑，木声。《搜真玉鉴》："～，同邦。"邦、封古本一字。～，明纽侯部；封，帮纽东部。明、帮均属唇音，侯东阴阳对转。（《战典》397 页）

按：《陶汇》三·一一五〇是一方单字陶文，原拓作"[字形]"，将左旁摹作"邑"是错的。此字王恩田先生将原拓倒置作"[字形]"，释为"棺"。④ 似可从。

---

① 金祥恒：《陶文编》3·19，台北：艺文印书馆，1964 年。
② 高明、葛英会：《古陶文字征》，北京：中华书局，1991 年，第 233 页。
③ 周进（藏）、周绍良（整理）、李零（分类考释）：《新编全本季木藏陶》231·0850，北京：中华书局，1998 年。
④ 王恩田：《陶文字典》，济南：齐鲁书社，2007 年，第 152 页。

17. 郚：[字]《陶汇》三·一三二五～

《说文》："～，东海县故纪侯之邑也。从邑，吾声。"(《战典》507页)

鄑：[字]《陶汇》三·一三二五～

《说文》："～，宋鲁间地。从邑，晉声。"齐陶～，地名。《春秋·庄元》"齐师迁纪邢、～、郚。"在今山东安丘西。《春秋·庄十一》："公败宋师于～。"在今山东衮州附近。二地均属齐境。(《战典》1153页)

按：《陶汇》三·一三二五原拓作"[字]"，由陶文"晉"字作"[字]"(《图录》3·41·3)来看，此字释"鄑"可从。

18. 䏑：[字]《陶汇》五·一二九咸平沶～

～，从肉，寅声。《集韵》："～，夹脊肉。"秦陶～，人名。(《战典》1219页)

脭：[字]《陶汇》三·四八八子衰里人～

～，从月，卯声。齐陶～，人名。(《战典》1035页)

异：[字]《陶汇》三·二五四(按：四·一七三)佥～(《战典》72页)

寅：[字]《陶汇》四·一七三佥～(《战典》1218～1219页)

按："[字]"字，陈介祺先生最早释为"脭"，①李零、②施谢捷先生释为"䏑"。③可从。《陶汇》四·一七三原拓作"[字]"，由于摹写错误，《战典》释"异"、"寅"，均误。

19. 宧：[字]陶征七五～　　秦器～，人名。(《战典》1071页)

宜：[字]五·五一 咸郦里～(《战典》859～860页)

按：《战典》释"宜"乃沿袭《陶征》([字])之误(《陶征》74页，1991)。杨泽生先生已经指出："74页'宜'字引《陶汇》5·51与75页'宧'字引《文物》1964·7原文相同。后者摹写和释文并误。"④其说是。"宜"字条当删。

20. 赤：[字]《陶汇》三·九四三(《战典》538～539页)

垄：[字]《陶汇》三·九四三～(《战典》1531页)

---

① 陈介祺：《吴愙斋尺牍》7·10上题记，北京：商务印书馆，1938年。
② 周进(藏)、周绍良(整理)、李零(分类考释)：《新编全本季木藏陶》110·0399，北京：中华书局，1998年。
③ 施谢捷：《河北出土古陶文字零释》，载《文物春秋》，1996年2期。
④ 杨泽生：《〈古陶文字征〉里重收的陶文》，载《古文字论集》(二)，《考古与文物》编辑部2001年。

按:此字原拓作"▨",金祥恒先生释"赤"。① 《说文》"赤"字古文从"炎、土"。《战典》所录二形当归并。

21. 愺:▨《陶汇》三·七三吞匋里～

～,从心,高声。《集韵》:"～,烦也。"齐器～,人名。(《战典》291页)

恀:▨《陶汇》三·七二粦衢吞匋里恀。～,从心,吝声,吝之繁文。《集韵》:"～,同吝,鄙也。"齐陶～,人名。(《战典》1363页)

按:《陶汇》3·72原拓作"▨",《陶征》释"恀"。② 周宝宏引刘钊先生说释为"愺"。③ 李零先生释为"膏"。④ "恀"、"愺"二释必有一误。待考。

22. 忞:▨《陶汇》3·469大匋里忞。《说文》:"忞,彊也。从心,文声。"战国文字～,人名。(《战典》1364页)

各:▨《陶汇》三·四六九吞匋里各(《战典》485页)

按:《陶汇》三·四六九原拓作"▨",释"各"是误摹导致误释。此释被季旭昇先生《说文新证》所采用。⑤

23. 沈:▨《陶汇》3·1263～5·326泰～《说文》:"～,陵上滈水也。从水,冘声。一曰,浊黕也。"或作▨,与《汗简》下之1·61▨吻合。(《战典》1406页)

雨:▨3·1263～(《战典》464页)

按:释"沈"乃从高明、葛英会先生之说。⑥ 周宝宏先生已证"释为沈字不可从。当存疑而入附录",⑦可从。释"雨"亦不确。字待考。

24. 闬:▨《陶汇》3·812高～

～,从门,旦声。《集韵》:"～,关也。"齐陶～,人名。(《战典》1020页)

间:▨陶编12·79《说文》:"～,里门也。从门,吕声。"(《战典》567页)

---

① 金祥恒:《陶文编》10·69,台北:艺文印书馆,1964年。
② 高明、葛英会:《古陶文字征》,北京:中华书局,1991年,第104页。
③ 周宝宏:《古陶文形体研究》,吉林大学博士学位论文,1994年;又北京:社会科学文献出版社,2002年。
④ 周进(藏)、周绍良(整理)、李零(分类考释):《新编全本季木藏陶》20·0069,北京:中华书局,1998年。
⑤ 季旭昇:《说文新证》上,台北:艺文印书馆,2002年,第88页。
⑥ 高明、葛英会:《古陶文字征》,北京:中华书局,1991年,第140页。
⑦ 周宝宏:《古陶文形体研究》,北京:社会科学文献出版社,2002年,第177页。

按：周宝宏先生已经指出陶文此字（3·812）当释为闻字。① 其说是。陶编12·79与《陶汇》3·812是一字。

25. 聝：𦔮《陶汇》三·一七二蔓𦔮匋里曰～

～，甲骨文作𦔮（三一七六），商代金文作𦔮（～甗）。从戈，从耳，会以戈断耳作为战利品之意。耳亦声，馘之异文。慧琳《一切经音义》八九"馘，古文又作～。"或作聝。《说文》："聝，军战断耳也。"《春秋传》曰："以为俘聝。从耳或声。（古获切）馘，聝或从首。"（十二上九）战国文字～，均人名。（《战典》75—76页）

戍：𢦏《陶汇》三·一七二蔓圓窯里曰～（《战典》261页）

按：此字高明、葛英会先生释为"成"字。② 周宝宏先生隶定为"戕"，释为"聝"。③

26. 亡：𠃉《陶汇》五·四一二～（《战典》726页）

勹：𠣘秦陶一一〇八～（《战典》904页）

按：《陶汇》五·四一二与秦陶一一〇八是一字，释"勹"是正确的。

27. 㴹：𣵀《陶汇》三·一〇三七

～，从水，乘声。《玉篇》："～，水不流也。"《广韵》："～，波前后相凌也。"（《战典》146页）

丧：𡂡《陶汇》三·八四三～祭

齐陶"丧祭"，见《周礼·春官·丧祝》："掌丧祭祝号。"（《战典》707页）

按：《陶汇》三·八四三与《陶汇》三·一〇三七是一字，《战典》因《陶汇》三·八四三倒置，误释为"丧"。季旭昇先生在《说文新证》中从其误。④ 陶文中此字多见，清楚的形体作"𡂡"，李零先生隶作勝，释为"胜"，⑤可从。

28. 燧：䥣《陶汇》三·一六[按：应为五·一六]咸亭～阳丑器

～，从火，遂声。䥣之省文。《说文》："䥣，塞上亭守烽火者。从䏶，从火，遂声。～，篆文省。"（《战典》1225页）

---

① 周宝宏：《古陶文形体研究》，北京：社会科学文献出版社，2002年，第177页。
② 高明、葛英会：《古陶文字征》，北京：中华书局，1991年，第108页。
③ 周宝宏《古陶文形体研究》，北京：社会科学文献出版社，2002年，第88页。
④ 季旭昇：《说文新证》上，台北：艺文印书馆，2002年，第94页。
⑤ 周进（藏）、周绍良（整理）、李零（分类考释）：《新编全本季木藏陶》0673，北京：中华书局，1998年。

隧:䜔《陶汇》五·五九［按:应为五·九九］咸阳□~

~,从山,队声。疑队之繁文,坠之异文。秦陶~,人名。(《战典》1225页)

按:《陶汇》五·九九原拓作"䝿",吴梓林先生早在1964年就释为"䜔"。① 此字左下部当是"火"旁。

29. 邟:𨙸《陶汇》九·九四肖~

~,从邑,土声。《集韵》:"邟,乡名。"晋玺~,人名。(《战典》529页)

壮:𡉉《陶汇》九·九四肖~

~,从土(或作立形),丬声。《淮南子·地形》:"~土之气",注"~土,南方之土。"故~之本义当与土有关,小篆土误作士。《说文》:"~,大也。从士,丬声。"(《战典》701页)

按:《战典》"邟"字乃沿袭《陶征》之误摹误释。杨泽生先生指出:"239页'邟'字引9·94𡉉原作𡉉,过去或释作'壮'。"②此字近有学者释为"廷"字。

30. 忏:忏《陶汇》三·七〇九南章□~柇(《战典》1548页)

好:好《陶汇》三·七〇九庚言□……~柇(《战典》162页)

按:《战典》"好"字乃沿袭《陶征》(68页)之误释。周宝宏先生认为此字释为"好"字可疑,当入附录。③ 释"忏",可备一说。

31. 囗:⊕《陶汇》三·一〇二三羊~(《战典》1163页)

百:𦥑 陶征一六五~羊(《战典》603页)

按:《陶汇》三·一〇二三原拓作"牛羊",与"𦥑羊"(《图录》3·22·1)、"𦥑羊"(《图录》3·22·2)同。汤余惠先生释为"百羊",并说:"古吉语印有'千羊'、'千百牛',以牛羊蕃盛为吉祥、富有的象征。古人的这种观念在人名中也有所体现,私名玺有'犀百羊',用'百羊'为人名就是一例。"④其说可从。

32. 昏:昏《陶汇》五·一一七咸少原~ 昏 五·一一八

~,从申,氏为叠加音符。申,透纽;氏,定纽。透、定均属舌音。秦陶~,

---

① 吴梓林:《秦都咸阳遗址新发现的陶文》,载《文物》,1964年7期。
② 杨泽生:《〈古陶文字征〉补正例》,载任剑涛、彭玉平主编《论衡》(第4辑),广州:中山大学出版社,2006年。
③ 周宝宏:《古陶文形体研究》,北京:社会科学文献出版社,2002年,第71页。
④ 汤余惠:《略论战国文字形体研究中的几个问题》,载《古文字研究》(第15辑),北京:中华书局,1986年,第12~13页。

人名。(《战典》1121 页)

黾:[图]《陶汇》五·一一八咸少原～[图]三·七九九好畤□～(《战典》732 页)

按:《陶汇》五·一一八"[图]"字,袁仲一、刘钰释"申"。① 《陶征》释"龙"。② 均误。施谢捷先生释"黾"。③ 释"黾",可从。

此外,还有将一字放置两处者,共有两例,附在释字矛盾后:

狐:[图]《陶汇》三·三四九楚□衢里～(《战典》1554 页)

狐:[图]《陶汇》三·三四九楚□衢里～ [图]陶征一五一(《战典》1212 页)

巫:[图]《陶汇》三·四二三 孟棠匋里人～(《战典》1535 页)

巫:[图]《陶汇》三·四二三 孟常匋里人～(《战典》605 页)

二、摹写有误

《战典》存在明显的摹写错误,进而导致误释。《校订》指出一例:

1. 32 第 411 页有一个出自《古陶文汇编》第四·五九的形体"[图]",何琳仪先生认为这是"工"字。《古陶文汇编》第四·五九如下图所示:

[图]

最上边的横画是边框的一部分。古文字"士"作如下形体:

[图]《古玺汇编》0146

[图]《包山楚简》60

与上述陶文形体去掉顶端的"横画"形体相同,故上述陶文字体应该隶作"士",归入"之"部。④

2. 㶷:[图]《陶汇》三·七〇八□豆～瓜□

～从山,火声。《字汇》:"～,山也。"齐陶～,不详。(《战典》1173 页)

按:此字原拓作"[图]",我们曾认为此字应分析为从"艹"从"炊",隶作"菣",释为"蓟"。⑤《图录》又著录如下二形:

---

① 袁仲一、刘钰:《秦文字类编》,西安:陕西人民教育出版社,1993 年,第 441 页。
② 高明、葛英会:《古陶文字征》,北京:中华书局,1991 年,第 275 页。
③ 施谢捷:《东周兵器铭文考释》(三则),载《南京师范大学学报》,2002 年 2 期。
④ 李贤:《〈战国古文字典——战国文字声系〉校订》,安徽大学硕士学位论文,2008 年。
⑤ 徐在国:《释蓟、此、郯、郯》,载《山东古文字研究》,1993 年。

■《图录》2·291·3 ■《图录》2·291·4
证明我们所释不误。

3. 问:■《陶汇》三·六七九□郡衢脋里王～□

《说文》:"～,讯也。从口,门声。"战国文字～,人名。(《战典》1366 页)

按:此字原拓作"■",很明显《战典》摹写有误,《陶征》摹作"■",释为"问"(《陶征》49 页),亦误。此字有学者隶作"徇"。

4. 迲:■《陶汇》三·一七三蔓圀匋里陈～□(《战典》1547 页)

按:此字当释为"迲(去)"字,齐文字"迲(去)"字或作:

■　玺汇 1433 宋去疾钵

■　玺汇 1481 陈去疾信钵

■　《图录》2·222·4 蔓阳匋里人陈迲疾

■　《图录》2·240·1 蔓阳匋里陈迲疾

■　《图录》2·240·2 蔓阳匋里陈迲疾

■　桓台文物·陈迲疾□

均可证明,《战典》误摹误释。

5. 趣:■三·七六三比～

～,从辵,取声。《字汇》:"～,去也。"(《战典》386－387 页)

按:此字原拓作"■",很明显,《战典》漏摹笔画。

6. 栔:■《陶汇》三·一一一二～

～,从木,刉声。(《说文》:"刉,刺也。从刀,圭声。")《广韵》"～,刻也。"齐陶～,人名。(《战典》741 页)

按:此字原拓作"■",王襄先生摹作"■",疑"刉"字。[1] 李零先生隶作"剠",疑是"刉"字。[2]

7. 珏:■《陶汇》三·八八四之～(《战典》1549 页)

喜:■三·八八四(《战典》2～3 页)

按:此字原拓作"■",《战典》本来已经正确的将此字释为"喜",却又割裂

---

[1] 王襄:《古陶今释续编》,载《王襄著作选集》,天津:天津古籍出版社,2005 年,第 1720 页。

[2] 周进(藏)、周绍良(整理)、李零(分类考释):《新编全本季木藏陶》229·0842,北京:中华书局,1998 年。

笔画,误摹出一个"王王"字。

8. 穧:﹝图﹞《陶汇》五·二〇〇宫～﹝图﹞五·二〇一

～,从禾,贵声。疑穧之省文。秦器～,人名。(《战典》1193 页)

按:《陶汇》五·二〇〇、五·二〇一原拓作"﹝图﹞"、"﹝图﹞",均应径释为"穧"。

9. 晋:﹝图﹞《陶汇》三·六九八圈里王～﹝图﹞《陶汇》三、六九八[按:六、六三]
胥～(《战典》1152、1153 页)

按:《陶汇》三·六九八原拓作"﹝图﹞",王恩田先生释为"晋",①可从。

10. 禾:﹝图﹞《陶汇》六·一八五～(《战典》838 页)

按:此字原拓作"﹝图﹞",《战典》摹写严重失形。

11. 室:﹝图﹞《陶汇》四·一六左缶俟甾敔～(《战典》1087～1088 页)

按:《陶汇》四·一六原拓作"﹝图﹞",上部的"林"旁模糊,《图录》4·2·1 璺字作"﹝图﹞"可证。此字当释为"璺"。

12. 苻:﹝图﹞文物八五·十二·二二～事

～,从艸,付声。《尔雅·释草》:"～,鬼目。"疏:"郭云,今江东有鬼目草。"秦陶～,姓氏。出有扈氏,后人代为氏酋,本姓蒲,至晋蒲洪改为～。见《十六国春秋》。据战国文字知～姓先秦早已有之。(《战典》393 页)

按:此字原拓作"",应摹作"﹝图﹞",我们对此字曾做过考释,认为
"﹝图﹞事"应该释为"敬事","陶文'敬事'是一方成语陶文,性质与古玺文字中常见的'敬事'成语玺(《玺汇》3655、4142～4198)是相同的。"②王恩田先生的《陶文字典》第 15 页仍沿袭《战典》之误释。

13. 骏:﹝图﹞《陶汇》三·九六一 ～﹝图﹞三·九六二 (《战典》510 页)

按:此字原拓作"﹝图﹞"、"﹝图﹞",李零、③王恩田④先生均释为"敤",可从。

14. 疾:﹝图﹞《陶汇》三·一二二七～。(《战典》1563 页)

---

① 王恩田:《陶文图录》,济南:齐鲁书社,2006 年,第 349 页。
② 徐在国:《古陶文字释丛》,载《古文字研究》(第 23 辑),北京:中华书局,2000 年,第 116～117 页。
③ 周进(藏)、周绍良(整理)、李零(分类考释):《新编全本季木藏陶》195·0709,北京:中华书局,1998 年。
④ 王恩田:《陶文图录》,济南:齐鲁书社,2006 年,第 929 页。

按：此字原拓作"㒻"，顾廷龙先生释为"瘠"，①可从。

15. 焜：㷼《陶汇》五·二一〇宫～

～，从火，从见，会见事明彻如观火之意。《书·盘庚》上"予若观火"，传"我视汝情，如视火"。《正字通》："～，覞之讹。旧注音训同覞。省作～，非。"以战国文字验之，～之形体远有所本，并非覞之讹。《说文》："覞，察视也。从见，矢声。读若镰。"(《战典》1458 页)

按：此字原拓作"㷼"，秦陶习见，多误释，王望生先生释为"烦"，②可从。

16. 虑：虑《陶汇》三·九一三～

～，从心，虍声。《说文》："虑，谋思也。从思，虍声。"(《战典》449～450 页）

按：此字原拓作"虑"，程燕已经指出漏摹"又"旁。③

17. 憖：憖陶征一〇三韍圀□～

《说文》："～，高也。一曰极也。一曰，困劣也。从心，带声。"齐陶～，人名。(《战典》916 页)

按：此字原拓作"憖"，著录于《陶汇》三·五三二，《战典》542 页已经正确的释为"愍"。但在 916 页受《陶征》103 页（憖，释恭）误摹的影响，将此字割裂误释为"憖"。《陶征》之误，杨泽生先生早已指出，他说：④

103 页"恭"字引《铁云》58·1 憖当是憖即"愍（懊）"字下部的误摹；据所附文例，乃是将"愍"字误分作"□恭"二字。《铁云》58·1 与《陶汇》3·532、3·533 同文，《陶征》107 页引 3·532 憖释"愍"不误。

其说是。

18. 㼿：㼿秦陶一四四六～

～，从匚，公声。《集韵》："㼿，盛米器。"秦陶～，盛米器。(《战典》410 页)

---

① 顾廷龙：《古匋文舂录》卷七，国立北平研究院石印本，1936 年。
② 王望生：《西安临潼新丰南杜秦遗址陶文》，载《考古与文物》，2000 年 1 期。
③ 程燕：《〈战国古文字典〉订补》，载《古文字研究》(第 23 辑)，北京：中华书局，2000 年，第 156 页。
④ 杨泽生：《〈古陶文字征〉补正例》，载任剑涛、彭玉平主编《论衡》(第 4 辑)，广州：中山大学出版社，2006 年。

按：此字原拓作"㕣"，《秦代陶文》1446释为"公"，①可从。《战典》误将边框当做偏旁了。

19. 疢：㱿《陶汇》三·六〇九豆里畜襄～七（《战典》1558页）

按：此字原拓作"㱿"，学者多释为"疾"是对的。

20. 偕：𦥑《陶汇》三·五 ～之王釜

《说文》："～，俱也。从人，皆声。"齐陶～，俱。（《战典》1183页）

按：此字原拓作"𦥑"。我们曾释此字为"召"，详见《古陶文字释丛》。②

21. 朕：朕《陶汇》三·一〇二〇（应为1304）～。（《战典》1425页）

按：此字原拓作"朕"，我们曾释此字为"胜"。③

22. 罩：罩《陶汇》三·九三䌛衢呑□□～（《战典》1539页）

按：《战典》误将左下边框为笔画。周宝宏先生释为"罩"。④

23. 妠：妠《陶汇》六·二〇此～绸酒掌

～，从女，丌声。姬之异文。《同文备考》："～，古姬字。"晋陶～，读姬，姓氏。《说文》："姬，黄帝居姬水，因水为姓。"《史记·三代世表》："尧立后稷以为大农，姓之曰姬。"（《战典》22页）

按：此字原拓作"妠"，李学勤先生释为"丌母"合文，"丌母即綦母氏，《左传》有綦母张，晋国人。"⑤其说可从。

24. 奠：奠《陶汇》九·六〇～妻胥王罩 （《战典》1552页）

按：此字原拓作"奠"，右下明显有合文符号，学者多释为"余子"合文。

25. 吾：吾《陶汇》三·二五一䕃圜匋里人～

《说文》："～，我自称也。从口，吾声。"～或从双五繁化，或省口简化。（《战典》506页）

按：此形《陶汇》不清，此据《陶征》摹本（吾）（《陶征》45页），不可信。

26. 正：正《陶汇》四·一二二缶乙二昏～（《战典》795—797页）

---

① 袁仲一：《秦代陶文》，西安：三秦出版社，1987年，第123页。
② 徐在国：《古陶文字释丛》，载《古文字研究》（第23辑），北京：中华书局，2000年，第110页。
③ 徐在国：《古陶文字释丛》，载《古文字研究》（第23辑），北京：中华书局，2000年，第110～111页。
④ 周宝宏：《古陶文形体研究》，北京：社会科学文献出版社，2002年，第188～189页。
⑤ 李学勤：《谈近年新发现的几种战国文字资料》，载《文物参考资料》，1956年1期。

按：此字原拓作"囨"，应释为"反"。《战典》据《陶征》摹本（𠃓）（《陶征》135页），不可信。

27. 悇：𢚦《六·六六肎》～

《说文》："～，忘也。嘾也。从心，余声。《周书》曰：'有疾不～，～，喜也。'"战国文字～，人名。（《战典》535页）

按：此字原拓作"𢚦"，"余"旁右下笔画不清晰。据《新郑郑国祭祀遗址》出土的如下陶文：①

𢚦 图452·1   𢚦 图452·4   𢚦 图452·5   肎愻

可知，此字原先的隶定有误，应该隶定为"愻"，分析为从"心"，"叙"声。"愻"字不见于后世字书，当为"悇"字繁体。

28. 午：午《陶汇》四·八三缶攻～　午五·一四七咸阳～。

～，甲骨文作𠂤（铁二五八·一），𠂤（后下三八·八），像舂杵之形。杵之初文。（《战典》508～509页）

按：此字原拓作"午"，周宝宏②、施谢捷③先生均释为"斗"，可从。

另有一字误摹为二字者：

29. 示：禾秦陶四二五（《战典》1245页）

按：此字原拓作"𥞫"，似当释为"禄"字。

30. 毀：𣪊《陶汇》三·六〇九豆里畜～疣人（《战典》688页）

匕：匕《陶汇》三·六〇九豆里畜壞疣～。（《战典》1286页）

按：此字原拓作"𣪊"，右从"攴"旁，非"匕"，字释为"毀"。

31. 梠：梠《陶汇》：三·八五七～豆梠三·八五八梠九·一〇七

～，从木，臣声。桭之异文。《集韵》："桭，屋枅也。两楹间谓之桭。或从臣。"《韵会》："桭，或作梠。"齐陶～，读桭。（《战典》1127页）

按：此字原拓作"梠"、"梠"，李家浩先生曾考证如下：④

---

① 河南省文物考古研究所：《新郑郑国祭祀遗址》，郑州：大象出版社，2006年，第645页。
② 周宝宏：《古陶文形体研究》，北京：社会科学文献出版社，2002年，第61页。
③ 施谢捷：《陕西出土秦陶文字丛释》，载《考古与文物》，1998年2期。
④ 李家浩：《九店楚简》，北京：中华书局，2000年，第130页。

按此字也是"檀",唯将"木"旁移到"豆"旁之上,与"臣"旁并列;旧释为"桓",非是。"檀"字应当分析为从"木"从"豎"声。"豎"字常见于战国文字(《古玺文编》七〇页、《古陶文字征》二二二页),即"竖"字省写。"竖""树"音近古通。《仪礼·乡射礼》"君国中射则皮树中",郑玄注:"今文'皮树'[为]'繁竖'。""檀"当是"树"异体。

其说可从。

32. 孔:🯄《陶汇》五·三六〇姚八~(《战典》419页)

按:此字原拓作"🯄",施谢捷先生释为"保",①可从。

33. 金:🯄三·一一五二~生(《战典》1392页)

按:此字原拓作"🯄",我们曾释为"鲑"字。②

还有二字误摹为一字者:

34. 㐰:㐰《陶汇》三·一〇六九~㐰三·一一三七

~,从彳,㐰声。疑迹之省文。《集韵》:"迹,足不前也。或从足。"齐玺~,人名。(《战典》1265页)

按:此字施谢捷③、周宝宏④先生释为"巿久"。施先生说:

"久"同"灸",《说文》:"灸,灼也。"因此秦律及陶文戳印中的"久",大概是指烙印或戳印以做标记而言的,同常见的"印"、"玺"用法相类。

其说可从。

三、序号错误

《战典》中关于《陶汇》的序号错误不在少数,我们曾指出2例:⑤

36页㙇《玺汇》三·七七九,应为《陶汇》三·七七九。

---

① 施谢捷:《陕西出土秦陶文字丛释》,载《考古与文物》,1998年2期。
② 徐在国:《古陶文字释丛》,载《古文字研究》(第23辑),北京:中华书局,2000年,第112页。
③ 施谢捷:《古陶文考释三篇》,载《古汉语研究》,1997年3期。
④ 周宝宏:《古陶文形体研究》146·314,北京:社会科学文献出版社,2002年。
⑤ 白兆麟、徐在国:《战国文字的一部力作——评〈战国文字声系〉》,载《古籍整理研究学刊》,2003年2期。

81页埱《陶汇》九·六二二,应为九·四五。

《订补》指出了如下序号错误:①

18下　或　《陶汇》109 应为陶征 109

19下　国　《陶汇》3·821 应为 3·822

23下　旮　《陶汇》3·186 应为 3·188

29上　旳　《陶汇》2·1123 应为 3·1123

35下　坵　《陶汇》5·417 应为 5·419

37下　克　《陶汇》3·124 应为 3·1240

40上　牛　《陶汇》5·129 应为 5·127

48下　市　《陶汇》5·54 应为 6·54、《陶汇》5·57 应为 6·57

49上　坤　《陶汇》3·648 应为 3·647

54下　熾　《陶汇》3·1103 应为 3·1102

56下　台　《陶汇》3·135 应为 3·1354

72上　异　《陶汇》3254 应为 4·173

73上　戴　《陶汇》3·51 应为 3·52

74上　而　《陶汇》1·042 应为 1·040

83下　里　《陶汇》4·384 应为 5·384

88上　子　《陶汇》3·472 应为 3·492

145上　乘　《陶汇》3·63 应为 3·683

149上　巻　《陶汇》1163 应为 5·108

270下　中　《陶汇》5·282 应为 3·282

308下　绑　《陶汇》3·895 应为 3·899

346上　谷　《陶汇》0123 应为 3·773

352上　責　《陶汇》3·1242 应为 3·243

365下　鄄　《陶汇》3·1383 应为 3·1382

366上　童　《陶汇》5·484 应为 5·384

369上　豆　《陶汇》3·506 应为 3·28

386上　取　《陶汇》5·1285 应为 5·384

---

① 程燕:《〈战国古文字典〉订补》,载《古文字研究》(第 23 辑),北京:中华书局,2000 年,第 149~171 页。

407下　公　《陶汇》3·722 应为 3·723

457下　玕　《陶汇》9·59 应为 9·57

461下　诖　《陶汇》3·1286 应为 3·1287

491上　脀　《陶汇》3·332 应为 3·322

517上　偖　《陶汇》4·152 应为 4·153

525上　亳　《陶汇》6·127 应为 6·128

600上　博　《陶汇》3·364 应为 5·364

627下　王　《陶汇》3·8 应为 3·5

650下　璋　《陶汇》3·199 应为 3·118、彰　《陶汇》3·1063 应为3·1062

691下　衢　《陶汇》3·72 应为 3·73

694下　良　《陶汇》5·383 应为 5·384

715上　邡　《陶汇》1230 应为 1232

732下　黾　《陶汇》3·799 应为 3·797

787下　玉　《陶汇》3·592 应为 3·250

792上　亭　《陶汇》7·4 应为 7·3

847下　罵　《陶汇》5·484 应为 5·384

849上　可　《陶汇》1327 应为 6·62

875上　广　《陶汇》6·232 应为 6·233

893下　郐　《陶汇》3·826 应为 3·825

895下　岁　《陶汇》3·14 应为 3·13

924上　呑　《陶汇》3·654 应为 3·655

1013上　善　《陶汇》4·10 应为 4·104

1023下　俟　《陶汇》3·30 应为 3·302

1088下　莹　《陶汇》3·11 应为 4·11

1103下　毕　《陶汇》3·672 应为 3·673

1108下　玄　《陶汇》5·435 应为 5·453

1118上　宎　《陶汇》3791 应为 3·791

1122下　田　《陶汇》3·39 应为 3·951

1225下　䃺　《陶汇》5·59 应为 5·99、䃭　《陶汇》3·16 应为 5·16

1309下　隐　《陶汇》5·308 应为 5·370

1425 上　盉　《陶汇》3·1020 应为 3·1304

1530 上　朔　《陶汇》9·51 应为 9·52

1547 上　赐　《陶汇》3·283 应为 3·284

1548 上　汉　《陶汇》1106 应为 3·1106

此外,还有如下二例:

邑:👁《陶汇》〇二八九安邑　(《战典》1370 页)

按:应为《陶汇》三·二。

旦:🔲《陶汇》四·一六二～(《战典》1019 页)

按:应为《陶汇》四·一六五。

四、明显失收者

《战典》中明显漏收的陶文有:

1. 谏　🔲　《图录》4·34·2 左宫谏　🔲《图录》4·43·2 缶攻谏　🔲《图录》4·43·3 缶攻谏

按:《战典》999 页见纽元部失收。

2. 奭　🔲　《图录》3·295·4　🔲　《图录》3·295·5

按:《战典》121 页失收。

3. 陉　🔲　《图录》7·19·1 □众鄄陉陵饫

按:《战典》803 页失收"陉"字。

4. 赳　🔲　《图录》6·17·4 咸郦里赳　🔲　《图录》6·18·1 咸郦里赳　🔲　《图录》6·18·2 咸郦里赳　🔲　《图录》6·18·3 咸郦里赳　🔲　《图录》6·18·4 咸郦里赳

按:《战典》740 页漏收秦陶"赳"字。

5. 亞　🔲　《图录》3·149·1　🔲　《图录》3·149·2　🔲　《图录》3·149·3

按:《战典》诸形漏收。

6. 胯　🔲　《图录》2·538·1 子裹子里胯

按:《战典》250 页漏收"胯"。

7. 歇　🔲　《图录》6·191·1 左司歇瓦　🔲　《图录》6·191·2 左司歇

瓦　　《图录》6·191·3 左司歇瓦　　　《图录》6·192·1 左司歇瓦
《图录》6·192·2 左司歇瓦　　　《图录》6·192·4 左司歇瓦
按:《战典》901 页未收"歇"。

我们在尽可能吸收学术界已有研究成果的基础上,分别从释字矛盾、摹写有误、序号有误、明显漏收四个方面指出《战典》所录陶文存在的问题。《战典》所录陶文存在的问题是较为突出的,究其原因主要有如下几点:(1)陶文拓片不清晰。(2)受工具书的影响,尤其是受《古陶文字征》的影响尤深,在释字矛盾、摹写错误中特别明显。过分信任工具书,没有去核对原拓,导致误摹、误释。(3)工作量大,手工操作,检索、查重不便,导致前后矛盾。(4)序号的错误,主要是抄写时的笔误。何先生的手稿现珍藏在安徽大学汉语言文字研究所特藏室,任何人看到那些工工整整的手稿时,钦佩之情必会油然而生。尽管该书存在一些问题,但不影响我们使用它。我们是怀着非常崇敬的心情,去指出这些问题,目的只有一个,就是让此书更好地发挥它的作用。

论方濬益先生的古陶文研究①

方濬益(？—1899)，安徽定远人，字谦受，又字伯裕，斋名"缀遗"。"博学，工为文，精诂训，善书画，画不多作"。②

《缀遗斋彝器款识考释》三十卷："此书略仿《积古斋钟鼎彝器款识》而作，卷首《彝器说》三篇：上篇考器，中篇考文，下篇考藏。""马衡先生藏有《缀遗斋彝器款识考释草稿》，我为介绍售归燕京大学图书馆，并钞录本。"③此草稿本现存北京大学图书馆，所收器比1935年商务印书馆出版的《缀遗斋彝器款识考释》多。

方濬益先生关于古陶文方面的论著主要集中在《缀遗斋彝器款识考释》一书中。该书收录陶拓摹本共计62方，分别在卷二十五(豆3方、登28方、罃1方、缶4方、盆1方、瓯4方、甕2方)、卷二十六(甓4方)、卷二十八(区2方、釜2方、埙11方)。体例为：摹本，释文，考证。如：

    ▨，柾豆。

右柾残瓦豆，铭二字，印款。此与下一器皆陈寿卿编修所藏，据拓本摹入。按《说文》所收古文豆作▨，其下从▨，今以此铭证之，当作▨，殆写官传抄之误，《汗简》因之，并喜丰等字，通改从▨，谬矣。(《缀遗斋彝器款识考释》25·5上)

---

① 本研究得到2007年度国家社会科学基金的资助。
② 方濬益：《缀遗斋彝器款识考释》，北京：商务印书馆，1935年。本文即依据此书进行研究。先录方氏原文，后加按语。
③ 容庚：《清代吉金书籍述评》，载《学术研究》，1962年2、3期，又收入《容庚文集》，广州：中山大学出版社，2004年，第137、138页。

下面我们拟对方濬益先生的古陶文研究略作探讨。

一、释字正确者

方濬益先生关于古陶文字的考释,释字较为准确,释义注意与典籍相结合,得出的结论颇为可信。比如:

,王区。

右王瓦区铭二字,印款。与下七器皆陈寿卿编修所藏,据拓本摹入。此器齐地所出,文曰"王区",殆齐威王称王以后所造官区也。古陶器多残毁或已破缺,此独完整,犹可考见齐旧四量之制。

,释同。

右王残瓦区铭同前,王上皆有点,为羡文,犹残瓦器河作,启作也。(《缀遗斋彝器考释》28·16 上、下)

,城圜睁。

右城圜睁瓦登铭三字,印款,《说文》城籀文作,此首一字上从成,下从章,正城之籀文,特偏旁移易耳。圜亦阳之异文,古阴阳本字为会易,此以国邑之名,故从囗见义。《汉书·地理志》城阳国,故汉文帝二年别为国,莽曰莒陵。按此即春秋莒国,后入齐,战国时已有城阳之名,不始于文帝之封朱虚侯章也。又城阳国有阳都县,应劭曰:齐人迁阳,故阳国是。(《缀遗斋彝器款识考释》25·9 下)

按:关于"王区"陶文,郑超先生曾说:"方说较长。'王区'等当是齐威王称王以后的官方量器,依此类推,'公区'等当是齐威王称王以前的官方量器。"[①]"王上皆有点,为羡文",颇具卓识,方濬益先生已经认识到古文字中在一横画上常加饰点作为羡文。"城圜睁"陶文,对文字的隶定、考释均正确可从。

另有部分陶文释字较准确,释义则略有问题。比如:

---

① 郑超:《齐陶文初探》,中国社会科学院历史所硕士学位论文,1984 年。

[图],公釜。

右公瓦残釜铭二字,印款,阳识。釜字半缺,《左传·昭公三年传》"齐旧四量,豆、区、釜、钟,四升为豆,各自其四,以登于釜,釜十则钟。陈氏三量各登一焉,钟乃大矣,以家量贷而以公量收之。"按前三器皆陈氏家量,此公釜则所谓公量也。(《缀遗斋彝器款识考释》28·20上)

按:郑超先生说:"前三器指陈纯釜,子禾子釜,陈侯因育釜。若如方说,则'公釜'当属于春秋时代,根据我们的考证,齐国陶文俱为战国时物,方说不确。公量当是田和立为诸侯之后至威王称王以前的齐国量器。《史记·田敬仲完世家》:'康公之十九年,田和立为齐侯,列于周室,纪元年,齐侯太公和立二年,和卒,子桓公午立(据《索隐》引《竹书纪年》,田和、田午之间尚有田侯剡一世)。……六年,救卫,桓公卒,子威王因齐立。'"①

据此可知田和立为诸侯以至齐威王称王以前齐君可以称"公"。这时的齐国陶量当然可以称为"公"量。

还有:

[图],菑亭。右菑亭瓦罍铭二字,印款。菑亭,当即菑川,汉时为王国。《汉书·诸侯王表》菑川王凡二一为王。贤以齐悼惠王子武城侯立,一为懿王。志以悼惠王子安都侯立为济北王。孝景四年,徙菑川,盖以战国齐地旧名为国号者也。(《缀遗斋彝器款识考释》26·12上)

[图],亭升。右亭升瓦罍铭二字,印款。

[图],释同。右亭升瓦罍铭,同前器。所谓亭,皆乡亭之称。《汉书·高帝纪》注:"亭,谓停留行旅宿食之馆。"《后汉·臧宫传》注:"每十里一亭,亭有长,以禁盗贼。"据此知汉时制度虽本秦法,实沿周世列国之旧。此二器与前菑亭罍并出齐地,是其证矣。升,或是作器人名。(《缀遗斋彝器款识考释》26·13上)

按:释"菑"、"亭"正确,对"亭"字的解释也准确,但将"[图]"释为"升",认为是人名,则是错的。此字当释为"久",秦陶文中"亭久"之"久"字作:

---

① 郑超:《齐陶文初探》,中国社科院历史所硕士学位论文,1984年。

[图] 《陶文图录》6·429·3   [图] 《陶文图录》6·429·4   [图] 《陶文图录》6·429·6

[图] 《陶文图录》6·430·3   [图] 《陶文图录》6·430·4   [图] 《陶文图录》6·430·1

[图] 《陶文图录》6·430·2   [图] 《陶文图录》6·431·1   [图] 《陶文图录》6·431·4

作"[图]"形者与"[图]"同。关于"久"字的用法,有如下之说:

施谢捷:①"久"同"灸",《说文》:"灸,灼也。"因此秦律及陶文戳印中的"久",大概是指烙印或戳印以做标记而言的,同常见的"印"、"玺"用法相类。

曹锦炎:②所谓"久",有"记"之义,相当于"印"。如内蒙古呼和浩特汉城遗址出土的陶器上,有"市久"或"市印"的戳印,即是明证。

何琳仪:③"秦器久,读记。《说文》玖下引'《诗》曰,贻我佩玖。读若芑。'是其佐证。"

关于"亭久"陶文的时代,有如下之说:

王襄:

④ 亭久,秦汉之际器。

许淑珍:⑤

传世"亭久"陶文至少有30余件,大多数是陈介祺所藏。陈介祺收藏的陶文大多数是山东出土的。临淄出土的这件"亭久"陶文,证明传世中的同类陶文可能是临淄齐城出土的。传世有"临淄亭久"陶文(汇编3·688),临淄出土的"亭久"陶文应该是"临淄亭久"的省文。秦代的市亭是市场管理机构,凡是盖有市亭印章的陶文都应是经市检验合格加以认可的产品。根据以上的分析,"亭久"陶文的年代不是战国而应属于秦

---

① 施谢捷:《古陶文考释三篇》,载《古汉语研究》,1997年3期。
② 曹锦炎:《古玺通论》,上海:上海书画出版社,1995年,第44页。
③ 何琳仪:《战国古文字典》,北京:中华书局,1998年,第29~30页。
④ 王襄:《古陶今释》(1947年),载《王襄著作选集》,天津:天津古籍出版社,2005年,第1185页。
⑤ 许淑珍:《齐国陶文的几个问题》,载《齐鲁文博》,济南:齐鲁书社,2002年,第144~145页。

代。传世不少半通私名印陶文,如"胡苍"(汇编 9・76)、"徐众"(汇编 9・81)等也应是秦代的。这类陶文很有可能也是临淄出土的。

许淑珍先生之说可从。"菑亭"陶文当是"临淄亭久"的省文。

此外,文中另有大量释字正确者,如:

[图],楚章乡蔓里缀。右蔓里缀缶铭,六字,印款。(《缀遗斋彝器款识考释》25・25 上)

[图],開。右闢瓦登铭一字,印款。按:開为闢之或体。《说文》:"闢,开也。从门,辟声。開,《虞书》曰闢四门。从门,从𠬞。"(《缀遗斋彝器款识考释》25・20 下)

[图],公。右公瓦登铭一字,印款。(《缀遗斋彝器款识考释》25・21 下)

[图]右义斿残瓦登铭二字,印款。此与下十八器皆陈寿卿编修所藏,据拓本摹入。(《缀遗斋彝器款识考释》25・13 上)

[图],範。右範瓦登铭一字,印款。(《缀遗斋彝器款识考释》25・19 下)

[图],兴。右兴瓦登铭一字,印款。(《缀遗斋彝器款识考释》25・18 下)

[图],孨。右孨瓦登铭一字,印款。《说文》部首孨,谨也,从三子,读若翦。(《缀遗斋彝器款识考释》25・20 上)

[图],𩫖圜齐。右城圜齐瓦登铭三字,印款,阳识,反文,左行。(《缀遗斋彝器款识考释》25・10 下)

[图],□南章乡辛匋里臧。右辛匋里臧盆铭八字,缺者一字,半缺者二字,印款。此器形制与汉洗相似,尺寸高下亦如之。首一字,以前辛匋里登铭证之,亦左字。臧为藏之本字。说详前甚諆鼎铭释文,鲁臧孙氏周玺文并作臧。(《缀遗斋彝器款识考释》25・26 上)

按:上录诸字的释读,颇见其功力。释"缀",汤余惠先生释同,详见《略论战国文字形体研究中的几个问题》。① 所释"公釜",亦具卓识。曾有学者释

---

① 汤余惠:《略论战国文字形体研究中的几个问题》,载《古文字研究》(第 15 辑),北京:中华书局,1986 年,第 11、62 页。

为"公䄷",并将"䄷"读作量名"溢",不确。所释"臧"引齐玺为证。

二、释字错误者

方濬益先生关于古陶文字的考释也有释错的,如:

【字】,报。

右报瓦登铭一字,印款。《说文》:"报,轹也。从车艮声,尼展切。"轹车所以践也。"按报或作碾。《太平御览》引《通俗文》"石碼轹壳曰碾。"《文选·西京赋》:"当足见碾。"薛注:"足所蹈为碾。"是报即碾之本字也。(《缀遗斋彝器款识考释》25·21 上)

按:此字释"报",误。当释为"轱"字。高明、葛英会先生说:"轱,《说文》所无,《玉篇》轱他回反,《韩诗》'大车轱轱',轱,盛皃也。"①

【字】,盖,关里长□。【字】器,释同。

右关里长瓯并盖铭,各四字,印款。此器外有横纹瓦带二道,如簋敦形制。(《缀遗斋彝器款识考释》25·27 上)

按:第三、四两个字,汤余惠先生释为"马枊",②是正确的。

【字】右辛訇里瓦登铭二字,刻款,左行。按瓦登印款多在跗,此在盘下,特异。【字】即辛,下为羡文。【字】,则𠭰之省文也。(《缀遗斋彝器款识考释》25·18 上)

按:此陶为一字,误析为两个字。此字又著录于《陶文图录》3·611·3。王恩田先生释为"诣"。③王先生认为左旁从"言",是对的,但右旁不是"各",释"诣"是不正确的。右旁应分析为从"口","爻"声,"口"可看作赘加的形旁。如此,此字从"言","爻"声,应释为"詨"。

【字】,梧豆。

右梧残瓦豆,铭二字,印款。此与下一器皆陈寿卿编修所藏,据拓本摹入。按《说文》所收古文豆作【字】,其下从【字】,今以此铭证之,当作【字】,殆写官传

---

① 高明、葛英会:《古陶文字征》,北京:中华书局,1991 年,第 231 页。
② 汤余惠:《略论战国文字形体研究中的几个问题》,载《古文字研究》(第 15 辑),北京:中华书局,1986 年,第 37 页。
③ 王恩田:《陶文图录》,济南:齐鲁书社,2006 年,第 1466 页。

抄之误,《汗简》因之,并喜丰等字,通改从 [字], 谬矣。(《缀遗斋彝器款识考释》25·5 上)

按:此字作"[字]"、"[字]",众说纷纭。李家浩先生释为"榿",认为"榿"当是"树"异体。李先生之说可从。①

[印] 右蔓里姁瓦登铭,六字,印款。第二字是章之省文。第三字疑乡之异文。第四字为蔓之变体,蔓里即前豆铭之蔓園里也。末一字左偏似女,姑释姁。

[印] 右蔓里姁残瓦登铭,同前器。(《缀遗斋彝器款识考释》25·13 下、14 上)

按:第四字释"蔓",误。此字或释为"蓑"。最后一字,陈介祺先生最早释为"姁"。② 李零先生怀疑是"㤅(?)"。③ 张振谦博士释为"姤"。④ 我本人倾向于李零先生说法。

[印] 右豆里[字]瓦登铭,三字,印款二。下一印摩灭。第三字左偏半灭似从金,姑释为[字]。瓦器中有一器两印者,此与下邱齐辛里缶是也。(《缀遗斋彝器款识考释》25·15 上)

按:最后一字当释为"鲑",认为左旁从"金",误。

[印],遣。右遣瓦登铭一字,印款,反文。(《缀遗斋彝器款识考释》25·22 上)

按:此字释"遣",误。字当从李零先生释为"敨"。⑤

[印],右。右右缶铭,一字,阳识,印款。(《缀遗斋彝器款识考释》25·25

---

① 李家浩:《九店楚简》,北京:中华书局,2000 年,第 130 页。
② 陈介祺:《吴愙斋尺牍》7·11 上题记,北京:商务印书馆,1938 年。
③ 周进(藏)、周绍良(整理)、李零(分类考释):《新编全本季木藏陶》30·0103,北京:中华书局,1998 年。
④ 张振谦:《齐系文字研究》,安徽大学博士学位论文(指导教师:黄德宽),2008 年。
⑤ 周进(藏)、周绍良(整理)、李零(分类考释):《新编全本季木藏陶》195·0709,北京:中华书局,1998 年。

下)

按:此字释"右",误。字当释为"吃"。

,节墨之丌之壐。右节墨瓯铭,六字,印款。器外有横纹瓦带二道。《战国策》、《史记》皆作即墨,此作节墨,与节墨刀同。丌,古文其。壐,古文玺字也。《文选·西京赋》"怀玺藏绂",薛注:"天子印曰玺。"此节墨之丌,不审何人……(《缀遗斋彝器款识考释》25·28)

按:将"节墨之丌"看作人名,误。最后两个字裘锡圭先生释为"坿工",是非常正确的,不是"玺"字。"节墨之丌坿工",裘锡圭先生认为"此当是齐国节墨邑所属'丌市'的工官或匠所用之印"。①

,陈国右□□釜。右陈国残瓦釜铭六字,印款,阳识。四、五两字均有缺画,不可强释。(《缀遗斋彝器款识考释》28·19下)

按:此陶文当释为"陈圆(固)右廪亳釜",第二个字释"国",误。

三、其他

方氏在《缀遗斋彝器考释》中收录伪器 2 方:

,栾季加禄。右栾季罂铭,四字,刻款。潘伯寅尚书所藏器。据拓本摹入。栾作,省文。加通嘉,从尚书释。此器大而深,与今世贮水缸相似。按:《说文》罂,缶也。……此器既大且深,故当是罂。(《缀遗斋彝器款识考释》25·23)

按:此陶文,高明先生的《古陶文汇编》、王恩田先生的《陶文图录》均未收录,无论从形体看,还是从辞例看,均疑其伪。

,豹作埍节九成。右豹埍铭六字,豹字上画断缺。成者,乐之终。《周礼·乐师》:"凡乐成则告备。"《仪礼·燕礼》:"大师告乐正曰:'正歌备'。"

---

① 裘锡圭:《战国文字中的"市"》,载《考古学报》,1980 年 3 期;后收入《古文字论集》,北京:中华书局,1992 年,第 454~468 页。

郑注曰:"正歌者,升歌及笙各三终,间歌三终,合乐三终为一备,备,成也。"曰"九成",盖亦韶乐所用。《虞书》曰:"箫韶九成。"郑注曰:"乐备作谓之成。"又《庄子·至乐篇》"奏九韶以为乐"是也。"节九成"者,《尔雅·释乐》:"和乐谓之节。"《论语》"乐节礼乐",《集解》曰:"动得礼乐之节。"埙殆和乐之器欤?(《缀遗斋彝器款识考释》28·31上)

按:王恩田先生在《陶文图录》10·3·4将此方陶文放入"伪品及可疑"类。① 我们认为是正确的。

另,王恩田先生在《陶文图录》10·2·1—10·2·4、10·3·1—10·3·3、10·4·1—10·4·4将《缀遗斋彝器款识考释》所录11方埙(等)全部列为"伪品及可疑"。② 我们对此持保留意见。

最后谈一下方氏被引用最多的一个观点。

第三字疑乡之异文。

第三字为前器字之繁文。(《缀遗斋彝器款识考释》25·16下)

方氏疑𠁰、𡆼为"乡"之异文。此说被学者引述最多,也得到许多学者的认同。高明先生曾讨论过这个字,他说:"关于对此字的考释,很早就有人注意。最初吴大澂释为'罨'字,顾延龙、金祥恒均释'迁',周进疑为'鄙',李先登读为县,方濬益谓之乡字之异文,李学勤初释鄙,后改释乡,郑超从方、李二氏之说也读乡,并谓此字结构'似可分析为从襄省声'。案吴大澂释此字为罨,基本不误;方濬益谓为乡字异文,更为精辟。但是,他们皆未说明衢字的结构与衢、乡两字的关系。"③

高先生进一步对此字形体作了分析,认为是"从行罨声",乃乡之本字,赞

---

① 王恩田:《陶文图录》,济南:齐鲁书社,2006年,第2591页。
② 王恩田:《陶文图录》,济南:齐鲁书社,2006年,第2590~2592页。
③ 高明:《从临淄陶文看衢里制陶业》,载《古文字研究》(第19辑),北京:中华书局,1992年,第305~306页。

同方氏释法。最新的释读是李学勤先生的,他说:"齐陶文这个字,从'行'从'邑',又从'共'或'共'省为声,显然是'巷'字的另一个写法。"①

此字到底是何字,还有进一步讨论的空间。但方氏释法无疑是最有影响的。仅从这一点看,方氏在文字释读上确有过人之处。

总之,方濬益先生所录陶文摹写较为准确。在考释陶文时,不少释法有过人之处,值得称道。毋庸讳言,限于时代、资料,其释文亦存在不少问题。

---

① 李学勤:《秦封泥与齐陶文中的"巷"字》,载《陕西历史博物馆馆刊》(第8辑),西安:三秦出版社,2001年,第24~26页。

《古籀篇》所录古陶文研究

高田忠周先生(1863~1949)是日本著名的汉学家,号士信竹山、未央学人,又称"说文楼主人"。"君幼就高斋单山学书,夙以出蓝称。已而知《说文》之不可缓,购求六书。上从三代,下至两汉六朝,金石龟骨,科斗篆隶,莫不综核矣。奉职印刷局,以暇精意古籀,始起稿于明治十八年,祁寒炎热,未尝一日辍业,遂成《古籀篇》一百卷于大正七年。"①从服部宇之吉序中可知,高田忠周先生从小就喜欢中国古文字,加之勤奋,遂成巨著《古籀篇》。此外,他还著有《朝阳阁字鉴》、《汉字系谱》、《说文捷要》、《汉字详解》、《说文段注辨疏》、《汉字原理》、《朝阳阁字鉴补正》等。《古籀篇》:"起明治十八年乙酉,终大正七年戊午,阅年三十有四。经成斋挚甫二先生之阅者,实其弟三稿也。弟四稿增字数千,又多新获创见,分为六百二十四部,积为一百余卷。"②该书卷帙浩繁,内容极为丰富,"元自家之备忘录也,故所载辑,不厌饶庞",③高田忠周先生将所能见到的古文字资料诸如甲骨文、铜器铭文、兵器铭文、玺印文字、陶文、货币文字、石刻文字等均摹录殆尽,部分字形的释读精准。关于《古籀篇》的研究,有王献唐的《评高田忠周之〈古籀篇〉》,④我指导的硕士生王颖:

---

① 高田忠周:《古籀篇》,载《金文文献集成》(第31~34册),香港明石文化国际出版有限公司2005年据1925年日本说文楼影印本初版影印。服部宇之吉:《古籀篇序》,载《金文文献集成》(第31册)。
② 高田忠周:《古籀篇再序》,载《金文文献集成》(第31册),香港:香港明石文化国际出版有限公司,2005年,第10页。
③ 高田忠周:《古籀篇例言》,载《金文文献集成》(第31册),香港:香港明石文化国际出版有限公司,2005年,第11页。
④ 王献唐:《评高田忠周之〈古籀篇〉》,载《山东省立图书馆季刊》,1931年第1集。

《高田忠周〈古籀篇〉陶文研究(一~二〇卷)》。① 《古籀篇》共计 100 卷,王颖只将其中 20 卷中的古陶文录出进行研究,不全面。我们将《古籀篇》中的陶文全部摘录出来,在吸收学术界已有成果的基础上,进行较为全面细致的研究,以探讨高田氏的中国古文字研究尤其是古陶文研究所取得的成就及不足。

《古籀篇》收录的陶文名称有:古匋文、古匋器文、古陶器、古埙文、古登文等,个别漏了名称。所录陶文来源主要有:刘本(刘拓)、方氏器(方氏、方氏臧品、方氏臧器、方氏臧)、《古籀补》、拓本、琴归拓本、琴归等。刘本(刘拓)指刘鹗《铁云藏陶》,方氏器(方氏、方氏臧品、方氏臧器、方氏臧)指方濬益《缀遗斋彝器款识考释》(陶拓摹本共计 62 方),《古籀补》指吴大澂的《说文古籀补》。据《古籀篇引征目录》还有太仓喜八郎君《古匋器文》、同拓本(自家藏及诸家藏本)、古匋文(某氏刊)等。

按照《古籀篇》的体例,"有真古文者,往往附以假借字"(13 页),一个字往往出现多次,有的甚至出现七八次之多,比如:澘(卷四・二四)111 页、(卷四一・二四)343 页、(卷八八・三)181 页、(卷六二・四)173 页。渐(卷二・一二)78 页、(卷一六・七)336 页、(卷六三・一七)201 页、(卷七九・三)2 页、(卷九七・二六)342 页。缪(卷六九・二〇)312 页、(卷八二・六)55 页、(卷四六・五)414 页、(卷八八・三七)198 页、(卷五三・一三)7 页、(卷五五・三一)63 页、(卷八八・三八)198 页。祭(卷九・一七)207 页、(卷二〇・二〇)419 页、(卷三七・四)244 页、(卷八二・八)56 页。誇(卷三九・三〇)305 页、(卷四・一七)107 页、(卷二八・一四)73 页、(卷三二・二九)160 页、(卷四〇・一六)318 页、(卷四一・一二)337 页、(卷五三・九)5 页、(卷五三・一二)6 页、(卷六二・六)174 页、(卷六二・一二)177 页。兌古匋文。(卷一一・三〇)255 页、(卷四・二〇)109 页、(卷三八・八)270 页、(卷四一・一五)339 页、(卷五二・二八)523 页、(卷五五・一五)55 页、(卷九二・二一)261 页。六字,出现在(卷三・二)88 页、(卷一三・四一)292 页、(卷四〇・一一)316 页、(卷四〇・一二)316 页、(卷五五・三六)65 页、(卷六六・二九)263 页、(卷九〇・一一)227 页、(卷一〇〇・二〇)399 页,共出现 8 次。还有"析真古文之偏旁,当其本文。又或集偏旁为之,如此者卷

---

① 王颖:《高田忠周〈古籀篇〉陶文研究(1~20 卷)》,安徽大学硕士学位论文,2007 年。

下必据其所据",① 如：亏（于同）：ᙈ古匋文汙字或作沔，其所从亏如此。（卷六·三〇）160页。可：可、可河字所从。古匋文也。（卷六·二二）156页。屄：䍐依古匋文弄叧两字为形……（卷四〇·三八）329页。缉：緧依古陶文昌纠二字，为此篆形。（卷六九·一七）310页。这也是《古籀篇》篇幅大的主要原因。

假借字、析字、集字不在我们的研究范围之内，我们仅就陶文字形正确与否做出评判，其他略，特此说明。"（卷三·二）88页"指《古籀篇》卷三，二页。"88页"是指《金文文献集成》的第31册88页。《古籀篇》卷一至二四，在《金文文献集成》第31册；卷二五至五二，在第32册；卷五三至七八，在第33册；卷七九至一百，在第34册。

一、释字正确者

吸收《古籀补》正确的释法，比如：河（卷二·二）73页、淖（潮同）（卷二·二五）84页、泰（卷四·三五）116页、堉（卷一〇·一六）227页、墨（卷一〇·二一）229页、嗣（卷一六·二八）347页、参（卷二四·三八）512页、武（卷二六·一六）31页、疾（卷三七·一）242页、心（卷四三·一）364页、恴（卷四四·二四）394页、忍（卷四四·七）385页、而（卷四六·一二）418页、违（卷六六·九）253页、绪（卷六八·二）282页、结（卷六八·四〇）301页、维（卷六九·九）306页、酷（卷七六·三五）457页、节（卷八〇·四）20页、栾（卷八四·二〇）106页等。

对《铁云藏陶》中的字做出正确释读，比如：释䎽、䎽为"波"（卷三·四）89页、释ᘧ为"湩"（卷四·三六）117页、释᙭为"坚"（卷五·三）126页、释᙮为"需"（卷五·二四）137页、释𠂤为"雩"（卷五·三〇）140页、释ᙰ为"壬"（卷八·九）185页、释ᙱ为"王"（卷八·一五）188页、释ᙲ为"亚"（卷八·二二）191页、释ᙳ为"塙"（卷一〇·七）222页、释ᙴ为"基"（卷一〇·九）223页、释ᙵ为"城"（卷一〇·二四）231页、释ᙶ为"丘"（卷一三·一六）279页、释ᙷ为"陈"（卷一五·三一）326页、释ᙸ为"市"（卷一六·一四）340页、释ᙹ为"五"

---

① 高田忠周：《古籀篇例言》，载《金文文献集成》（第31册），香港：香港明石文化国际出版有限公司，2005年，第13页。

(卷一八·一八)382页、释㋀为"公"(卷一八·三九)392页、释㋁为"国"(卷一九·一七)402页、释㋂和㋃为"圆"(卷一九·二六)407页、释㋄为"邾"(卷二〇·二六)422页、释㋅为"邻"(卷二〇·三一)425页、释㋆为"里"(卷二一·一八)440页、释㋇为"喜"(卷二五·九)5页、释㋈为"驼弛"(卷二八·三五)84页、释㋉为"占"(卷二九·二七)100页、释㋊为"用"(卷二九·三二)103页、释㋋为"寿"(卷三三·一〇)172页、释㋌为"臣"(卷三三·三四)184页、释㋍为"众"(卷三四·七)188页、释㋎为"北"、释㋏为"鬼"(卷三五·一八)212页、释㋐为"久"(卷三六·九)223页、释㋑为"痹"(卷三七·一〇)247页、释㋒为"痔"(卷三七·一五)249页、释㋓为"癰"(卷三七·一六)250页、释㋔为"大"(卷三九·一)290页、释㋕为"夹"(卷三九·九)294页、释㋖为"嵩"(卷三九·三六)308页、释㋗为"弄"(卷四〇·三八)329页、释㋘为"庆"(卷四三·一六)372页、释㋙为"念"(卷四三·二九)378页、释㋚为"顶"(卷四五·一四)402页、释㋛为"彰"(卷四六·四)414页、释㋜为"獣"(卷五一·五)496页、释㋝为"曰"(卷五一·八)498页、释㋞为"诖"(卷五三·四)2页、释㋟为"左"(卷五六·五)72页、释㋠为"兴"(卷五八·一六)110页、释㋡为"敷"(卷六〇·一七)143页、释㋢为"攸"(卷六〇·二五)147页、释㋣为"爰"(卷六一·一二)164页、释㋤为"正"(卷六二·四一)191页、释㋥为"往"、释㋦为"后"(卷六四·一六)222页、释㋧为"行"(卷六四·二七)227页、释㋨为"造(艁)"(卷六五·一七)242页、释㋩为"续(赓同)"(卷六八·九)286页、释㋪为"结"(卷六八·一八)290页、释㋫为"尌"(卷六九·一九)311页、释㋬为"练"(卷六九·三六)320页、释㋭为"辟"(卷七四·一九)410页、释㋮为"关"(卷七四·二四)413页、释㋯为"範"(卷七五·三二)436页、释㋰为"蛇"(卷七五·三九)439页、释㋱为"艸"(卷七七·二一)476页、释㋲为"南"(卷八一·一〇)42页、释㋳为"生"(卷八一·二七)51页、释㋴为"采(穗同)"(卷八二·一一)57页、释㋵为"齐"(卷八二·四六)75页、释㋶为"庚"(卷八七·一四)164页、释㋷为"羊"(卷八九·一七)211页、释㋸为"豪"(卷八九·三五)220页、释㋹为"旻"(卷九九·二〇)375页、释㋺为"买"(卷九九·三四)382页等。

引方氏和其他拓本释字正确者,比如:匋(卷二二·三二)465页、𦨶(卷二三·三三)492页、易(卷二四·二)494页、奭(同奭)(卷四七·五二)448

页、臧(卷四九·二六)480 页、曹(卷五一·一三)500 页、吉(卷五一·一六)502 页、右(卷五七·一二)93 页、攻(卷六〇·三七)153 页、紉(卷六九·三六)320 页、(卷七二·二八)373 页、亭(卷七三·二七)393 页、楚(卷八六·三七)156 页、駒(卷九二·二五)263 页、蛻(卷九七·二〇)339 页、贐貝(卷九九·一四)372 页。

有部分字考释非常精彩，今择录如下：

基

别体❒古匋文，刘本。

按：晋元康砖有基作❒者，其所原可知矣，又期古文作❒，与此同例也。(卷一〇·九)223 页

期（䎗萁同）

❒、❒古匋器文，刘本。按丌即丌字，此❒亦丌字之小变者，即与许氏所引相合。(卷二四·一七)501 页

按：上二字所释正确，均引《说文》古文作为例证。

丘（䇢同）

❒古匋器文，刘本。按❒即❒之变省，古音丘丌同部，故丘亦从丌声。(卷一三·一六)279 页

按：此字所释正确，尤其是指出下所从"丌"是声符，更具卓识。

艸（创同）

❒古匋器文，刘本。按《说文》古文奇字仓作❒，《汗简》引作❒，依此即知，❒亦创字也，但❒上作屮，古文屮、艸通用，❒即苍字异文，古苍创同声，故创或从苍声作蒼。(卷二八·二四)78 页

按：此字所释正确，引《说文》古文、《汗简》等传抄古文作为例证，分析形体亦准确。学者在称引此字时，一般认为是汤余惠先生最早释出的，[①]现在看来应是高田忠周先生最早释出。当然，汤先生也是独立释出此字，他写博士论文时并没有看到高田先生的书，此书以前在国内流传很少，难以见到。

怿

❒古陶文，《古籀补》。吴云，❒《说文》所无。

[①] 汤余惠：《略论战国文字形体研究中的几个问题》，载《古文字研究》(第 15 辑)，北京：中华书局，1986 年，第 32 页。

按此篆上形作🅰,为罨之省,周邾公望钟,罨字上形作🅱,古陶文字有作🅲者,亦从巨从羉,而羉之🅳形与此上形甚似,然则此篆为嚣字尤显者也,凡心部字,古文心在于下,小篆移在于左,此为通例,亦当知嚣古文恪字而已……

🅴、🅵亦皆古陶文。吴氏所原也。《说文》目部古文作🅶与此目相合矣。(卷四三·一三)370 页

按:此字所释正确,引金文"羉"字作例证,很能够说明问题。

愚

🅷、古匋器文,刘本。按🅸为誉字古文。此亦从心,此当愚字异文,《说文》:"🅹,趣步愚愚也,从心与声。"字亦作愳,《汉书叙传》"长倩愳愳",注"行步安舒也",又走部,趣训安行也,从走舆声,知是为转注字,其行步曰趣趣,其心所安,亦曰愚愚,愚字实从心趣省声也。(卷四三·二五)376 页

按:高田忠周先生认为"🅸为誉字古文",不一定正确。但他认为此字是"愚字异文"是对的。

顶(颥同)

顶、正臣、䪼古匋器文,刘本。按颐字《说文》所无。此正疑定之省,颐盖颉字也,《尔雅·释言》:"颉,题也。"然《说文》无颉,颉实顶字异文。《说文》:"顶,颠也,从页丁声,或从首作𩠹,籀文作颥。"从鼎声也,古或借定为之,《诗·麟趾》"麟之定"是也,然则定顶合为颉字,又省作颐作䪼。(卷四五·一四)402 页

按:此字高田忠周先生分析形体可从,是较好的一种释法。

束

朿、𣎵、𣎴、𣎷、𣎵皆古匋文,刘本。按《汗简》引责字作𧵑,读责通用,而责上束形,与此篆相合,即知皆束字异文,下形作𣎳者亦象木根,与端字下作𣎳同意。(卷八七·二〇)167 页

嘖(讀同)

嘖、嘖、嘖古匋器文,刘本。匋文亦多见朿、𣎷字,正与此右形同。按诅楚文,迹字从古文作速,其朿形作𣎷,又《汗简》责字作𧵑谓借讀为责也,而责上𣎷形变作𣎴,正与此篆合,作𣎵者羡一笔耳。要𣎷、𣎴皆束字,晚出俗体,唪亦嘖之省文。《说文》:"嘖,大呼也,从口责声。"或从言作讀,假借为积,字亦作𧵑。又讀训让也者,假借为諌也。愚谓,古諌、讀同字,故嘖、唪亦同字也,责让即

大呼之转义耳。(卷四九·一五)474 页

按:由于"朿"的释出,自然从"朿"的字也就可以解决了。

踦

别体⿱⿱古匋器文,刘本。按上■下⿰,合得⿰形,即⿰之异文也,然《说文》无跀字,《玉篇》"跁跀,不肯前",恐亦非古字,盖跀者踦之异文。(卷六二·二)172 页

按:此字从"止","可"声没问题,一般都没有进一步探究到底为何字,高田忠周先生认为是"踦之异文",是较好的一种释法。

赀

⿰、⿰古匋器文二,刘本。按此匕反文,亦赀字也。《古籀补》以为贷字,非是。(卷九九·三八)384 页

按:此字所释正确。学者在称引此字时,一般认为是杨泽生先生最早释出的,[①]现在看来应是高田忠周先生最早释出。当然,杨先生也是独立释出此字的,因为他写此文时并没有看到高田先生的书。

仅从以上数例,我们可以看出高田忠周先生对字形的把握有值得我们借鉴、学习的地方。

有些字可备一说者,如:

峨

⿰古匋器文,刘本。按《说文》:"峨,嵯峨也,从山我声。"我义同声,故蚕字或体作蚁,然则⿰为峨之异文,不容疑焉……(卷一三·八)275 页

佋

⿰、⿰古埒文,《古籀补》。吴释作招,云:"招,乐名也,舜曰大招,招继也,言其德能继尧之道也,字本从酉,后人释酉为音,遂改从音,今经典通作韶,汉儒之误也,说又见韶下。"按此考非是。此从人从招即⿰省,亦佋字异文无疑。《说文》"佋,庙佋穆,父为佋南面,子为穆北面,从人召声"是也,但佋韶同声,古文当通用,元亦当与招邵同用,而古字省文之例,唯当借召为佋矣。(卷三二·三九)165 页

癗(瘤同)

---

① 杨泽生:《古匋文字零释》,载《中国文字》新廿二期,台北:艺文印书馆,1997 年,第 253 页。

㾂 古匋文，刘本。按内古文作㐆、㐄，即囟字，弗疑弓之变，古文矛字，然则此篆为癗无疑，但癗《说文》所无，然《说文》璫字，或作瑢、瓀，巂鬲音通明矣，果然，癗亦癗字无疑，《说文》："㿎，创裂也，从疒巂声。"是也。

㾂 同上，亦刘本。（卷三七·一一）247 页

欯

㿎 古匋器文，刘本。按从疒从咨，甚显明者而《说文》无瘩字，此当欯字异文。（卷四二·一三）356 页

怙

䚹 古匋器文，《古籀补》，吴云："䚹，《说文》所无。"按此亦怙字异文也。（卷四三·二〇）374 页

惷

蠢、惷 古匋文二，刘本。按《说文》："蠢乱也，从心萅声。"萅隶作春，古文亦省作春耳，惷假借为惇，《说文》："一曰厚也。"（卷四四·五）384 页

感

感 古匋器文，《古籀补》。吴云："感，《说文》所无，此疑感之省文。"按变口为日，往往所见《博古》引尹卣、《积古》引齐侯甗咸字皆作感从日，此为最适例也。（卷四四·一二）388 页

昌

㫃 古匋器文，刘本。按㫃即㫃之变。（卷四八·二七）462 页

纫

紉、紉 古匋文，拓本。按从糸从刃，尤明显者，而字书不收，古逸文也。盖刃当字声，吴大澂云从刃断非。（卷六九·三六）320 页

忻

㤅、㤅 㤅 古匋器文。按㤅即忻之异文。（卷四三·七）367 页

訢

别体訢、訢 古匋器文，刘本。按訢明斦字，凡斤声字金文往往作斦，斦亦斤声故也，即知訢亦訢字异文也。（卷五二·二八）523 页

洷

洷 古匋器文，刘本。按从水从武，字形明晰者，而《说文》无之，古字逸文也，赋字为丘名，洷亦疑为水名，从水武声乎？（卷四·四二）120 页

㚇

㪅古匋器文,刘本。按此篆从金从仕,字形明晰,即古文字逸文也,或谓仕者任之省,㪅即铥字,铥见《广雅》。(卷一二·二七)269 页

郡

邟古匋文,刘本。按从尹从邑字形明晰,是郡之省文也,《说文》郡从邑君声,而君字古文省作尹,故郡亦作邟也。(卷二〇·八)413 页

肰

肰、肰、肰古陶器文,刘本。按大即犬之异,此为犬字,下从肉,即肰字异文。(卷四一·三〇)346 页

佝

佝古匋器文,刘本。按合从人从日,人与同意,合亦合字,然则此篆为佝无疑。(卷四三·一七)372 页

以上字虽不能成为定论,但均可备一说。

二、释字有问题者

王颖先生已经指出者,比如:"(角)"误释为"且"(卷一·七)61 页、"(丌)"误释为"亢(頏同)"(卷四〇·一一)316 页、"(生)①"误释为"主"(卷三〇·三〇)122 页、"(正)"误释为"巨"、"(市工)"误释为"墅"(卷一〇·二〇)229 页、"(郭)"误释为"城"(卷一〇·二四)231 页、"(烛)"误释为"照(炤同)"(卷一三·三七)290 页、"(陞)"误释为"降"(卷一五·二三)322 页、"(亲)"误释为"皋"(卷一六·二四)345 页、"("曹"倒文)"误释为"罙"(卷一七·一四)360 页、"(区)"误释为"世"(卷一八·一二)379 页、"(者)"误释为"尚"(卷一八·三三)389 页、"(賖)"误释为"卖、赁"(卷九九·三八)384 页、(卷九九·四〇)385 页、"(夸豪)"误释为"谇"(卷三九·三〇)305 页、"(繇)"误释为"邗"(卷二〇·三二)425 页、"(巷)"误释为"鄻"(卷二〇·三八)428 页等。②

其他误释者还有:

---

① 杨泽生:《古匋文字零释》,载《中国文字》新廿二期,台北:艺文印书馆,1997 年,第 254 页。

② 王颖:《高田忠周〈古籀篇〉陶文研究(1~20 卷)》,安徽大学硕士学位论文,2007 年。

豆

别体 🅐、🅑、🅒、🅓、🅔 亦古匋文,刘本,按匋文多云豆里,或云䇏里,作并豆者疑籀文增繁。(卷二二·二五)461 页

按:此乃"关"字。

匽

🅐、🅑、🅒 古匋文,刘本。(卷三〇·二四)119 页

按:此乃"安"字。

唇

别体 🅐、🅑 古匋器文刘本。此篆剧似启字实殊,今审篆形,启字元从攴,攴从户又,🅐 者半门之形,即作 🅑、🅒,与此作 🅓 自别,而蹍字金文作 🅔,彼 🅕 即振字,从振省声,振辰固通矣,然则此篆亦从口从振省声,唇字异文无疑,《古籀补》释启误。(卷四九·一四)474 页

按:《古籀补》释"启",是正确的。

吴

🅐 古匋器文刘氏本。(卷四九·八)471 页

按:此字乃"𥑐"字。

興(同)

🅐 古匋文,刘本。按下文从 🅑,亦所以起之意也。

🅐 古匋文,文一字,琴归。

按:此字乃"兴"字,非"同"。

戕

🅐 古匋文,刘本。……(卷六〇·二五)147 页

按:此字或释为"悦"。

𠥎(乘兓同)

🅐、🅑 古匋文,刘本。按《说文》古文作 🅒 与此相近,彼下作几,即几案字,此作 🅓,似为古形矣。

🅐 亦古匋文,刘本。……(卷六三·四一)213 页

按:高田忠周先生释"🅐"为"乘"是对的,但"🅑"字当分析为从"力","乘"声,乃"胜"字异体。

齐 🅐 古匋文刘本。(卷八二·四七)75 页

按：此字乃隶作"厽"，在陶文中读为"三"。

赗

👁亦古匋文，上篆之省。刘。按此文极多，当随得收于此下也。（卷九九·一五）372页

戠

👁古匋文，拓本。（卷二六·一八）32页

按：此字当隶作"戠"，释为"贺"。

筲：👁古匋文。（卷八〇·三二）34页

眇：👁古匋文，方氏臧。（卷四七·一九）432页

眉（省同）：👁古匋文，文唯一字，方氏臧器。（卷四七·二九）437页

䍃（䍃同）：👁、👁、👁古匋文，皆依刘本。按亦䍃之变，与䍃作👁者异矣。👁同上。表子里䍃方氏藏匋。（卷七三·三九）399页

按：以上均"得"字。前三形乃"得"字之倒置。

青（岑同）

👁、👁古匋文二，拓本。按静字有从👁者，知此为青字省文。（卷八·二九）195页

按：此字可能是"出"字。

到

👁、👁古匋器文，刘本。下篆即系损缺。（卷九·三九）218页

按：此字当释为"创"。

垔（堙、陋陻同）

👁古匋器文，刘本。按《说文》："垔，塞也，从土西声，古文作👁。"或从自作👁，后人又或作陻，如此篆，陋而亦从又，从栖声也。（卷一〇·三〇）234页

炉

别体👁古匋文，刘本。按上明卢字，下从山，山即火省，古文恒见，然是当炉字，其器，火所居，字从火会意，作炉亦同矣。

茜（茜同）

👁、👁古登文，拓本。文曰藁阳，此地名也。按👁疑棲字……但此字从艸棲声，即茜字之异体。《说文》："👁茅搜也，从艸西声。"字亦变作茜同，而地名无茜，此借茜为西。楚曾矦钟云西阳是也。（卷七八·一一）487页

⬚古匋文。楚詈酉□鄡茜□□䓩山木里。（卷七八·一一）487页

⬚同上，葛圓字异文，方氏。（卷七八·一一）487页

⬚亦古匋器，刘本。（卷七八·一一）487页

⬚亦古匋文，拓本。此篆从棲又从又，又即手也，此从棲又兼从扡，扡即迁字。然上文作⬚亦从扡声也。（卷七八·一一）487页

芦

⬚古匋器文，刘本。……

⬚同上，拓本。（卷七七·二八）479页

⬚、⬚古䍀文。按下为坏文。元当从木作⬚。栗与栗果之栗，同形而自别。栗亦古文西字也。西或从木与巢同意，巢以⬚为鸟，⬚象巢形，栗以⬚为鸟，⬚象巢形，⬚⬚亦同意耳。然后人作棲者，虽不见于许书，其出古文明矣。但此作⬚作⬚，与《说文》作⬚相近，许书今非本真，作⬚抑或有误衍矣。

按：上录诸字中，"⬚"应隶定为"蒚"。⬚旁当隶作"㪁"。详参李家浩先生文。①

銚

⬚古匋器文，刘本。按⬚似火自别，即兆字古文。《说文》作⬚亦同。⬚即⬚之省，⬚亦力字，⬚之小异，然则糊字可知，但《说文》无糊，此必銚之异文……

⬚亦古匋文，按此⬚即田之变也。

⬚亦古匋器文，刘本。按⬚似⬚亦自别，此上形之小变，亦以象筋力状，作⬚其增鯀也，⬚似水而不然，亦⬚之坏文，此与上篆，同意无疑矣。（卷一一·二〇）250页

按：此字或释为"煨"。

㯥

⬚古匋文，刘本。按此字从山从棘甚明，棘借为朁，《说文》醋亦作醬，可证。即知㯥与嶜同……（卷一三·一二）277页

按：此字当径释为"曹"，下部所从并非"山"。

---

① 李家浩：《战国官印考释（二篇）》，载《文物研究》（第7辑），合肥：黄山书社，1991年；《战国籥刀新考》，载《中国钱币论文集》（第3辑），北京：中国金融出版社，1998年。

罞

△古匋文，刘本。按，重复形即冂字，冂冂同意，￥即毛左文，同当罞字古文……（卷一七·二）354 页

按：丁佛言先生认为：㠭，古匋。吴愙斋谓与㠭同。㠭即㠭之变体。①或释为"㿻"。

幠

◇、◇、◇古匋器文，刘本。按《古籀补》为宿字，断非。今审篆形，冂与盂鼎冂市之冂正相符合，此字非从宀，而从冂明矣，因谓，此羿字即幠字异文也。……幠所以覆，故此篆从冂为形，冂与弁同，故亦从△、△即㝅之省，象弁冠也，《说文》㝅冠也，籀文作㝅，又或作㝅、㝅，隶变作弁卞者，是也。又夫即夫之变，夫無古音同部，当用为声，且夫者人也，㝅字从夫，与冕字以儿象所冠人同意也，此篆为幠字，不容疑矣。（卷一七·二六）366 页

按：此字周宝宏先生隶定作"㝅"。②

邎

徝古匋器文，刘本。按疑亦邎字异文。（卷二一·六）434 页

按：此乃"弃"字，详拙文。

国

凷古匋器文，刘本。……（卷二一·三五）449 页

按：此乃"乍"字。

去

杏、杏、杏古匋文。文皆曰，绍杏窑里四字，刘本。按此文义似可读为缶……杏亦古匋器，文云杏城阳里窑尚孝。（卷二二·二）450 页

按：此乃齐文字的"大"字，王献唐、裘锡圭二先生均已论证。

盌

㿻古匋文，盌堂窑里人㽝、按卩即夗省文也。（卷二二·六）452 页

盉

杏、杏、杏古匋文㿻棠匋里，拓本。按上从朩尤明，合人为禾字异文，下从皿

---

① 丁佛言：《说文古籀补补》附 28 上，北京：中国书店，1990 年。
② 周宝宏：《古陶文形体研究》，吉林大学博士论文，1994 年；又北京：社会科学文献出版社，2002 年。

省,亦为盉异文无疑,盉棠即地名,而未考矣。(卷二二・一三)455 页

按:此字乃"孟"字,因陶文不很清楚,导致误摹误释。

𢆉

𢆉古瓦登文,拓本。……(卷二二・二五)461 页

按:此字刘钊先生释"㚇",①正确。

宝(㝚同)

⌘、⌘、⌘、⌘古匋文,曰宝里,刘本。按他器云缶窑里,即知此缶里二字,略文也,要亦窑字宝省文,借用为缶,缶宝互通也。(卷七一・三九)357 页

按:前三字当隶作"坖",从"土","几"声。后一字,汤余惠先生释"百"②,正确。

斤

斤古匋文刘本。按亦斤字也。(卷二六・三一)39 页

按:此字似"大"字。

刅

刅古匋文,拓本。按文唯一字,音义无征,然左从手省形,右从刀,疑刅字省变。(卷二八・一一)72 页

按:此字从"心","刀"声,当释为"忉"。

𢿐

𢿐古匋文,刘本。从幺从攴、字书未见、此疑𢿐字省文,从幺攴意自足。(卷二八・四〇)86 页

按:此字从又持隹,乃"隻"(获)字。

侗

侗古匋文,鄩匋里□,方氏臧器。按侗为大貌,字固当从大,大人同意也。下同。(卷三一・二七)135 页

按:未查到原拓,如果所摹形体不误的话,此字似"家"字。

长(兂长同)

---

① 刘钊:《古文字构形研究》,吉林大学博士学位论文,1991 年。
② 汤余惠:《略论战国文字形体研究中的几个问题》,载《古文字研究》(第 15 辑),北京:中华书局,1986 年,第 13 页。

卡古匋器文刘本。按《说文》长古文作卡,此篆即是,彼下上省一笔。（卷三三·二六）180页

按:此字从"心",上"声",当释为"志"。

瘇(䐱同)

瘇古陶器文,《古籀补》。吴云:"瘇,《说文》所无。"按,古陶文多省略,此当为瘇字,《说文》:"瘇,胫气足肿也,从疒童声,籀文从允作㽍。"童从重,重从东,此作半东与土形耳。一说云,此为瘇字,汉槐里令印,里字作可证矣,然里字钟鼎文皆作里,且此头形作非田字也,瘇即㽍之异文。（卷三七·一〇）247页

按:此字或释为"痹",或认为原拓作"瘖"3·496·1,释"瘰"。均可疑,待考。

痏、古匋器文,刘本。按《说文》有疧无痏,或云疧痏同字,非是。《广雅·释诂一》:"痏,病也。"此别一字,但痏疧音通用。（卷三七·一五）249页

疧古匋器文,刘本。……（卷七三·一四）387页

按:此字当隶作"酒",即"酱"字异体,在陶文中读为"将"。

癝

古匋器文,刘氏本。按从疒从女,字形明晰,而《说文》无之,疑是癝省文……（卷三七·一九）251页

按:此字从"疒"从"女"是对的,未必是"癝省文"。

滴

古匋文。按盖之省变,此篆"滴"字无疑。……（卷四·一）99页

按:此字原拓作" ",应释为"㳄"。

汙

别体古匋器文,刘本。按从水从吁,字形明晰。然汙《说文》所无,汙必污字异文,犹忓或作怃也,但文唯一字,其用义不可知矣。（卷四·一八）108页

按:顾廷龙先生释"河"（《葊录》11·1）。可从。

汤

古匋文,刘本。按汤字最省略者。（卷四·二〇）109页

按:王恩田先生隶作"钖"。① 待考。

在

⼯古匋器文,刘本。(卷一〇·一四)226页

按:此乃"左"字。

金(釜同)

余古匋器文,刘本。(卷一一·三)242页

按:此字原拓作"　",颇疑此字可能是"余"字。

罗

罗古匋器文,刘本。按罗字省也,糸省作⼖,例见线字异文。(卷一七·一四)360页

按:此字原拓作"　"《图录》3·328·5,或释为"瞿"。

囮(圖同)

囮古登文拓本。按登文国字,口形作口,与此相同,口内作匕之省,匕化同声,囮盖囮字也。……(卷一九·二五)406页

按:此释可疑,待考。

郝

郝古瓦彝文,拓本。按邑即邑甚明,又从尹,上作　,　从伐　,合而又省耳,依发字作　之例,　疑为拨异文,拨下曰"治也,从手发声",又尹下曰"治也,从又,丿握事者也",然则,从手从尹,元同意也,但鄴、擲字书所无,依发、旆通用例,此篆当是郝异文,《说文》"　,郝郡,从邑市声"是也,古字省文,唯当以市为之矣。(卷二〇·二九)424页

按:此字张振谦先生隶作"鄴",②更准确一些。

田

田古匋器文。……(卷二一·二)432页

按:此非文字,王恩田先生说:"齐陶文中常见有方框内画三个或四个、五个圆点的符号,是制陶厂家在产品上所作的标记,犹如今天的商标,不是文字。"③可从。

---

① 王恩田:《陶文字典》,济南:齐鲁书社,2007年,第191页。
② 张振谦:《齐系文字研究》,安徽大学博士学位论文,2008年。
③ 王恩田:《齐国陶文地名考》,载《考古与文物》,1996年4期。

罂（甄同）

☒古匋文，句里罂，方氏臧。按《说文》：";罂,小口罂也，从缶㐬声。"㐬作 ☒,例见㐬字,此☒盖㐬异文。㽍亦同罂也,字亦作甄同。(卷二二·三三)465页

按：此字待考。

甘

☒古匋器文,刘本。按☒即其之省,丁即⊐之省,亦与☒同意,与上文似而自别矣。(卷二二·四三)470页

按：此字从"丌","可"声,当隶作"〼"。

昕

别体☒古匋器文,刘本。按从日甚显,☒即斤字,智鼎所字作☒可证,然则此字疑昕字也,但☒形为羡,此以欣为声者,即昕之异文。(卷二三·一六)483页

按：此形体可能是倒置,待考。

旬（旬同）

☒古匋文,刘本。按亦☒之异,移二在上,☒形亦缺左边。

按：此字或释为"晨"。

彭

☒古匋文,蓷圜☒人黏,拓本。按,彭字异文。(卷二五·四)2页

按：疑所摹有误,待考。

䌛

☒古匋文,刘本。按糸作☒,匋文多见,☒即☒之省也。(卷二五·二三)12页

按：此字或释为"奚"。

矜

☒古匋文,刘本。按,矜字坏文,此☒即矛,古文恒见,☒坏为☒也。(二六·四三)45页

按：此字待考。

俅（俅同）

☒古匋文,刘本。(卷三一·一二)128页

按：所摹有误，此字原拓作"▣"，高田忠周先生误将阴文摹作阳文，倒置误释，此字当释为"曷"。

兑

▣古匋文。（卷三四·一九）194页

按：此乃"众"字。

痕

▣古匋器文，刘本。按从疒从贝字形明晰，然《说文》无痕，古字逸文，抑或癞之省，未详矣。（卷三七·一五）249页

按：此陶原拓作"▣"，"贝"应属于"▣"字，左下部所摹也有问题。

痕

▣古匋器文，刘本。按从疒从胃、反厂，肩当厌省，然癞字《说文》所无，古字逸文也，或亦猒、厌之异文，倦厌疲困，所以字或从疒。（卷三七·一六）250页

按：此字或隶作"㾴"、①"癞"，②均待考。

瘠

▣古匋器文，刘本。按从疒从昔，《说文》所无。此必瘠字也。……（卷三七·一八）251页

按：此字应隶作"瘠"。

孀

别体▣古匋器文，刘本。按从人从肉从宀，▣当肎字，肎即隋字，又古文女人两部，往往通用，此当孀字省文。（卷三八·五）269页

按：此字或释为"骱"。③

如

▣古匋器文，刘本。（卷三八·一五）274页

按：此字待考。

魄（愧同）

---

① 何琳仪：《战国古文字典》，北京：中华书局，1998年，第1538页。
② 周进（藏）、周绍良（整理）、李零（分类考释）：《新编全本季木藏陶》0030，北京：中华书局，1998年。
③ 高明、葛英会：《古陶文字征》，北京：中华书局，1991年，第195页。

别体▨古匋文▨里，刘氏拓本。按▨为鬼省，详畋坏斅等字下。然则此篆为愧即为媿，▨即心也，媿里疑为槐里假借。（卷三八·三二）282页

按：此字应释为"毕"。

𠔼（𥅴同）

▨古匋器文，刘本。按匋文众字目形作▨，知此篆▨亦目字，▨亦讹作▨，笔势之过。（卷三九·一一）295页

按：此字或释为"蠱"。

孮

别体▨古匋文，拓本。按铭唯一字，音义无征，然下形正与上文合，上从日为异例，唯孙字或有戴日者，此亦当上文繁矣。（卷四〇·三六）328页

按：此字或释为"员"。

胥

▨、▨、▨、▨、▨古匋文，拓本。……（卷四一·三）333页

按：此字或释为"益"、"洍"。

背

别体▨古匋残器，陈同立事岁▨之，《古籀补》。吴云："疑即瘤之省文，留瘤本一字也，古玉钤▨▨，当即▨之省。"按，此考非是。沉思细考，古文肉字作▨、▨、▨、▨、▨诸形，此田亦当为肉异文，番字从采田，田即兽掌形，又䉵，宗庙火熟肉也，字亦作膰，《左僖·廿四年传》"天子有事膰焉"，即知番字亦当用为肉义。然则此或从番省，而上从▨，当为背字，左又从人，是为偝字，偝亦背异文，见《礼记》及《荀子》，但此偝字假借为倍。《越绝书》："计倪曰，以智论之，以决断之，以道佐之，断长续短，一岁再倍，其次一倍。"此意也，《书·咸有一德》"乃陈戒于德"，又《幽通赋》"又申之以炯戒"，《汉书》注"炯明也"。此文云，陈同立事，意义甚明。（卷四一·八）335页

按：此字应释为"召"。①《陶汇》3·5为"陈向立事岁召之王釜也"。

膍（肶同）

▨古匋文，刘本。按▨即肉，▨即匕，匕比古通用，然此肶即胝显矣，但▨未详，或是百叶形而坏烂文乎，未详姑附之。（卷四一·二三）343页

---

① 徐在国：《古陶文字释丛》，载《古文字研究》（第23辑），北京：中华书局，2002年。

按:此字或释为"觜"。

戙

▨古匋文,楚亳酉□鄝茜□□戙山木里,拓本。

▨、▨、▨古匋文,刘本。又按此篆一文从弋,即象意也,戙字从弋声,弋训伤也,盖兼会意……(卷四一·二八)345页

按:"▨"应释为"胥"。

悊

别体▨古匋文,子▨子里人▨,方氏藏器。按▨反文,▨与虡攸比鼎誓字稍似,此从心哲声,亦悊字繁文也,文意用为里人作器者名,此例甚多。(卷四三·一〇)369页

按:此字待考。

忎

▨古匋文,方氏藏器。(卷四三·三〇)379页

按:此字或释为"忎"。

黎

▨匋文,□蔓圜里人㤿,拓本。按古文禾木通用,此杒当利字,㤿,《说文》所无,疑黎省文。▨、▨同上。《古籀补》。(卷四四·六)385页

按:此字李零先生释为"魝"。

怛(悬同)

▨古匋文,《古籀补》。吴氏云:"古悬字省文。"按吴说为是,师旦鼎旦字作▨与此上形,略合可证矣。(卷四四·一〇)387页

按:此字或释为"曷"。

悑(怖同)

▨、▨古匋文,楚瞀□菓里忾,刘本。按匋文之例。里下一字,疑皆匋工之名,音义无可征者。然今审篆形,左从▨即心字,右从父甚明晳,忾盖怖字也……(卷四四·二〇)392页

按:此字陈介祺先生最早释为"妁"。[1] 李零先生怀疑是"恩(?)"。[2] 张振

---

[1] 陈介祺:《吴愙斋尺牍》7·11上题记,北京:商务印书馆,1938年。

[2] 周进(藏)、周绍良(整理)、李零(分类考释):《新编全本季木藏陶》30·0103,北京:中华书局,1998年。

谦博士释为"妢"。① 我本人倾向于李零先生说。

憗

古逸字🔲、🔲、🔲、🔲古匋器文,刘本。按从心桢省声,古字逸文也。如下文借桢为之,字元从桢声之证。(卷四四·二四)394页

按:此字或释为"巢"。应分析为从"臼","巢"声,释为"槑(镍)"。② 此字可能就是"巢"的异体字,"臼"是加注的义符。

颗

🔲古匋文,刘本。按散氏盘,页字作🔲,此🔲即其省形也,右作🔲即果之省,而象形之恉未失者也,然则此为颗字异文,《说文》:"🔲,小头也,从页果声。"《颜氏家训》"北土通呼物一由",改为一颗,盖本义之一转也。(卷四五·一九)405页

按:此字王恩田先生释为"悍",③是正确的。

唯

别体🔲古匋器文,刘本。按从口从隻,字书所无,亦唯字也。维作雙亦此类,姑附于此。(卷四八·二一)459页

按:此字所摹有误,无所谓的"口",应释为"隻"。

局

🔲、🔲、🔲、🔲古匋文,刘本。(卷四九·二四)479页

按:此字或释为"辰"。

舉(哸同)

🔲古匋器文,刘本。按🔲为肉字。🔲、🔲古通,即知🔲为弅字异文,又从口殊显,然哸字书所无,当古字逸文,但弅备同声,哸或为嗂异文。(卷四九·二七)480页

按:此字或释为"与"。

舎(谣同)

别体🔲古匋文,文唯一字,拓本。按言部字古文从口,为恒见例,又🔲盖

---

① 张振谦:《齐系文字研究》,安徽大学博士学位论文,2008年。
② 徐在国:《古陶文字释丛》,载《古文字研究》(第23辑),北京:中华书局,2002年,第112页。
③ 王恩田:《陶文字典》,济南:齐鲁书社,2007年,第279页。

[图]异文,古匋文胥字,所从肉作[图]亦同,然此名即眢古文无疑矣。(卷五二·二七)523页

按:此字应释为"司"。

计

[图]亦古匋器文,刘本。(卷五二·二九)524页

按:此字应释为"卨"。

迓(迕同)

[图]古匋器文,刘本。按[图]疑[图]之省,于象形却为近,然则此迓字也。(卷五二·三七)528页

微

[图]古登文,[图]豆里,拓本。按与上同,而省人也。

[图]、[图]亦古匋器文,刘本。(卷六四·一〇)219页

按:此字应释为"趣"。

韜

[图]古匋文,方氏。按文一字,[图]即刀,利作[图]可证矣。(卷五九·六)118页

按:此字《陶文图录》3·155·1作"[图]",王恩田先生疑为"亿万"。①待考。

抵

[图]古匋器文,刘本。按[图]即氏字,[图]疑[图]之变,菹字或从[图]作[图],形甚近似,从[图]从手同意,然则此为抵字。(卷五四·一一)31页

按:此字待考。

择

[图]、[图]古匋器文,刘本。按从巨从睪,字形明晢,巨或作[图],例见渠字。此篆《古籀补》释为睪非是,睪训引给也,从巨无谓。巨即矩字,工人所执以为法则者也,然则从巨,与从手意不异,柬择依规矩行之,会意之恉至深矣。矱即从巨睪声也。[图]同上,方氏器,拓本。(卷五四·二四)37页

---

① 王恩田:《陶文图录》,济南:齐鲁书社,2006年,第1007页。

按：此字陈伟武先生释为"中霉"。①

适（䛿同）

䛿古匋器文，拓本。按此适字也。古文彳辵通用恒例，啇为䨐省。（卷六五·一二）239页

按：此字待考。

失

㞢古匋文，刘本。按㞢与半艸之㞢自异，此必手形，又从乙，此古文失字也，手在右为异耳。（卷五五·一四）54页

按：此字左从"人"，右从"又"，非"失"字。

扑（戳同）

戳古匋器文，刘本。按从戈稍明，戳疑戳之坏文，亦为扑字也。

别体戳古匋器文，刘本。按从戳从矢，字形明晰，而字书无之。扑字或作撲，假借双声连言，为形况字者，《西京赋》"流镝摚撲"，盖古亦有此等语，故字或从矢。（卷五五·三三）64页

按：上字应释为"戠"，下字应释为"䜿"。

扞（攼同）

扞古匋文，刘本。按从𠂇从于，𠂇亦手也，此必扞字。（卷五五·四〇）67页

按：此字原拓作"扞"（《图录》3·484·4）、扞（《图录》3·484·5），应释为"育"。

假（叚叚同）

叚古匋文，刘本。按疑亦叚之省文，姑附于此。（卷五六·三四）86页

按：此字原拓作"叚"（《图录》2·11·3），或释为"故"。

革

革古登文刘本。按左似㣺而非，此手之异文也。右形疑之异，亦之变，然则此为撺字，但撺《说文》所无，朱氏骏声云同革……（卷五九·二）116页

按：此字乃"汉"字。

---

① 陈伟武：《〈古陶文字征〉订补》，载《中山大学学报（社科版）》，1995年1期；又载《语言文字学》，1995年12期。

皮

帀、帀古匋文,刘本。按亦皮字象形,丷与上作丷者同,冃与丽字之冃稍似,盖有毛曰皮,去毛曰革,均皆剥取者,故冃从又,革从㐄也,然加手工,革多于皮,革字不可不从㐄,而皮字或省㐄,意可通矣,故知此篆非革字为皮字也。(卷六一·二五)170 页

按:此字待考。

叞(夔同)

▨古登瓦文拓本。……(卷六一·二六)171 页

闢

▨古匋文,刘本。(卷七四·二四)413 页

按:一、三形应隶作"闢",二、四形应隶作"闲",均应释为"间"。

遮

别体▨、▨古匋文二,刘本。按此似上文,而自有异,然亦跙字明矣。但审篆形,▨即歒字,歒从欠辰声,故遮异文从歒省声,与从振同意。(卷六二·一〇)176 页

按:此字乃"㤺"字。

足

▨古匋器文,刘本。按此篆似正自殊,盖亦足之异文。(卷六二·一)171 页

按:此字当释为"正"。

御(馭駴同)

▨、▨、▨古匋文,刘本。按▨即马。

▨古陶器文依拓本。(卷六四·二一)224 页

按:此字释"御",误。字当从李零先生释为"敦"。①

延(綖莚蜒同)

别体▨、▨古匋器文,刘本。按《尔雅·释诂》:"延,进也。"本义之转也,延有往进之义,故字或从▨,▨者延之异文无疑矣。(卷六四·三九)233 页

---

① 周进(藏)、周绍良(整理)、李零(分类考释):《新编全本季木藏陶》68·0242,北京:中华书局,1998 年。

按：此字强运开、汤余惠先生释为"柽"字。①

造（艁）

㣊古陶器文，拓本。按代口以丩，丩周古音同部故也。（卷六五·一五）241页

按：此字乃"遡"字。

述

别体⊠古匋文，宋□，方氏。按《说文》无宋，《玉篇》云"宋，索也"，与求同，此求，为述字借义。（卷六六·一三）255页

按：此字待考。

远（逺同）

㣊古匋文远缗，拓本。（卷六六·二四）261页

按：此字乃"陟"字。

表（襦同）

㣊、㣊古匋器文，刘本。按此表字也，下篆毛移在上为异，《说文》："㣊，上衣也，从衣从毛。"古文作㣊，从麃声也。

㣊亦古匋文，文曰，表子里旱，方氏藏器。（卷六七·四）267页

按：此字从衣（或从衣省），封声，张振谦先生释为"裹"。②

紝（絫同）

㣊古陶文，刘本。按吴氏《古籀补》引云："古紝字，机缕也，从糸从妊，⊙象治丝之器。"此考是，而谓⊙形误矣……此篆上作⊙亦任字，从女者涉妊字，从妊声也，从⊙，⊙亦肉字，肉部多见，此从肉涉肚字，肚即任字，从任声也，此古文之尤繁者也，藻画饰文，以取茂美，不始于籀史可知矣。（卷六八·五）284页

㣊古匋文，蒦圓窯紫，方氏藏器。按⊙即⊙坏文，从糸从肚声，亦紝字异文，任肚皆壬声。（卷六八·六）284页

按：此字乃"缨"字。

绍（紫同）

---

① 汤余惠：《略论战国文字形体研究中的几个问题》，载《古文字研究》（第15辑），北京：中华书局，1986年，第37页。

② 张振谦：《齐系文字研究》，安徽大学博士学位论文，2008年。

▨古匋器文，《古籀补》。▨古瓦登文拓本。（卷六八·一一）287 页

按：此字乃"繇"字，详参曾宪通先生《说繇》一文。①

缅

▨古匋文，远缅，拓本。（卷六八·三七）300 页

按：此字高明、葛英会先生释"缪"字。②

缕

▨古匋器文，刘本。按从糸从罢，罢盖娄字。《说文》娄古文作▨，相似可证。（卷六八·三九）301 页

按：此字待考。

维

别体▨古匋器文，刘本。按从车从隹，字形明晰，然《说文》无辎字，此必维字异文。……（卷六九·一〇）307 页

辍（辗碾同）

▨古匋器文，刘本。（卷七五·三四）437 页

按：此字乃"辎"字，释"辍"，乃从方濬益先生之说。③

緅（繎同）

别体▨、▨、▨古匋器文，刘本。按亦即緅字异文。▨为马首甚明，▨为▨省，▨其象形也。……（卷六九·一一）307 页

按：前二字乃"纑（组）"字，后一字乃"慓"字。④

絅（古逸字）

▨古匋文，刘本。（卷六九·三六）320 页

按：此字乃"绚"字。

宝

▨古登文，刘本。按宀亦▨之变，又从贝，盖宝之省文也。（卷七一·四〇）357 页

---

① 曾宪通：《说繇》，载《古文字研究》（第 10 辑），北京：中华书局，1983 年，第 26～29 页。
② 高明、葛英会：《古陶文字征》，北京：中华书局，1991 年，第 185 页。
③ 方濬益：《缀遗斋彝器款识考释》，北京：商务印书馆，1935 年。
④ 李家浩：《战国官印考释（二篇）》，载《文物研究》（第 7 辑），合肥：黄山书社，1991 年；《战国▨刀新考》，载《中国钱币论文集》（第 3 辑），北京：中国金融出版社，1998 年。

按：此字乃"贲"字。李零先生释"贵"。①

宝

京、東古匋器，文❋窯连言，与他器云宝窯同例，然则此亦宝字异文，所谓古文奇字者乎。（卷七一•四〇）357 页

按：此字乃"东"字。

窯

别体❋、❋、❋、❋、❋、❋古匋文，文皆曰，绍缶窑里，刘本。按皆从缶，又从穴，从宀从广从厂，厂广宀穴同意。窑《说文》无之，当窯异文。……（卷七二•三一）374 页

❋、❋古匋文左❋攻讨，拓本。疑亦上文之省变。（卷七二•三一）374 页

按：此字应释为"匋"。

❋、❋古匋器文。按皆用为窯也，但上文有❋形，或元作❋，穴之异文，从土❋者缶之质也。（卷七二•三一）374 页

按：此字乃"丘"字。

窻

❋古匋文，《古籀补》。吴氏云："窻《说文》所无。"按❋盖❋省，❋❋同意，均皆蔥根象形。❋即悤异文，此疑窻字也。《说文》："❋，通孔也，从穴悤声。"《仓颉解诂》："窻正牖也"。《考工记•匠人》："四旁两夹窻"，注"窻助户为明"。要窻字异文转义，窻即囪，古文作囱，或云此❋亦耳字，此从聪省声亦通。

❋亦古匋文。盖与吴氏大澂所据同，□圞□里人窻。

❋同上。㠅圞窯里人❋，方氏藏器。按上文省略，或云❋反厂字非，此偶涉他耳。（卷七二•三五）376 页

按：此字应释为"窻"。

廑

别体❋古匋器文，《古籀补》。按亦廑字也。此从心懂省也。吴大澂为古窯字非，今正。（卷七三•一四）387 页

按：此字乃"窻"字。

---

① 周进（藏）、周绍良（整理）、李零（分类考释）：《新编全本季木藏陶》192•0697，北京：中华书局，1998 年。

朞

⌘古匋文,刘本。按亦朞字异文耳。(卷七三·三九)399页

按:此字乃"期"字古文,从"日","丌"声。高田忠周先生误以阴文为阳文,导致误释。

俪

⌘古匋器文,刘本。按此篆有缺,元当作俪。(卷三二·一七)154页

按:此字乃"成"字。高田忠周先生误以阴文为阳文,导致误释。

厚(垕同)

⌘古匋器文,拓本。按是上文之省变。(卷七三·四二)401页

按:此字乃"安"字。

薑

⌘古匋文,薑□,拓本。按薑省,与强作弼同例。(卷七七·二五)478页

按:此字乃"薔"字。

蒦

⌘、⌘古匋文,亦蒦圜字,方氏。⌘古登文拓本。按上⌘合下⌘,正得⌘形,此亦从隹从⌘为攫字,即与上文同,可互证矣。(卷七八·五)484页

按:此字乃"蔓"字。

箁

⌘古匋器文,刘本。按从竹从斧,字形明晰者,但字书未见箁字,亦古字逸文也。(卷八〇·三六)36页

按:此字或释为"篸"。

端

⌘、⌘、⌘、⌘、⌘古匋器文,刘本。按亦端字上篆之繁。(卷八三·二四)88页

按:此字应释为"马"。

柟

⌘古匋文,文唯一字,方氏藏。按⌘之从一,为遮止之意,指事也。此篆,上一为羡文,而亦与下一同意,疑上文之繁者,姑附之。(卷八四·四)98页

按:此字原拓作"⌘"3·109·2"⌘"3·108·6,应释为"楠"。

棠

第三编 陶　文

❋、❋古匋文，刘本。（卷八四・七）99 页

堂

别体❋古匋文，盌堂窑里人鋞，拓本。按❋止同意。（卷六二・一九）180 页

按：此字应从杨泽生先生释为"常"。①

枀

❋古匋文。□枀有左窑丞一，拓本。按省文也。（卷八四・三五）113 页

按：此字待考。

橐

❋古登文，刘本。按❋即章字，古多借为龙字，盖音通也。❋即童之省，亦与龙音相通，又❋与❋似而小异，盖❋之异形，龙字之❋是也，然则❋亦龙字异文。下形作❋，与卤作❋相近，然此❋疑与囧同意。《说文》："❋房室之疐也，从木龙声。"此作❋者，象帘橐疏明也。古人云，橐栊二字通用，栊训牢也，与橐音同而义迥别矣。愚谓不然，古文上声下形，与旁声旁形，无有分别，橐栊同字，犹植橐樑柔之类也，盖谓栊槛义假借为牢也。古音攻窨通用，栊牢亦可通矣。（卷八五・一〇）123 页

按：此字从"卤"，"歕"声，隶作"籠"。

榾

❋古匋文，刘本。（卷八五・一二）124 页

按：何琳仪、李零先生均隶作"责"。②

槩

别体❋古匋器文，刘本。按槩者，平量者也，凡盛谷于量者，以槩子戛摩之，以取均平也。今见此篆，❋甚似量形，一以象槩子，与上文同。此亦古初象形，后变为形声之例耳。（卷八五・二一）128 页

按：此字何琳仪先生释"其"。③

---

① 杨泽生：《古匋文字零释》，载《中国文字》新廿二期，台北：艺文印书馆，1997 年，第 254 页。

② 何琳仪：《战国古文字典》；周进（藏）、周绍良（整理）、李零（分类考释）：《新编全本季木藏陶》190・0690、191・0692、191・0694，北京：中华书局，1998 年。

③ 何琳仪：《战国古文字典》，北京：中华书局，1998 年，第 26 页。

櫃（䙴同）

■古匋文，刘本。按■即酉之小变，■即两之省，此䙴省略文也。（卷八六·一八）146 页

按：此字乃"巷"字，从李学勤先生释。①

樫

■、■古匋文，拓本。按■即竖字，又见金文，此从木作樫，字书所无，此亦逸文也。或谓，竖豆音通，樫亦桓异文，未详。

按：此字李家浩先生释为"橿"。② 参前文。

成

■古登文，拓本。按似戎字而少异，亦成作■之变，元借为城，省文假借之恒例耳。（卷八七·九）162 页

按：此字应释为"戎"。

棘

■古登文，刘本。按■亦■之异形。（卷八七·二一）168 页

按：此字应释为"朿"。

枣（棗同）

■古匋文，刘本。按■即弓，■疑爪，亦枣字。（八八·四六）202 页

按：此字待考。

豕

■古匋文，刘本。按畜形无角，是必豕字异文。姑附于此。（卷八九·二五）

按：此字应释为"众"。

㹤

■古匋文，缶蕹圜里窑㹤，拓本。（卷九〇·三）223 页

按：此字待考。

獢

■古陶器文，刘本。按■者■之省，■亦番之省，此獢字也，《说文》："獢犬

---

① 李学勤：《秦封泥与齐陶文中的"巷"字》，载《陕西历史博物馆馆刊》（第 8 辑），西安：三秦出版社，2001 年，第 24～26 页。

② 李家浩：《九店楚简》，北京：中华书局，2000 年，第 130 页。

斗声,从犬番声。"(卷九〇·九)226 页

按:此字重新著录于《古陶文汇编》3.1355,待考。

狢

🐾古匋文貉一字,拓本。(卷九〇·二四)234 页

按:此字待考。

虍

古匋文,虜字所从。(卷九一·一〇)242 页

按:与此旁相近的,肖毅先生在《释虍》一文中也认为是"虍"旁,① 我们则认为是"身"旁。

䰠

、古匋器文,《古籀补》吴云:"《说文》所无。或释窻。"按窻从穴,此与作门别,门非宀又非穴也。愚谓此䰠字异文。(卷九三·二八)280 页

按:此字待考。

触(觕同)

、古匋文,拓本。按下从蜀尤显然,上作 作 角省变,此触字,上形下声耳。(卷九三·三〇)281 页

按:此字或释为"蜀"。(《战典》379 页)

羿(古逸字)

、羿古匋文,刘本。按从羽从方明晢者。然字书无羿字。此为古字逸文也。(卷九六·二五)327 页

按:此字乃"翏"字。

赂

古匋器文刘本。按似同非,盖各字也。元当作,运笔小异耳。(卷九九·一一)370 页

按:此字乃"昫"字。

槛

拓本。(卷八六·二五)150 页

亦古匋文,拓文,字正同上。(卷八六·二五)150 页

---

① 肖毅:《释虍》,载《古文字研究》(第 24 辑),北京:中华书局,2002 年,第 319~322 页。

按：此字应从王襄先生释为"棋"字。①

賵（凤同）

🔲古匋文。按冂即月省，月冒通用字。又从贝，此为经传賵字无疑矣。（卷九九·一六）373页

按：此字待考。

貤（貤同）

🔲貤曹匋文，方氏藏。……然此文曰"貤曹"者，盖掌品物贮积之官。（卷九九·一九）374页

按：汤余惠先生释为"齎"字，②可从。

负

🔲古匋器文刘本。按《古籀补》引🔲字，释作貟。愚谓未详。今见此篆，彼亦同字，吴有写误耳，因审篆形，🔲似倒匕，实亦𠤎字变文，此负字也。

🔲又古匋文，《古籀补》。按此篆若不误者，此上从二人相合。（卷九九·二三）376页

按：此字原拓作"🔲、🔲"《图录》3·161·6，或释为"貤"。李零先生怀疑是"贩"。③

鳢

🔲古匋器文，刘本。按🔲即豊字象形，𠆢亦象其有盖。犹豆字作豆有盖，作豆无盖，均是同意耳。但此篆从🔲，🔲即虫字，而《说文》无蠮字，蠮疑鳢异文。鱼水虫也，虫鱼可通。或云，古言，鳢者它所变也。然则🔲亦为它字，未可知矣。《说文》："鳢，鳠也，从鱼豊声。"（卷一〇〇·一〇）394页

翩

🔲古匋文，刘本。按此鬲字而下有羑形，疑翩之异体也。《说文》："翩，羽茎也，从羽鬲声。"此篆鬲下作🔲者，以象羽茎也，或与鬲通。《史记·楚世家》索隐"空足曰翩"是也。（卷九六·二二）326页

---

① 王襄：《古陶今释》（1947年），载《王襄著作选集》，天津：天津古籍出版社，2005年，第1121页。

② 汤余惠：《战国文字考释（五则）》，载《古文字研究》（第10辑），北京：中华书局，1983年，第283页。

③ 周进（藏）、周绍良（整理）、李零（分类考释）：《新编全本季木藏陶》185·0670，北京：中华书局，1998年。

按：二字原拓作"㘩"(《图录》3·322·5)、㿟(《图录》3·322·2)，高明、葛英会先生认为此字从皿九声，隶作"盃"，疑亦"簋"字。

三、摹写错误

王颖先生指出了部分字的摹写错误，如：㗊(晶)应为㗊(膼)(6页)、㱿(涪)应为㱿(眨)、(11页)㘠(固)应为(囲)、(36页)㻇(环)应为㻇(瑿)等。①

还指出了一字由于误摹分列两处，如：

丘(㐀同)：㐅古匋器文，刘本。按㐀即丘字，此㐅明为北字，即知亦丘异文。(卷一三·一六)279页

岱㐅古匋器文，刘本。……(卷一三·二)272页

两字当为一字，下形乃误摹。②

其他误摹之处有：

璧

㿟古匋器文，刘本。按广即厂之变形而上横兼亍之上一，又从辛从玉，是璧之异。(卷七·七)168页

按：此字原拓作"㿟"(《图录》3·77·1)，或释为"瑗"。

讨

㿟古匋文。左窯攻讨，拓本。(卷五三·二六)13页

按：此字原拓作"㿟"(《图录》4·7·1)、"㿟"(《图录》4·1·1)，或释为"敢"。

覃(覃覃同)

㿟匋文，左㿟，方氏。按亦㿟省文。姑附之，疑与醰通。(卷七三·四一)400页

汤

㿟亦古匋文，刘本。按上篆之小变者，丿即羡形，疑系质疵。(卷一六·二四)345页

---

① 王颖：《高田忠周〈古籀篇〉陶文研究(1～20卷)》，安徽大学硕士学位论文，2007年。
② 王颖：《高田忠周〈古籀篇〉陶文研究(1～20卷)》，安徽大学硕士学位论文，2007年。

按:二形原拓作"▨"(《图录》5·23·3)、"▨"(《图录》3·559·5),当释为"触"。

都

▨古匋器文,刘本。按亦都之省文。(卷二〇·九)414页

按:此字原拓作"▨"(《图录》3·499·4),当释为"诂"。

欠

▨古匋文,刘本。按此明㱃字,古文作▨者。(卷三五·一)204页

按:查《铁云藏陶》无此陶文,疑为"兄"字。

虫

▨古匋器文。文曰豆里▨,刘本。按匋文,凡某里下一字,疑匋工名。……(卷九七·一)330页

按:此字原拓作"▨"(《图录》2·494·2豆里土),当释为"土"。

辟

▨古匋文,□里▨,三字,拓本。按盖亦上文省,姑附之。(卷四八·二四)461页

按:此字原拓作"▨"(《图录》2·279·1),王恩田先生释为"薛"。①

攻

▨古匋文,窑攻,拓本。(卷六〇·三七)153页

按:此字原拓作"▨"(《图录》3·77·1),摹写时误增一小点。

瘨

▨古匋器文,刘本。按从疒缜,盖瘨异文。《说文》:"瘨,病也,从疒㒼声。"(卷三七·四)244页

按:此字原拓作"▨"(《图录》3·367·4),或释为"癰"。

镫

▨古匋器文,刘本。按上形,即非豊非丰,亦与豆同意乎,▨形似舟亦非,此镫象形,▨亦镫字也,上从豆,形已足矣,又作▨形者,以专示其义也,作者用义之处,可察见义,虡字从鼎虍声,形声字,而最古文即象形作▨,亦与此▨字象形,正是一例也。又按此文是瓦豆铭,他器皆唯作▨,而毛氏所谓瓦

---

① 王恩田:《陶文字典》,济南:齐鲁书社,2007年,第12页。

曰登者,是也,亦知登、镫同字,而统言亦豆也,要今得此篆,当证愚说可分析 ▨▨▨ 三形之理,此篆可贵矣。(卷一一·二二)251 页

按:此字原拓作"▨"(《图录》3·44·1),应释为"喜"。

燹

▨古匋文。子▨子里人悉,方氏藏品。按 ▨ 即火,▨ 盖夆省变文,此烽即燹字也。……(卷一三·四二)292 页

按:此字原拓作"▨"(《图录》2·543·1),应是"裹"字。

耆(同)

▨古匋器文刘本。按亦▨字之异。(卷三三·一四)174 页

按:此字原拓作"▨"(《图录》2·144·3),何琳仪先生释"耆"。① 或释"戠"。

祭

▨亦古匋器文,刘本。按下篆从才取声。(卷九·一六)207 页

按:"从才取声",误。▨ 当是泐画。

枈

▨古匋器文,刘本。按从木从▨,▨疑非之省形,《说文》:"▨,辅也,从木非声。"假借为非,或为匪字。(卷八五·三六)136 页

按:此字原拓作"▨",从木、行声,释为"桁"。由于"行"的上部左右笔画不清,所以导致误释。

陨

▨古匋文,刘本。按左文也。(卷一五·二九)325 页

按:此字原拓应作"▨"(《图录》2·305·2),或释为"簋"。

囲

▨古匋文,刘本。按此疑圃字省文,即囗中从倒文甫字,用即甫字省形,然则囲讹作囲者,晚周已有之,其误非始自李赵辈也。(卷一九·一八)403 页

按:此字当释为"市",摹写时误将边框当做笔画,导致误释。

陛(阯同)

---

① 何琳仪:《战国古文字典》,北京:中华书局,1998 年,第 584 页。

▨古匋器文,刘本。按,此篆从𦣞从屁,屁《说文》所无,但见《广韵》,后出俗字,此篆所从屁字,当为仳之异文,古字人尸通用也,然《说文》亦无陒字,此必陒字或体……(卷一五·三三)327 页

按:此字原拓作"▨"(《图录》3·390·6),当释为"疪"。

或将一字误摹为两字或三字,或摹漏偏旁者,如:

立

▨古匋文,刘本。(卷三九·三四)307 页

按:此字原拓作"▨"(《图录》3·384·2),当释为"誙"。

鼻

▨、▨古匋器文,刘本。按自古文作▨,▨亦其增繁,此鼻字异文也。

按:此字原拓作"▨"(《图录》3·325·5)、▨(《图录》3·325·6)、▨(《图录》3·656·4),当释为"劓"。

涅

▨古匋文,刘本。按从土从日、字形甚明。《字林》有"捏"字,《广雅》有"誈"字,古当有呈字而《说文》无之。呈必涅之省文。《方言》:"埕,下也。"亦呈之复繁者,下也,涅字之转义耳,附之。(卷三·一六)95 页

按:此字原拓作"▨",王恩田先生疑为"亿万",参前。

非

▨古匋文,刘本。(卷九六·一一)320 页

孛

▨古匋文,刘本。(卷八一·九)42 页

按:此字原拓作"▨"、"▨"(《图录》3·327·1、3·327·5),应是"芈"字。黄德宽先生释为"孛",周宝宏先生认为可从。①

八

▨古匋文,刘本。(卷一八·二九)387 页

月

▨▨古匋器,文曰八月二,刘本。按如此二文,殆与月字象形不

---

① 黄德宽:《释楚系文字中的▨》,第九届古文字学术研讨会论文(南京),1992 年;周宝宏:《古陶文形体研究》,吉林大学博士学位论文,1994 年;又北京:社会科学文献出版社,2002 年。

按：此字原拓作"㊕"3·212·1,是一字,乃"公"字。

鱼

㊣古瓦登文,拓本。按鱼字也,登多记地名。疑此假借为鲁字,鲁鱼音通。

按：此字原拓作"㊕",当释为"鲑"。

或将两字或三字误摹为一字者,如：

纺

别体㊕古匋文,文唯一字,琴归。按此纺繁文,从"㊉"以象纺束,与束字同意也。唯字又从豆,其意未详,存疑云。(卷六八·八)285页

按：此乃三字,当释为"豆里绕"。

贾

㊕古匋文,昝章㊕葛里贾,方氏藏器。按此里贾合文,里下之横笔,暗兼贾上横笔也,凡古文合形者,往往有此例也。今存其元形,便参观耳。或云,两训覆也,从门,上下覆之,元当作凹,此篆为正……(卷九九·三二)381页

按：此乃两个字,当释为"里贾"。

晞

㊕古匋器文,刘本。按此篆从日明晰。下亦从巾,此疑晞字异文,《说文》："㊕日干也,从日希声。"许氏书遗希字,希古文绤字,希为布之粗者,故㊕以象其目即象形也,此篆作㊕与㊕同意,㊕为爻之古形,例见教字爽字,故㊕定为晞字也,古字省文假借之例,唯当以希为之矣。(卷二三·三〇)490—491页

按：此乃两个字,当释为"豆里"。

或摹写倒置,如：

艾

㊕、㊕古匋文二,拓本。按古艾字也。《说文》："㊕,冰台也,从艸乂声。"又乂下曰"芟草也,从丿相交"……此篆依草之繁形,即"㊕"与"㊕"同意,而茎枝叶根皆在焉,唯交互者,以为乂字,是字为象形,声亦兼具之例也。……(卷七八·一二)488页

按：此字高田忠周先生倒置,葛英会先生释"衰",[①]学者多从之。

---

① 葛英会:《古陶文释丛》,载《文物季刊》,1992年3期。

雕

▨古匋器文,刘本。按亦雕之变形也。周字从"用",而金文往往作"用",与此篆同。周恒借为𩵋字,𩵋义匦也,故此篆"用"下从▨,亦省"彡"作"彡",要晚作俗体勿仿可矣。……(卷四六·四)414 页

按:此字所摹倒置,原拓作"▨",或释为"及"。

眔

▨古匋器文,刘本。按依上文钟铭,▨亦目变形,下亦⺊之繁文无疑矣,要如此篆下形,尾毛形象,宛然可见,如隶字,其下形正文,当如此耳。(卷四七·九)427 页

按:此字所摹倒置,或释为"朔"。

者

别体▨、▨古匋器文,刘本。按▨即卤字也,古借▨为鲁,《左传》有证,鲁实卤字假借,然则▨字从卤取声,不可为异。(卷四七·四八)446 页

按:此字所摹倒置,我曾释为"畐"。①

絩

▨古匋文,刘本。按▨即古文糸字,▨盖▨字,▨、▨同字。然则此为絩字也。《说文》:"絩,绮缕之数也,从糸兆声。汉律曰,绮丝数谓之絩,布谓之总,绶组谓之首。"盖绮文缯也,此篆作▨,以象绮丝。(卷六八·二二)292 页

按:此字《铁云藏匋》②倒置,所以误摹,原拓作"▨",张振谦先生隶作"鄝"。

空

▨古匋文,文唯一字,琴归。按上穴字异势,下从工,工或作▨,彡与▨皆同意,▨或亦▨省略文。(卷七二·三五)376 页

按:此乃"▨"之倒置,当释为"忌"。

米

▨古匋器文,刘本。按粱字所从米形,与此略似,此米字古文也,▨为茎叶,▨象米粒在采头也。(卷八三·二)77 页

---

① 徐在国:《古陶文字释丛》,载《古文字研究》(第 23 辑),北京:中华书局,2002 年,第 108 页。

② 刘鹗:《铁云藏匋》,载《刘鹗集》下,长春:吉林文史出版社,2007 年,第 215~286 页。

按：此字所摹倒置，原拓作"▨"，乃"者"字。

鱄

▨古匋器文，刘本。按此篆剥蚀残损，然审字形，从女明晢。▨即古文叀字，右形元必作▨，▨即专字，然则此得嫥形，而左形作▨，鱼字坏烂文而省尾形者也，然则此当鱄字。……（卷一〇〇·七）392页

按：此字《铁云藏匋》倒置，所以误摹，原拓作"▨"，乃"纰（组）"字。

以上我们从释字正确者、释字有问题者、摹写错误三个方面，对《古籀篇》所录陶文做了较为详尽的分析，得出的结论如下：高田忠周先生注重陶文资料的搜集，大部分陶文的摹写可信。部分陶文的考释相当精彩，值得称道。当然，其释字、摹写均存在不少问题，我们不必苛求。

《读古陶文记》笺证①

李学勤先生在《山东陶文的发现和著录》一文中曾说:"吴氏(引者按:指吴大澂)与簠斋交好,得以早睹陈氏收集的陶文拓本。光绪三年(公元1877年)旧历十月,吴氏著《古陶文字释》四卷,传说吴云曾为他刊行,然而未见留传。五年后,他又著成《读古陶文记》一卷,是现存最早的一种关于陶文的专著。"②

《读古陶文记》是吴大澂在光绪八年壬午(1882年)七月从古肃慎防所寄给陈介祺先生的。他说:"承惠古陶拓,暇时读之,择其偏旁显著者,多已采入《说文古籀补》,附于各部之末,亦不强释。其奇字别为附录一卷,并彝器中不可识字,汇而存之,以俟后之好古者考正焉。《读古陶文记》一卷,计七叶,寄呈教正。"③

陈介祺先生是在当年九月二十二日收到。④ 收到后,陈氏阅读,并作了题记,陈氏题记或在页上,或在陶文摹本旁,或在吴氏释文末,笔迹与吴氏不同,容易辨认。

《读古陶文记》共7页,战国齐陶文占5页,汉代陶文占2页。吴氏未用原拓,全部是摹本。原文是竖写,我们改为横排。为不失真,我们将吴氏原文

---

① 原载《出土文献与传世典籍的诠释——纪念谭朴森先生逝世两周年国际学术研讨会论文集》,上海:上海古籍出版社,2010年。
② 李学勤:《山东陶文的发现和著录》,载《齐鲁学刊》,1982年5期;又载《缀古集》,上海:上海古籍出版社,1998年,第145页。
③ 谢国桢编、吴大澂著:《吴愙斋尺牍》,台北:文史哲出版社,1983年6月影印。陈介祺著、陈继揆整理:《簠斋论陶》,北京:文物出版社,2004年,第65页。
④ 陈介祺著、陈继揆整理:《簠斋论陶》,北京:文物出版社,2004年,第65页。

扫描剪切。我们主要是对战国陶文略作疏证,对陈氏的题记也一并疏证。按《读古陶文记》顺序,先录原文,后加按语。不当之处,还请专家指正。

㿝非塙,疑即甾字,见《说文》。棋,疑棋字,自是里名。淖即朝,人名。古文潮、朝为一字。(《尺牍》7·9下记)

㪅,亦淖之异文。(《尺牍》7·9下记)

陈介祺　㿝,仍宜入土部。(《尺牍》7·9下记)

按:此陶原拓可参王恩田先生《陶文图录》2·410·1—2·411·4。① 首字,吴氏认为"非塙,疑即甾字",误。陈氏认为"宜入土部"是对的。此字释为"塙",没问题。吴氏释"棋"、释"淖即朝",均为卓识。关于"棋"字,汤余惠先生曾从字形上详论之,② 可参。

戠圜之豆。戠当即贯。(《尺牍》7·9下记)

陈介祺　圜即易、阳。(《尺牍》7·9下记)

按:此陶原拓可参王恩田先生《陶文图录》2·599·1—4,作:

《图录》2·599·1 城阳土豆　《图录》2·599·3 城阳土豆

对照原拓可以发现,第一、第三字吴氏所摹均不准确。第一字隶定、释文均误,学者多释为"城"。第三字释"土"。

此亦三代文,惜下一字残缺,末一字疑釜。(《尺牍》7·9下记)

"䵾"当即韠字,古陶文多"章"字,知即"章"之省文也。"圂",当即造字。毛公鼎作"造",颂毁作"造",此省"告"为"古",省"月"为"丰"。(《尺牍》7·9下记)

陈介祺　余谓戋即戈,是国字。国,人名。(《尺牍》7·9下记)

按:首字吴氏释"城",是对的。最后一字释"造"、"国"均误,此字当释为"固"。

文至精。郭,当释郭。粦,异文甚多,皆鄩字。鄩与䵾、䵾、鄩、

---

① 王恩田:《陶文图录》,济南:齐鲁书社,2006年,第2591页。
② 汤余惠:《略论战国文字形体研究中的几个问题》,载《古文字研究》(第15辑),北京:中华书局,1986年,第51页。

⿴、⿳等字同。(《尺牍》7·9下记)

陈介祺　▢,新。(《尺牍》7·9下记)

按:此陶原拓可参王恩田先生《陶文图录》2·313·1—2·313·4,第三字释"郭",是对的。第四字,详下条按语。最末一字摹写有误,当作"▢",学者多释为"㔾"。"▢"应释为"匋",读为"陶"。下所释"窑"字均应改释为"匋",不再另注。

▢▢▢▢▢ 观此则知▢、▢皆罨字,小篆变作▢。▢,当系六国时里巷之名,故从邑从行。(《尺牍》7·9下记)

陈介祺　▢行、辵通,即迁。▢,古钵文。(《尺牍》7·9下记)

陈介祺　丘,营邱,营邱人迁□里▢(得)名所作。(《尺牍》7·9下记)

按:"▢"字,吴氏最早释"罨",陈氏释"迁",方濬益谓"乡"字之异文,后学者多从之。① 最新的释读是李学勤先生,他认为此字是"巷"字的另一个写法。② 陈氏释"▢"为"得",正确。但认为"丘"是营邱,则不对。

▢▢▢▢▢▢《说文》▢,烧瓦灶也,六国时作▢,从穴,从缶。末一字,人名。(《尺牍》7·9下记)

陈介祺　太公和釜有▢字,是古钧字。垔见《说文》,此或是古均字,亦从旬。(《尺牍》7·9下记)

陈介祺　▢,棠。(《尺牍》7·9下记)

按:此陶原拓可参王恩田先生《陶文图录》2·549·4。▢《陶文字典》序号误作2·594·4,336页释"埫"。陈氏认为"此或是古均字,亦从旬",我们认为是正确的。

▢▢▢▢▢▢ 人名,多不可识。此迂字甚显。(《尺牍》7·10上记)

按:最后一字学者多释为"趣",可从。

▢▢▢▢▢ 首一字亦窑字。(《尺牍》7·10上记)

陈介祺　咸,臧丕字。(《尺牍》7·10上记)

按:首字应释"匋"。第三字陈氏释"臧",可从。

---

① 高明:《从临淄陶文看衢里制陶业》,载《古文字研究》(第19辑),北京:中华书局,1992年,第305～306页。

② 李学勤:《秦封泥与齐陶文中的"巷"字》,《陕西历史博物馆馆刊》(第8辑),西安:三秦出版社,2001年,第24～26页。

▨▨▨▨窑里。(《尺牍》7·10上记)

按:此陶原拓待查。

▨▨▨▨▨▨首一字似齐,或是栾,俱未可定。末二字当是▨▨。(《尺牍》7·10上记)

▨▨▨▨▨(《尺牍》7·10上记)

按:此陶原拓可参王恩田先生《陶文图录》3·3·1—3·3·4、3·4·1—3·4·4。首字原拓作"▨",吴氏摹误,字当释为"邙"。最后两个字是"饮器",是对的。

▨▨▨当即ㄙ字,疑古文公字,本作▽,反▽为△。(《尺牍》7·10上记)

按:此陶原拓可参王恩田先生《陶文图录》3·5·2—3·5·4。吴氏释"▽"为"公",误。多释为"ㄙ"。也有可能"▨"为一字,是"司",加注"ㄙ"声。

▨▨▨▨▨▨▨▨王卒左敀▨圖荐里王。《说文》敀下引《周书》"常敀常任",古钵文右敀,此云左敀。(《尺牍》7·10上记)

陈介祺 ▨,伯。▨,余疑同坯。(《尺牍》7·10上记)

按:第五字释"城",不确,待考。第七字释"荐",误。当隶作"櫰"。第四字释"敀"最为常见,朱德熙先生释"殷",读为"廪"。孙敬明先生赞同朱先生之释,但读"殷"为"轨"。① 还有其他说法,不一一称引。我们赞同朱、孙先生之说。

最后一字陈氏认为"坯",不确。字当是从"土","几"声。

▨▨▨▨▨▨▨平陆陈导丕▨王釜。丕下一字甚奇,疑祭字。(《尺牍》7·10上记)

陈介祺 ▨,似陵,从土。(《尺牍》7·10上记)

陈介祺 ▨,余曰似宛丘,▨,或齐。(《尺牍》7·10上记)

按:第二字陈氏释"陵",颇具卓识。吴氏释"陆",误。▨,吴氏、陈氏所释,均误。我们释为"强"。

▨▨▨▨▨

---

① 朱德熙:《战国文字中所见有关廪的资料》,原载国际中国古文字学研讨会《古文字学论集》(香港,1983年),后收入《朱德熙古文字论集》,第157~162页;孙敬明:《齐陶新探》,载《古文字研究》(第14辑),第224~229页。

🔲,人名。疑即昂。(《尺牍》7·10 上记)

陈介祺　🔲,从月从卯。(《尺牍》7·10 上记)

按:最后一字,吴氏、陈氏所释,均误。字当释为"夤"。

🔲🔲🔲🔲🔲末一字当亦人名。🔲字不可识。(《尺牍》7·10 上记)

按:第二字原拓作"🔲"(《陶文图录》2·535·3 子袭子里曰匚乘),丁佛言先生释为"袭(缝)"。①

🔲🔲🔲人名,似睇字,《说文》所无。或释晀。(《尺牍》7·10 上记)

按:此字陈介祺先生释"晀",可从。

🔲🔲🔲🔲🔲,人名。(《尺牍》7·10 下记)

按:此陶原拓可参王恩田先生《陶文图录》2·414·1—4、2·415·1—4、2·416·1—4。最后一字原拓作"🔲"(2·416·1),吴氏摹漏"月"旁,字当释为"膃"。

🔲🔲🔲🔲🔲疾卜。弟三字有缺,🔲似二字。(《尺牍》7·10 下记)

陈介祺　豆里犹窑里,作豆之地。(《尺牍》7·10 下记)

🔲🔲🔲🔲🔲

🔲,不可识。(《尺牍》7·10 下记)

按:此陶原拓可参王恩田先生《陶文图录》2·438·1—2·438·4,作:

🔲(2·438·1)

🔲,吴氏释"疾",完全正确。🔲、🔲二字,多被割裂,故关于二字的考释,详见另文。

🔲🔲🔲🔲🔲右敀命录㝎思里。末二字不可识。🔲,疑即堂。🔲与古钵🔲字同。(《尺牍》7·10 下记)

按:此陶原拓可参王恩田先生《陶文图录》2·48·1—4。第三字吴氏释"命",待考。第四字释"录",误。此即吴氏释"畧"之字。第六字吴氏释"思",误。此字应释为"毕"。

🔲🔲🔲㝸,人名。🔲,见齐刀背文。(《尺牍》7·10 下记)

按:此陶应释为"昌里㝸"。

🔲🔲🔲🔲🔲子漆子里然。漆字从心,异文。(《尺牍》7·10 下记)

---

① 丁佛言:《说文古籀补补》13、2 下,北京:中国书店,1990 年。

按：此陶原拓可参王恩田先生《陶文图录》2·547·4"子滐子里朕"。第二字吴氏释"漆"，误。应释为"滐"。

▨▨上两个字即▨、▨之省。隻，人名。（《尺牍》7·10下记）

按：吴氏将前二字与"高闾"联系起来是对的，但认为"闾"为"闬"之省，则不确。"闾"字从"门"，"疋"声，"闾"字异体。

▨▨▨▨首一字似楚亯二字合文，当系▨字剚误。（《尺牍》7·10下记）

陈介祺　后楚郭可证。（《尺牍》7·10下记）

按：此陶原拓可参王恩田先生《陶文图录》2·565·1—4、2·566·1—4、2·567·1—4、2·568·1—4。首字吴氏认为是"城"字剚误，是对的。第三字原拓作"▨"，吴氏漏摹了"又"旁。

▨▨▨豆里膚。（《尺牍》7·10下记）

按：最后一字是"固"字。参前条。

▨▨▨▨▨（《尺牍》7·10下记）

▨▨▨▨▨

▨，前释作亯，未确，当释章。（《尺牍》7·11上记）

陈介祺　▨妁见《说文》。（《尺牍》7·11上记）

按：第二字释"章"是对的。最后一字，李零先生怀疑是"怠（?）"。① 张振谦博士释为"妁"。② 我本人倾向于李零先生说。

▨▨▨▨▨陈惎左敀亳釜。▨与▨同，亦见古陶文。（《尺牍》7·11上记）

按：第二字释"惎"，误。学者释为"𢙺"，是对的。

▨▨▨▨□右敀均亳釜。首一字当是陈。（《尺牍》7·11上记）

▨▨▨▨▨丘齐□里邿含心。第三字当是辛。（《尺牍》7·11上记）

按：吴氏释文是正确的，可从。

▨▨▨▨▨绍罾含窑里逌。▨，当即旨。▨与▨字同，《说文》云古文绍从邵。（《尺牍》7·11上记）

按：首字吴氏释"绍"，误。字当释"繇"，详参曾宪通先生《说繇》。③ 最后

---

① 周进（藏）、周绍良（整理）、李零（分类考释）：《新编全本季木藏陶》30·0103，北京：中华书局1998年。
② 张振谦：《齐系文字研究》，安徽大学博士学位论文，2008年。
③ 曾宪通：《说繇》，载《古文字研究》（第10辑），北京：中华书局，1983年，第23～36页。

一字释"逌",误,当释为"适"。

▢▢▢▢

▢▢▢▢▢

▢当是中字。贞、渐皆人名。(尺牍 7.11 上记)

按:吴氏释字正确,可从。

▢▢▢▢▢▢ 首一字似㿿。▢ 当释稅,古稷字,省作稅。(《尺牍》7·11 上记)

▢▢▢▢▢▢ 古饩字。(《尺牍》7·11 上记)

▢▢▢▢▢▢ 㿿公之稷饩左上豆。(《尺牍》7·11 上记)

按:此陶原拓可参王恩田先生《陶文图录》3·1·1—3、3·2·1。第四字释"稷",误。当释为"廪"。第五字吴氏释"饩",王恩田先生从之。

▢▢▢▢▢▢ 首一字似畀。末三字疑奠(郑)亳釜,余不尽识。(《尺牍》7·11 上记)

按:此陶原拓待查。

▢▢▢▢ 人名,多不可识,然皆可存。当别录一卷附于古籀文之后。(《尺牍》7·11 下记)

陈介祺▢与释梁(▢)之▢同。(《尺牍》7·11 下记)

按:最后一字当释为"陞"。吴氏释为"梁"的字,当释为"枅"。

▢▢▢▢ 人名,与▢字同。(《尺牍》7·11 下记)

按:此陶原拓可参王恩田先生《陶文图录》2·175·1—4。李零先生释"槷",可从。①

▢▢▢▢▢ 当即䍷字。(《尺牍》7·11 下记)

按:最后一字,裘锡圭、李家浩先生已释作"纓"。② 可从。

▢▢▢▢ 似谈字。(《尺牍》7·11 下记)

陈介祺 ▢从二火。(《尺牍》7·11 下记)

按:最后一字,吴氏释"谈",至确。齐文字"火"旁常在竖画上加"∨"形

---

① 周进(藏)、周绍良(整理)、李零(分类考释):《新编全本季木藏陶》68·0242,北京:中华书局,1998年。

② 裘锡圭、李家浩:《曾侯乙墓竹简释文与考释》,载《曾侯乙墓(上册)》,北京:文物出版社,1989年,第 517 页。

饰笔。

▦▦▦▦▦从故从心,字书所无。(《尺牍》7·11下记)

▦▦▦▦▦似纯字。(《尺牍》7·11下记)

陈介祺 ▦不似 ▦、▦。(《尺牍》7·11下记)

按:最后一字,吴氏释"纯",陈氏怀疑,是有道理的。此字原拓作:

 ▦ 《图录》2·71·1蒉阳南里人 绀 ▦ 《图录》2·71·2蒉阳南里人绀

 ▦ 《图录》2·71·3蒉阳南里人 绀 ▦ 《图录》2·71·4蒉阳南里人绀

丁佛言先生释"绀"(《补补》13、3上)。

▦▦▦▦▦似玿字。(《尺牍》7·11下记)

按:此陶原拓可参王恩田先生《陶文图录》2·85·3—4。最后一字,原拓作:

 ▦ 《图录》2·85·3蒉阳南里人强 ▦ 《图录》2·85·4蒉阳南里人强

何琳仪先生隶作"弹",疑为彊之初文。①

▦▦▦▦▦▦癸,人名。(《尺牍》7·11下记)

按:最后一字吴氏释为"癸",正确。

▦▦▦▦

▦疑亦中字。酘,人名,从函,从攴,与▦字相似而非。凡人名多创造之字,不必强合国书。(《尺牍》7·11下记)

陈介祺 似非创造,创造何以使人知?(《尺牍》7·11下记)

按:最后一字吴氏所释。可备一说。

▦▦▦▦▦反文,阳识,其铱当是阴款铸铱之模。(《尺牍》7·11下记)

陈介祺 正文,铱入土也。(《尺牍》7·11下记)

按:陈氏之说乃是纠正吴氏之说。

▦▦▦▦

䜌即郑。(《尺牍》7·12上记)

---

① 何琳仪:《战国古文字典》,北京:中华书局,1998年,第647页。

▢(《尺牍》7·12上记)

按:此陶原拓可参王恩田先生《陶文图录》2·82·3－4。最后一字原拓作:

▢ 《图录》2·82·3 蔓阳南里人狭　　▢ 《图录》2·82·4 蔓阳南里人狭

▢ 《图录》2·225·3 蔓阳匋里人狭

学者多释为"狭"。

▢(《尺牍》7·12上记)

▢人名,与上一器同。绍字减。(《尺牍》7·12上记)

▢似亦尚字。(《尺牍》7·12上记)

按:此陶原拓可参王恩田先生《陶文图录》2·107·1－4。▢与尚不是一字,▢字原拓作:

▢ 《图录》2·107·1　　▢ 《图录》2·107·2

学者多分析为从"心","身"声,释为"仁"。

▢,似赠字。(《尺牍》7·12上记)

陈介祺　当是贻。贻从二台,见古匋。(《尺牍》7·12上记)

按:陈氏释"贻",正确。"贻"字,王恩田先生《陶文图录》2·50·1作:▢。

▢西酷里窑。(《尺牍》7·12上记)

▢与陈猷釜▢字,子禾子釜▢字皆相类,疑者字。窑者名▢,似谒字。(《尺牍》7·12上记)

按:吴氏释"者",至确。引齐国金文者字形体为证,颇具说服力。

▢首一字泐,疑賚字。▢见《筠清馆》居后彝。末一字似孟而奇。此瓦上下文俱缺,当不仅数字也。(《尺牍》7·12上记)

按:此陶原拓待查。

▢南乡之市。乡字中不可辨。(《尺牍》7·12上记)

按:这是一方秦陶文,释文正确。

▢,古吴字。《说文》作▢。下一字半泐,疑将字。(《尺牍》7·12下记)

按:此陶原拓疑是"▢"(《陶文图录》3·549·1)。

㡇"肳"字,不见于字书,或即"贻"。(《尺牍》7·12下记)

陈介祺 匋文贻作 㡇。(《尺牍》7·12下记)

按:释"肳"是。

䍧《说文》牆,古文作㯐,古铋文有㯐㯐㯐㯐,疑即将军之将,亦六国时假借字也。古铋有㯐㯐㯐㯐,亦当释将。(《尺牍》7·12下记)

按:吴氏释此字为"酱",假为"将军之将",并释出古玺中的"酱"字,诚为卓识。

䵼《说文》韇,籀文作䵼,此从㽵,当亦"赣"字。(《尺牍》7·12下记)

按:吴氏说可从。

㽵古陶文有㽵字,与此小异,当即"悲"。(《尺牍》7·12下记)

按:参前文。

㕚㕚,《说文》:"卯,事之制也。"(《尺牍》7·12下记)

按:可备一说。

廾二"十"字合文。(《尺牍》7·12下记)

按:待考。

㮙㮙市亭(《尺牍》7·12下记)

㮙㮙蒥亭(《尺牍》7·12下记)

㮙㮙亭升

上三当是汉。十㕚为升,当从勺作㕚,十升为斗,㕚则升也省矣。(《尺牍》7·12下记)

按:上三方陶文时代是秦,非汉。㕚,学者多释为"久"。

㞢豆王豆(《尺牍》7·13上记)

㕣豆公豆(《尺牍》7·13上记)

按:吴氏释文正确。

㞢㮙王梁(《尺牍》7·13上记)

按:第二字当释为"粀"。

栗㮙㮙栗洒。"丽"字古文作"㮙",篆文作"㮙",见《说文》鹿部。(《尺牍》7·13上记)

按:第二字释"洒",可备一说。

㮙雩丁。雩,古"粤"字。(《尺牍》7·13上记)

按：此是一个字，非两个字，当径释为"雩"。

⿱造。（《尺牍》7·13上记）

按：吴氏释"造"，误。当释为"诂"。

⿰《说文》："弛，弓解也。"（《尺牍》7·13上记）

按：此字原拓作⿰（《图录》3·243·1），释"弛"是对的。

⿰古器无"朔"字，此从屰，从月，其为"朔"字无疑。（《尺牍》7·13上记）

陈介祺　朔从羊，此省。（《尺牍》7·13上记）

按：吴氏释"朔"，至确。

⿰与前⿰字同，当亦人名。（《尺牍》7·13上记）

按：参前文。

⿰芊。（《尺牍》7·13上记）

按：吴氏释"芊"，可备一说。

⿰曹字。彝器所未见，可补籀书之缺，然已是六国字，不似大篆矣。（《尺牍》7·13下记）

按：吴氏释"曹"，可从。

⿰《说文》鞄，马尾靴也，今之般緧。又鞣，柔革工也，读若朴，当即此字。或云象鞄形。（《尺牍》7·13下记）

按：丁佛言先生释为"鞄"（《补补》3·7上）。可从。

⿰⿰俓，从人，上一字似从弓。（《尺牍》7·13下记）

按：此字原拓作⿰（《图录》3·625·3）"⿰"（《图录》3·625·4），当以释"弳"为是。

⿰⿰齐中姜镈⿰、⿰，大澂释作"大徒"、"大仆"，从辵从都省，当即"徒"之异文。（《尺牍》7·13下记）

按：第一个字当释为"遡"。第二个字吴氏认为"徒之异文"，可从。

⿰绪。（《尺牍》7·13下记）

按：吴氏释"绪"，可备一说。

⿰痏字，《说文》所无。（《尺牍》7·13下记）

按：王襄先生释"痏"，他说："许书惰或体作惰，古文作婧，训不敬也。不敬,为人之病,故匋文从疒。"①其说可从。

⬚《说文》:"⬚,词也。"此从贝,疑古"售"字。今别作"售",非是。(《尺牍》7·13下记)

按:此字隶作"賹"。

⬚与⬚字相似。(《尺牍》7·13下记)

按:此形与"畢"不似。待考。

⬚⬚陈毋害,似六国时字,非汉。(《尺牍》7·13下记)

按:此为汉陶文,非战国陶文。

⬚即"攸"字之反文。(《尺牍》7·13下记)

按:杨泽生先生认为⬚左下方是"心"的变体,应改释为"愆(悦)"。②

⬚似"吴"字,或系吴人。(《尺牍》7·14上记)

按:释"吴"是。

⬚当是吉日子三字,吉日二字合文。(《尺牍》7·14上记)

按:待考。

⬚疑"橐"之省。(《尺牍》7·14上记)

按:或释"朔"。

⬚日子,吉日惟子也,此省"吉"字。(《尺牍》7·14上记)

按:待考。

⬚字不可释。(《尺牍》7·14上记)

⬚白晨鼎⬚,"瀍"字与此相类。古文"瀍"、"废"为一字。(《尺牍》7·14上记)

按:当释为"波"。

⬚以上三字皆不可释。(《尺牍》7·14上记)

按:吴氏摹写有误。此字原拓作"⬚"(《陶文图录》3·325·5),当释为"剽"。

⬚"彰"字近小篆矣。(《尺牍》7·14上记)

---

① 王襄:《古陶今釋续编》(1949年),载《王襄著作选集》,天津:天津古籍出版社,2005年,第1690页。

② 杨泽生:《〈古陶文字征〉补正例》,载任剑涛、彭玉平主编《论衡》(第4辑),广州:中山大学出版社,2006年。

按:吴氏释"彰",正确。

▨疑古"芦"字。(《尺牍》7·14上记)

按:吴氏之说,学者多从之。

▨"赓"字似大篆。凡近大篆之字皆亦晚周器。考文可知时代之先后,此其大略也。(《尺牍》7·14上记)

按:吴氏之释,可从。

由以上对吴氏《读古陶文记》所录战国部分的陶文略作笺证,我们会发现吴氏对战国陶文的考释颇多卓识。他对陶文的正确释读,得益于他有广博的知识,他对铜器铭文、古玺文字、古币文字、传抄古文等均有研究,因此,他看问题的角度就不一样,颇能触类旁通,举一反三。这对我们今天释读古文字中的疑难字,仍有借鉴意义。还值得一提的是,陈氏对《读古陶文记》的题记。关于这一点,谢国桢先生曾举例提及,他说:"尤见二君于学术之见解其不苟同如此。"的确如此,二君书牍往返,说文析字,给我们留下了珍贵的遗产,是研究二君学术及古文字学术史的宝贵材料。

《陶文字典》中的序号错误①

　　王恩田先生的《陶文字典》,"全部资料均来源于《陶文图录》。《陶文图录》收录陶文12000余件,此前已刊未刊陶文中的精品及新出土的陶文,大体已荟萃于此,这就为编辑较为完备的陶文字典提供了前提条件。《陶文字典》正编收1279个字(含合文)、附录收1170个字,总计2449字。"②比高明、葛英会先生的《古陶文字征》③(收字1823)多出626字。王先生又尽可能吸收学术界已有的研究成果,他个人的新释随处可见,精彩纷呈。可以说《陶文字典》是目前收字最多、字形不失真、释字较为准确、编排合理的一部古陶文字编。毋庸讳言,该书不可避免地存在一些问题。本文仅指出《陶文字典》正编部分存在的序号错误及个别字形问题。其他问题,详见另文。不当之处敬请学者指正。

　　第一页"天"字字头误放在"上"字栏,当是排版错误。

0002 上 ▨ 4·83·3

按:序号错。应为"4·83·4"。

▨ 6·328·1

按:序号错。查《陶文图录》④卷六未收此陶文。此陶文著录于《古陶文汇编》⑤5·380"上官"。

0010 王 ▨ 2·13·3

---

① 原载《中国文字研究》,2009年第1辑。
② 王恩田:《陶文字典·自序》,济南:齐鲁书社,2007年,第2～3页。
③ 高明、葛英会:《古陶文字征》,北京:中华书局,1991年。
④ 王恩田:《陶文图录》,济南:齐鲁书社,2006年。
⑤ 高明:《古陶文汇编》,北京:中华书局,1990年,第508页。

按:序号错。应为"2·14·3"。

☐ 2·13·1

按:序号错。应为"2·14·1"。原拓应作"☐",《陶文字典》漏了上部一点。

☐ 4·22·3

按:序号错。应为"4·21·3"。

☐ 4·22·2

按:序号错。应为"4·21·2"。

0019 士☐ 6·292·4

按:序号错。应为"6·292·2"。

0021 中☐ 2·703·2

按:序号错。应为"2·703·3"。

0048 萄☐ 6·436·4

按:序号错。应为"6·438·1"。此字应释为"蓉"。

0054 苢☐ 7·1·1

按:《陶文字典》7·1·1作:"☐"

"☐"形下部残,隶作"苢",可疑。

0064 分☐ 6·656·4

按:序号错。应为"2·656·4"。

0066 ☐ 5·57·5

按:序号错。应为"5·57·3"。

☐ 5·58·1

按:序号错。应为"5·107·3"。

☐ 5·58·4

按:序号错。《陶文图录》没有"5·58·4"。此拓是采自《古陶文汇编》6·13,《陶文图录》5·58·3做了描修,作"☐"。

0070 牛☐ 6·12·1

按:序号错。应为"6·12·4"。

0071 ☐ 2·358·1

按:此形倒置,应为"☐"。

0082 味▨ 3·275·4

按:序号错。应为"3·521·1"。

0103 岁▨ 2·9·3

按:序号错。应为"2·8·3"。

▨ 2·9·2

按:序号错。应为"2·8·2"。

0105 正▨ 4·7·1

按:《陶文字典》4·7·1字作"▨",与"▨"形有距离,待考。

0112 造▨ 2·238·4

按:序号错。应为"2·239·4"。

0121 逝▨ 2·13·1

按:序号错。应为"2·135·1"。

0207 章▨ 2·287·2

按:《陶文图录》2·287·2字作"▨",与"▨"形异,待查。

0216 兴▨ 3·50·4

按:序号错。应为"3·52·3"。

0238 事▨ 5·14·1

按:序号错。应为"5·14·4"

0279 目▨ 2·315·4

按:序号错。《陶文图录》无。此乃采自《古陶文汇编》三·七〇一"疾目"。

0282 相▨ 4·2·1

按:《陶文图录》4·2·1字作"▨",此字当释为"䢼",《陶文图录》误释为"相室"。

0326 膏▨ 2·251·1

按:序号错。应为"2·215·1"。

0329 ▨ 3·595·5

按:序号错。应为"3·595·4"。字应释为"䐑"。

▨ 3·595·4

按:序号错。应为"3·595·3"。

0339 ■ 2·54·3

按:序号错。应为"2·54·1"。

0346 利■ 6·329·3

按:序号错。应为"6·329·4"。

0352 到■ 5·103·4

按:序号错。应为"5·103·5"。

0371 巨■ 6·329·3

按:序号错。应为"6·329·4"。

0387 于■ 4·180·2

按:序号错。应为"5·100·5"。

■ 3·660·2

按:序号错。应为"3·659·2"。

0390 喜■ 3·43·4

按:序号错。应为"3·43·6"。

■ 3·43·2

按:序号错。应为"3·43·3"。

■ 3·43·3

按:序号错。应为"3·43·4"。

0396 豆■ 2·13·2

按:序号错。应为"2·13·1"。

0402 ■ 3·62·3

按:序号错。应为"3·62·4"。

0414 ■ 126 页

按:漏序号。应为"3·648·3"。此字右下从"心",《陶文字典》认为从"止",是错的。

0420 缶■ 5·7·9

按:序号错,待查。

0429 毫■ 5·97·3

按:序号错,应为"5·97·2"。此字释"毫",误。当释为"襄"。

■ 5·39·2

按：序号错，待查。

▨ 5·103·5

按：序号错。应为"5·103·6"。

0430 市▨ 2·26·1

按：序号错。应为"2·26·6"。

0436 禀▨ 2·13·2

按：序号错。应为"2·13·1"。

0442 乘▨ 2·422·4

按：序号错。待查。

▨ 2·558·3

按：字形有误，应将上部边框去掉，字作"素"。

0444 ▨ 2·284·1

按：序号错。应为"2·284·3"。

0531 都▨ 4·21·1

按：应为两字"▨"和"▨"。

0537 郶▨ 5·62·3

按：应为两字"▨"和"▨"，当释为"廥序"。"廥"下部并非"邑"旁。

0568 昌▨ 2·304·3

按：《陶文图录》2·304·3"昌"字模糊，序号待查。

▨ 4·136·4

按：序号错。应为"4·136·5"。

▨ 4·210·5

按：序号错。应为"4·210·4"。

0583 期▨ 3·207·1

按：序号错。应为"3·207·4"。

0628 宗▨ 2·65·2

按：序号错。应为"5·65·2"。

0630 室▨ 4·3·1 ▨ 4·2·1

按：漏剪上部"林"旁，参上"相"字条。

0648 凸▨

按：漏出处。应为"4·197·2"。

0652 疟【图】6·275·2

按：序号错。应为"6·257·2"。

0730 任【图】6·329·3

按：序号错。应为"6·329·4"。

0782 文【图】6·279·6

按：序号错。应为"6·280·4"。

0841 驹【图】6·421·3

按：序号错。应为"6·421·4"。

0849 状【图】6·311·9

按：序号错。应为"6·311·2"。

0982 泰【图】6·275·4

按：字形有误，应将上部边框去掉，字作"【图】"。

1004 竽【图】3·606·1【图】3·606·2【图】3·606·3【图】3·606·4【图】3·606·5

按：序号全错。应为"8·78·1"、"8·78·2"、"8·78·3"、"8·78·4"、"8·78·5"。《陶文图录》将上引五形放入2422页卷八汉代及其以后。

1017 关【图】2·235·1

按：序号错。应为"2·352·1"。

【图】2·342·4

按：序号错。应为"2·348·4"。

1121 凡【图】2·674·3

按：序号错。待查。

1130 封【图】3·162·6

按：序号错。应为"4·162·6"。

1133 堌【图】2·549·4

按：序号错。应为"2·549·4"。

1139 坝【图】2·643·2

按：序号错。待查。

1172 车【图】6·173·2

按：序号错。应为"6·173·3"。

1180 官■ 6·328·1

按:序号错。查《陶文图录》卷六未收此陶文。此陶文著录于《古陶文汇编》5·380"上官"。

1183 阳■ 5·44·3

按:序号错。应为"5·44·2"。

■ 5·97·2

按:序号错。应为"5·97·1"。

1202 五■ 4·198·4

按:序号错。应为"4·198·3"。

1231 已■ 6·173·3

按:序号错。应为"6·173·2"。

1227 寅■ 7·2·1

按:《陶文图录》7·2·1作"■"是一字,应释为"苏"。《陶文图录》误认为两字,释为"□寅"。《陶文字典》承袭之,将"■"放在"寅"字下,将"■"放在附录。

因近几年一直在做陶文项目,《陶文字典》一出版就成为我案头必备之书。在使用过程中发现《陶文字典》的个别序号有误,大多是笔误造成的。我们指出了这些小问题,目的只有一个,就是让该书更好地发挥它的作用。

《陶文字典》中的释字问题[①]

王恩田先生的《陶文字典》,"全部资料均来源于《陶文图录》。《陶文图录》收录陶文12000余件,此前已刊未刊陶文中的精品及新出土的陶文,大体已荟萃于此,这就为编辑较为完备的陶文字典创造了前提条件。《陶文字典》正编收1279个字(含合文)、附录收1170个字,总计2449字。"[②]

我们曾经指出该书"比高明、葛英会先生的《古陶文字征》[③](收字1823)多出626字。王先生又尽可能吸收学术界已有的研究成果,他个人的新释随处可见,精彩纷呈。可以说《陶文字典》是目前收字最多、字形不失真、释字较为准确、编排合理的一部古陶文字编。毋庸讳言,该书不可避免地存在一些问题。"[④]关于《陶文字典》正编部分存在的序号错误及个别字形问题,我们已有专文探讨。[⑤] 下面拟在尽可能吸收学术界已有研究成果的基础上,对《陶文字典》中的释字问题略作探讨。

序号,比如"0002"是《陶文字典》中的序号,字形、出处均出自《陶文字典》,字形系扫描后剪贴。"按"后是我们的说明。

0002 上 ■ 4·83·2 ■ 4·156·3 ■ 4·156·1
按:此字释"上",误。当释为"士",是燕文字的常见写法。
0164 干 干 3·519·4
0004 下 下 3·519·6

[①] 原载《出土文献》(第2辑),上海:中西书局,2011年,第180~202页。
[②] 王恩田:《陶文字典·自序》,济南:齐鲁书社,2007年,第2~3页。
[③] 高明、葛英会:《古陶文字征》,北京:中华书局,1991年。
[④] 徐在国:《〈陶文字典〉中的序号错误》,载《中国文字研究》,2009年第1辑。
[⑤] 徐在国:《〈陶文字典〉中的序号错误》,载《中国文字研究》,2009年第1辑。

第三编 陶　文　213

按：此字释"下"，误。当释为"士"，字形倒置，导致误释。关于古陶文中由于倒置而导致的误释，详参拙著《说"喜"兼论古陶文著录中的倒置》①一文。

0029 薦（艸）[图]2·366·1[图]2·51·2 从艸省[图]2·52·1[图]3·381·1 省艸[图]2·281·4

0030（楉）檋[图]2·298·3 从木、从膚省。[图]2·389·3 从木、省寸。[图]2·362·4

按：以上诸字众说纷纭，吴大澂先生疑古"芦"字，又释"荐"，方濬益先生释"虇"，丁佛言先生释"簠"，顾廷龙、金祥恒先生从之。孙文楷先生释"蒥"，李学勤先生释"苴"，吴振武先生认为："此字从艸从虘（擄），应隶定为蘆，释为芦。"②裘锡圭先生认为："可能是蔽字（战国文字中'虍'、'虘'二形有时相混）。"③李家浩先生也讨论过此字，释"[图]"为"蔽"，释"[图]"为"藬"。④ 现在看来，释"[图]"为"叔"是对的。

0040 䓝（俥）[图]2·1·1 从三人，从田。疑即"俥"字。《周礼·太宰》疏："俥，犹立也。东齐人、物立地中为俥。"俥、䓝均清母之部，音同借为䓝。

按：此字释"俥"，误。此字当释为"召"。⑤

0046 莒[图]6·82·4

按：此字释"莒"，误。施谢捷先生疑是"葛"字。⑥

0051 茷[图]4·31·2《说文》："茷，草叶多。从艸伐声。"

按：此字释"茷"，误。当从高明先生《古陶文汇编》释为"乂"。⑦

0065 尚[图]2·15·1[图]2·5·2[图]2·653·1

---

① 徐在国：《说"喜"兼论古陶文著录中的倒置》，载《安徽大学学报》，2008 年 5 期。
② 引诸说参见徐在国《古陶文字诂林》，待刊。
③ 裘锡圭：《战国货币考（十二篇）》，载《古文字论集》，北京：中华书局，1992 年，第 450 页。
④ 李家浩：《战国官印考释（二篇）》，载《文物研究》（第 7 辑），合肥：黄山书社，1991 年；《战国䈗刀新考》，载《中国钱币论文集》（第 3 辑），北京：中国金融出版社，1998 年。
⑤ 徐在国：《古陶文字释丛》，载《古文字研究》（第 23 辑），北京：中华书局，2002 年，第 110 页。
⑥ 施谢捷：《陕西出土秦陶文字丛释》，载《考古与文物》，1998 年 2 期。
⑦ 高明：《古陶文汇编》，北京：中华书局，1990 年，第 64 页。

按：此字释"尚"，误。当释为"者"。

0076 君㧗 2·284·2《说文》引古文君作㩱，与此相近。《古文四声韵》引《石经》"君"字所从双手左高右低，与此不同。

按：此字与《说文》古文"君"形体不类，丁佛言先生释为"攀"（《补补》3·6上）。齐陶"攀里"，里名。

0083 [图] 2·650·3 [图] 2·35·1 古文字中的左、右，以手的方向区分。今从右手、从工在手上仍是右。

按：首字疑释为"㕣"。次字从"又"，"工"声，当释为"攻"。

0088 賢 [图] 4·62·4

按：此字释"賢"，误。当释为"願"。《中国历史博物馆藏法书大观·第三卷陶文、砖文、瓦文》战国燕 35 "右宫居願"之"願"字作[图]，字形较为清楚，可以参看。

0098 止 [图] 4·137·3

按：此字当释为"生"。陶文为"□生诂"，古玺中习见"某生某"之例。

0099 前 [图] 2·26·6 [图] 2·26·4 [图] 2·26·5

按：周宝宏先生释为"眨"。① 我们怀疑此字有可能是"脡"字。

0102 步 [图] 4·207·3

按：此字杨泽生先生释为"㞢"。楚文字习见，双声符字。②

0109 迢 [图] 2·240·1 [图] 2·240·2

按：此字《陶文图录》328 页隶定为"迖"，可能是对的。疑是"去"字异体。

0110 迌 [图] 2·97·3 丁佛言释"迢"

按：此字当释为"适"。

0113 迲（去）[图] 2·101·1 吴大澂据人名此字下连疾而释"去"，但不详其形意。[图] 2·101·2 [图] 2·100·1

按：此字我隶作"遷"，乃"弃"字异体。陶文"遷疾"即"弃疾"，人名。详拙作《释齐陶"弃疾"》。

---

① 周宝宏：《古陶文形体研究》，吉林大学博士学位论文，1994 年；又北京：社会科学文献出版社，2002 年。

② 杨泽生：《〈太一生水〉"成岁而止"和楚帛书"止以为岁"》，载《古墓新知》，杭州：国际炎黄文化出版社，2003 年，第 238~239 页。

0117 退（败）▨ 6·84·3 通"败"。《说文》："退，敗也。从攴貝声。《周书》曰：我兴受其退。"今本《尚书·微子》作"败"。

按：此字释"退"，误。《陶文图录》1930 页释为"得"，是对的。

0121 遊▨ 2·13·1

按：此字或有学者释"旅"。

0122 造▨ 3·352·1 ▨ 3·352·3 ▨ 3·352·1 ▨ 3·351·5

按：此字释"造"，误。当释为"达"。①

0125 迡▨ 4·149·1《玉篇》："陟栗切，近。"▨ 4·150·5

按：此字释"迡"，可疑。此乃单字陶文，我怀疑是"道"字。

0126 逗▨ 4·64·2

按：此字释"逗"，可疑，待考。

0128 这▨ 2·206·4 ▨ 2·206·2 ▨ 2·207·1 ▨ 3·352·5 ▨ 3·352·4 ▨ 2·5·3 ▨ 2·237·2 ▨ 2·237·3

按：此字旧多释"这"。或释为"达"。李家浩先生释为"遠"。②

0130 迊▨ 2·440·4 ▨ 2·204·1 ▨ 3·457·1 ▨ 4·44·3 ▨ 3·457·2 ▨ 2·409·3 ▨ 2·550·1 ▨ 2·378·4 ▨ 2·133·1 ▨ 3·457·5

按：此字释"迊"，误。当释为"趣"。

0136 遇▨ 2·230·1 ▨ 2·229·4

按：此字释"遇"，误。当释为"遐"。③

0137 迟▨ 3·522·1

按：此字释"迟"，误。当释为"後"。

0138 往▨ 3·460·1 ▨ 3·459·4

按：此字当释为"垩"。

0150 伺▨ 7·1·4 彳在右

按：此字当释为"叚"。《上海博物馆藏战国楚竹书》七《吴命》7 号简中有字作▨，清华简《保训》8 有字作▨，我们综合各家的考释意见，认为此字

---

① 李家浩：《九店楚简》，北京：中华书局，2000 年，第 87 页。
② 李家浩：《九店楚简》，北京：中华书局，2000 年，第 91～92 页。
③ 周进（藏）、周绍良（整理）、李零（分类考释）：《新编全本季木藏陶》61·0215，北京：中华书局，1998 年。

应释为"叚",字形分析为从"殳"省,"石"声。① 陶文此字与上引楚简"叚"字形同,亦从"殳"省,"石"声。

0159 齰▨ 6·21·4 ▨ 6·21·3

按:此字释"齰",误。当释为"齰"。

0166 句▨ 7·14·3

按:此字释"句",误。此陶原拓作"▨",当分析为从"心","句"声,释为"恖"。上博三·中26"恖"字作"▨"、上博五·三德2作"▨"可证。《陶文字典》292页将此字下部所从的"▨"(心)误释为"卜"。

0180 誓(誓)▨ 3·441·2《说文》:"誓,约束也。从言折声。"陶文从斾、从言。吴大澂释。

按:此字隶作"誓"是对的,但释为"誓",是错的。

0189 诰▨ ▨ 3·611·3

按:王先生认为左旁从"言",是对的,但右旁不是"各",释"诰"是不正确的。右旁应分析为从"口","爻"声,"口"可看作赘加的形旁。如此,此字从"言","爻"声,应释为"詨"。②

0191 诛▨ 4·34·2 ▨ 4·43·2

按:此字释"诛",误。当释为"谏"。

0203 訇▨ 6·153·4 ▨ 6·153·1 ▨ 6·154·1 ▨ 6·152·4

按:此字杨泽生先生隶定作"谞",认为是个从"言"、"再"声的字。③

0228 囚▨ 6·38·3

按:此字释"囚",误。当释为"欧"。

0230 亥▨ 3·581·2

按:此字释"亥",误。当释为"复",从"又"、"乍"声,"作"字异体,楚文字中"作"字常常写作"复"可证。

---

① 徐在国:《说楚简"叚"兼及相关字》,简帛网(http://www.bsm.org.cn),2009年7月15日;又《简帛语言文字研究》(第5辑),成都:巴蜀书社,2010年,第8~17页。
② 徐在国:《略论王襄先生的古陶文研究》,载《中国文字学报》(第2辑),北京:商务印书馆,2008年,第105页。
③ 杨泽生:《〈古陶文字征〉补正例》,载《论衡》(第4辑),广州:中山大学出版社,2006年。

0240 聿【图】4·166·4

按：此字隶作"聿"是对的，乃"建"字异体，当说明。

0247 寸【图】3·613·3

按：此字释"寸"，误。当释为"又"。

0253 叴【图】7·14·5

按：此字释"叴"，误。当释为"㰗"。

0254 敊【图】6·16·2 【图】6·16·4

按：此字释"敊"，误。当释为"段"。

0257 叚 【图】2·307·2 【图】2·305·2 【图】2·307·3

按：此字释"叚"，可疑。待考。

0264 敏【图】2·173·2 【图】2·173·4 【图】2·660·4

按：此字释"敏"，误。当释为"敂"。

0271 叓【图】6·91·6 【图】6·91·5

按：此字当径释为"更"。

0280 眄【图】7·3·3

按：此字释"眄"，可疑。似当释为"䀏"。

0287 者【图】3·291·5 【图】3·291·1 【图】3·292·1

按：此字释"者"，误。当释为"出"。

0291 罞【图】7·10·3 【图】7·16·1

按：此字释"罞"，误。当释为"翏"。

0306 貍【图】6·268·5 【图】6·268·2 【图】2·268·4 【图】6·269·1

按：此字释"貍"，误。当释为"羟"。

0307 鏧【图】2·202·1 【图】2·201·1 【图】2·200·1 【图】2·200·4

按：此字释"鏧"，误。当释为"鼚"。

0310 弃【图】2·438·3《说文》："【图】古文弃。"陶文省略双手，仅存倒"子"形。陶文中"弃疾"为姓氏。【图】2·674·4 【图】2·439·1 字内一点非笔画。

按：此字释"弃"，极具启发性。我们认为"【图】"应为一字，分割是不对的，此字才是"弃"字。详见拙作《释齐陶"弃疾"》。

0313 丝【图】7·13·3 【图】7·13·2

按:我们认为此陶原拓作"▨",隶作"埊"。①

0316 專 ▨ 6·11·1《说文》:"專,六寸簿也。从寸叀声。一曰:專,纺專。"陶文像双手上下转动纺轮形。会意。二"人"字系赘加,无意。

按:此字释"專",误。当释为"叀"。

0321 受 ▨ 5·46·4 甲骨文金文"受"字从舟,陶文从口。舟、幽部,口、侯部。幽侯旁转。属声符置换。

按:此字释"受",可疑,待考。

0329 髀 ▨ 3·595·2

按:此字释"髀",误。当释为"膭"。

0331 脎 ▨ 5·104·5

0464 釆 ▨ 3·41·4 陶文从"禾"

按:二字释"脎"、"釆",均误。当从陈伟武先生释为"采(穗)"。②

0334 肎(肯) ▨ 2·259·2 ▨ 2·259·1 ▨ 2·180·2

按:此字释"肎",误。当释为"前"。

0352 到 ▨ 6·56

按:此字释"到",误。当释为"到于"合文。

0357 縠 ▨ 4·103·1 ▨ 4·107·1 从子

按:第一形当隶作"壴",在陶文中读"縠"。③ 第二形当隶作"享",乃"縠"字异体,在陶文中读"縠"。

0364 奠(郑) ▨ 5·108·3

按:此字释"奠",误。当释为"竟"。

0372 羿 ▨ 3·164·3

按:此字陈伟武先生释为"中羿"。④

0373 珥 ▨ 4·167·2

按:此字释"珥",误。当释为"玨",字又见于古玺。

---

① 徐在国:《古陶文字释丛》,载《古文字研究》(第 23 辑),北京:中华书局,2002 年,第 114 页。
② 陈伟武:《〈古陶文字征〉订补》,载《中山大学学报(社科版)》,1995 年 1 期。
③ 何琳仪:《战国古文字典》,北京:中华书局,1998 年,第 352 页。
④ 陈伟武:《〈古陶文字征〉订补》,载《中山大学学报(社科版)》,1995 年 1 期。

0374 巫 [图] 3·614·1

按：此字释"巫"，误。当释为"恒"。

0375 甘 [图] 2·410·1

按：此字释"甘"，误。当释为"曰"。

0377 昝 [图] 3·273·6

按：此字释"昝"，误。当释为"曹"。

0389 旨 [图] 7·8·3

按：此字释"旨"，误。当释为"訇"。

0391 叡 [图] 6·33·4

按：此字释"叡"，误。当释为"憙"。

0398 壆 [图] 3·280·2 [图] 3·280·1 [图] 3·281·1

按：此字隶作"壆"，误。李家浩先生隶作"櫝"，分析为从"木"、"壴"声，认为是"树"字异体。① 其说可从。

0399 查 [图] 5·33·3

按：此字隶作"查"是对的，释为"荳"。陶文"右荳"，读为"右廚"。河南新郑韩故城出土的陶文中有"朕"、"左朕"、"公朕"等，学者多释为"廚"，是对的。

0400 羴 [图] 6·105·3

按：此字释"羴"，误。当释为"麤"，乃楚文字中习见的"麇"字异体，如：[图]上博四·曹39 人之麇(柙)不緊(緊)，[图]上博四·曹39 我麇(柙)必緊(緊)，楚文字中的"麇"字，李家浩、李零先生均有文讨论此字，楚文字多用"麇"表示兵甲之"甲"。此乃单字秦陶文。

0403 益 [图] 3·88·5 《说文》："益，饶也。从水皿。皿益之意也。"此从皿、上似水之竖置。疑为"益"之变体。

按：此字释"益"，可疑，待考。

0405 盩 [图] 6·383·1 [图] 6·383·2 地名。盩厔，今作周至。

按：此字释"盩"，误。当释为"犛"。

0410 主 [图] 3·294·5

---

① 李家浩：《九店楚简》，北京：中华书局，2000年，第130页。

按：此字释"主"，误。当从杨泽生先生释为"生"。①

0413 既 ▨ 6·146·1 口为赘加 ▨ 6·146·3 ▨ 6·146·2

按：此字释"既"，不妥。当从施谢捷先生释为"嘅"。②

0414 堲 ▨

按：此字释"堲"，误。当释为"憨"，"爱"字异体。

0421 匋（陶）▨ 2·117·4 吴大澂释"绍"、丁佛言释"络"、曾宪通释"繇"，均误。▨ 4·99·3 ▨ 5·16·1 从双宀

按："▨"，曾宪通先生释"繇"，③我们认为是对的。"▨"，当分析为从"宀"，"告"声，隶作"窑"，非"匋"字。▨，释"匋"，可疑。

0422 罇（甒）▨ 2·311·1 罇，从缶，从詹省声，古籍作"甒"或"儋"。齐人称罃（罌）为"甒"（《方言》）。孙文楷释。吴大澂释"窖"、释"宝"。丁佛言、柯昌泗释"陶"，均误。▨ 2·237·2 ▨ 2·315·3 ▨ 2·248·3 ▨ 2·249·3 ▨ 2·429·2 ▨ 2·152·3

按：此字学者多释为"匋"，应该是对的。

0430 ▨ 2·34·2 从木讹变从土增阜。▨ 4·211·2 左从市，右残。

按：首字左下所从"土"非"木"之讹变。"阜"下加"土"，是齐文字特点，如"陈"字、"阿"字、"阳"字等等。"▨"字，当作"▨"，右部稍残，字又见于《图录》4·22·1，《陶文字典》将二字误认为是一字，作"▨"，放在"都"字下。此字我们释为"唤"。

0434 覃（覈）▨ 3·468·4 ▨ 3·634·2 ▨ 3·472·2 覃省文 ▨ 3·473·4

按：此字学者多释为"覃"，我曾认为此字乃"畐"之倒文。④

0453 某 ▨ 2·17·1 ▨ 3·602·2 ▨ 3·602·1

---

① 杨泽生：《古陶文字零释》，载《中国文字》新廿二期，台北：艺文印书馆，1997年，第254页。

② 施谢捷：《陕西出土秦陶文字丛释》，载《考古与文物》，1998年2期。

③ 曾宪通：《说繇》，载《古文字研究》（第10辑），北京：中华书局，1983年，第26~29页。

④ 徐在国：《古陶文字释丛》，载《古文字研究》（第23辑），北京：中华书局，2002年，第110页。

按：此字又见于左关𠤎、史孔𠤎，旧多释"和"。李学勤先生改释为"枳"，①可信。此字亦当释"枳"。

0459 槏 5·46·6《说文》："槏，户也。从木兼声。"

按：此字当释为"栿"。

0475 樺 3·504·4

按：此字或释为"桯"。

0481 林 7·2·2 中间一竖笔公用

按：此字当释为"林"。

0497 圙 2·55·1 圙 2·55·2 圙 2·55·4

按：此字何琳仪先生隶作"圙"，他说：

圙，从囗，黄声。疑鄍之异文。齐陶圙，姓氏。疑读宽。见《奇姓通》。②

其说可从。

0501 齍 2·4·1 丁佛言释 2·5·2 2·3·3 2·3·2 2·4·3 2·4·2

 2·55·1 2·55·2 2·653·1

按：关于此字，朱德熙先生说："《古陶文𦥑录》释'齍'字。今案是《说文》分析为从贝商省声的'賞'字。"③其说可从。

0505 贮 2·53·2 贮 5·23·3 贮 7·19·3 从贝、从宁省。

按：此字释"贮"，误。当释为"贾"。

0507 买 6·65·5 6·65·6

按：此字释"买"，误。当释为"贸"。

0508 贵 6·236·6

按：此字释"贵"，误。当释为"穨"，右边所从"秃"略残。

---

① 李学勤：《释东周器名𠤎及有关文字》，载《第四届国际中国古文字学研讨会论文集》，香港中文大学中国语言及文学系，2003年。
② 何琳仪：《战国古文字典》，北京：中华书局，1998年，第986页。
③ 朱德熙：《战国匋文和玺印文字中的"者"字》，载《古文字研究》（第1辑），后收入《朱德熙古文字论集》，北京：商务印书馆，1999年，第112页。

0513 偵■ 3・159・3

按:此字释"偵",误。高田忠周先生释为"賫",①可从。

0514 真■ 2・264・4 ■ 2・264・3

按:此字释"真",误。当释为"貴"。

0515 覩■ 3・161・5

按:此字释"覩",误。当释为"赐"。

0523 贶■ 6・309・4

按:此字释"贶",误。当释为"濒"。

0524 贱■ 2・251・4 ■ 2・251・3

按:此字释"贱",误。当从杨泽生先生释为"赀"。②

0546 𨝵■ 3・3・2 ■ 3・3・1 ■ 3・4・1 印文不全,非"它"字。

按:此字释"𨝵",误。当释为"跎"。

0559 乡■ 2・50・3 ■ 2・331・1 ■ 2・395・2 ■ 2・389・1 酉讹变后置于右下方。

按:此字旧多释"乡"。李学勤先生释"巷"。③

0560 郿■ 7・14・6

按:此字释"郿",误。我曾释为"郙"。④

0561 日■ 4・211・1

按:"■"字,学者一般释"日庚"。"■"与《古玺汇编》0293 中的"■"字同,施谢捷先生释为"暴"。⑤

0568 昌■ 5・25・3 ■ 5・108・2

按:首字释"昌",误。此字倒置,原拓作"■",我们已经改释为"臺"。"■"

---

① 高田忠周:《古籀篇》(九九・三八上),载《金文文献集成》(第 34 册),香港明石文化国际出版有限公司 2005 年据 1925 年日本说文楼影印本初版影印。

② 杨泽生:《古陶文字零释》,载《中国文字》新廿二期,台北:艺文印书馆,1997 年,第 253 页。

③ 李学勤:《秦封泥与齐陶文中的"巷"字》,载《陕西历史博物馆馆刊》(第 8 辑),西安:三秦出版社,2001 年,第 24~26 页。

④ 徐在国:《古陶文字释丛》,载《古文字研究》(第 23 辑),北京:中华书局,2002 年,第 114~115 页。

⑤ 施谢捷:《古玺汇考》,安徽大学博士学位论文,2007 年。

乃"泉"字。①

0572 映▨ 3·550·1 ▨ 3·550·3 ▨ 3·550·2

按：此字释"映"，误。此字倒置，当作"▨▨▨"，似应释为"恃"。

0574 臧▨ 2·298·3 ▨ 2·293·1

按：此字释"臧"，可疑，或隶作"牏"、②"癄"，③均待考。

0576 鵖▨ 2·132·1 ▨ 2·132·4

按：此字释"鵖"，误。当释为"旃"。

0577 斿▨ 6·446·1 ▨ 6·446·2

按：此字释"斿"，误。当释为"游"。

0583 期▨ 3·209·1 丌，错位，二横置于日下。▨ 3·210·4

按：此字释"期"，误。李家浩先生释作"公"，下部的"＝"是繁化笔画。④

0585 腺▨ 6·50·1 ▨ 6·49·2

按：此字即"贪"字异体。

0586 朔▨ 3·229·5 ▨ 3·227·6 ▨ 3·229·3 ▨ 3·227·5

按：此字施谢捷先生释为"蜀"。⑤

0589 有（屮）▨ 5·45·3 甲骨文"有"作屮

按：此字释"屮"，误。当释为"生"。古玺"生"字与此字同。

0595 朿▨ 3·391·3 与封泥"徐州刺史"之"刺"字偏旁同。像草本植物芒刺形。

按：此字释"朿"，误。封泥"徐州刺史"之"刺"乃汉代文字，不足为证。字当释为"夹"。

0597 鼎▨ 3·497·6

0598 鼏▨ 3·497·4 ▨ 3·497·2

按：此字所释可疑。颇疑是两个字，释为"内员"。

---

① 徐在国：《说"喜"兼论古陶文著录中的倒置》，载《安徽大学学报》，2008年5期。
② 何琳仪：《战国古文字典》，北京：中华书局，1998年，第1538页。
③ 周进（藏）、周绍良（整理）、李零（分类考释）：《新编全本季木藏陶》0030，北京：中华书局，1998年。
④ 李家浩：《战国文字概论》讲义，北京大学，1993年。引自杨泽生《〈古陶文字征〉补正例》，载《论衡》（第4辑），广州：中山大学出版社，2006年。
⑤ 施谢捷：《古陶文考释三篇》，载《古汉语研究》，1997年3期。

0625 宿[图] 3·269·2 丁佛言释

按:此字释"宿",误。周宝宏先生隶定作"礶"。①

0628 宗[图] 5·98·1

按:此字释"宗",误。当释为"宝"。

0631 夌[图] 3·600·2

按:此字释"夌",误。当释为"更"。

0633 宎[图] 3·548·6 [图] 5·31·4

按:此字释"宎",误。当释为"宎"。字又见于行气玉铭、古玺等。

0634 宫[图] 6·19·2

按:此字释"宫",误。当释为"宦"。

0636 宀[图] 7·13·2

按:此字释"宀",误。当释为"坕"。

0638 宫[图] 2·645·1 [图] 2·644·1

按:此字多释为"宫"。也有学者释为"宇"。

0652 疟(疕)[图] 2·650·2

按:此字释"疟",误。当释为"圻",单字陶文,新泰市出土。

0659 瘐(瘠)[图] 2·373·2《玉篇》:"瘠,古文瘐。"《集韵》:"瘮瘐,寒病。"

按:此字释"瘐",误。当释为"疢"。

0661 疪[图] 5·21·1 [图] 5·21·2

按:此字释"疪",误。当释为"疵"。

0662 瘰[图] 3·496·1

按:此字释"瘰",误。或释为"瘇"、"瘴"、"癗"、"瘅"。

0673 叉[图] 2·400·1 [图] 2·400·3 [图] 2·400·2

按:此字释"叉",可疑,似是"守"字。

0674 窒[图] 4·60·1 [图] 4·58·4

按:此字释"窒"误,当释为"坕"。

0679 罗[图] 3·328·1 像以树枝支网捕鸟,会意。疑为"罗"之异体。[图] 3·328·2 [图] 3·328·5

---

① 周宝宏:《古陶文形体研究》,吉林大学博士学位论文,1994 年;又北京:社会科学文献出版社,2002 年。

按:此字释"罗",可疑,或释"瞿"。

0687 从佩 ▨ 2·708·2 ▨ 2·708·1 ▨ 2·708·5 ▨ 2·708·3

按:此字释"佩",误。当释为"剜"。

0696 尣(魏、微) ▨ 5·25·2

按:此字释"尣",误。当释为"长"。

0709 幸(仆) ▨ 2·152·1 高明、葛英会释。▨ 2·153·1

按:此字释"幸",误。当释为"㚔"。

0710 㚔 ▨ 6·22·2

按:此字释"㚔",误。杨泽生先生认为:"该字从'言'从'久',可能是'记'字的异体。"①

0719 倘 ▨ 2·85·1 ▨ 2·119·1 ▨ 2·140·1

按:此字释"倘",误。当释为"妣"。

0725 㑇 ▨ 4·112·1 ▨ 4·18·1 ▨ 3·647·2

按:此字释"㑇",是对的,字又见于黏镈"宝(保)虞(吾)子㑇(姓)",当为"姓"字异体。

0727 匕 ▨ 3·601·3 ▨ 5·108·5 ▨ 5·86·6

按:此字释"匕",可疑,当释"人"。

0743 ▨ 2·526·2 ▨ 2·540·3 ▨ 2·530·3 ▨ 2·546·3 ▨ 3·41·4 ▨ 2·534·2 ▨ 2·527·3 ▨ 2·543·1 ▨ 2·529·2 ▨ 2·547·2 ▨ 2·526·1 旧释袿,《陶文图录》释裴,均误。

按:此字从"衣"(或从衣省),"封"声,张振谦先生释为"衺"。②

0744 襄 ▨ 2·674·4

按:此字原拓作"▨",所从"▨"属上。

0758 兀 ▨ 6·326·2

按:此字当释为"元"。

0767 欦 ▨ 6·466·2

按:此字释"聞",误。当释为"歇"。

---

① 杨泽生:《古陶文字零释》,载《中国文字》新廿二期,台北:艺文印书馆,1997年,第256页。

② 张振谦:《齐系文字研究》,安徽大学博士学位论文,2008年。

0775 频■ 6·302·2 ■ 6·302·3

按:此字当释为"濒"。

0785 卩■ 2·299·2 ■ 4·41·1 ■ 4·211·2 ■ 4·211·3 ■ 4·22·2

按:此字当释为"勺"。

0792 勻■ 7·3·1

按:此字释"勻",误。当释为"圴"。

0798 由■ 3·22·3 ■ 3·22·1

按:此字释"由",误。当从汤余惠先生释为"百"。①

0806 屏■ 2·429·2

按:此字释"屏",误。当释为"旂"。字又见于郭店简,汤余惠先生释为"旂"。

0813 盾■ 5·77·1

按:此字释"盾",误。当释为"詹"。

0815 宖■ 3·599·1

按:此字释"宖",可疑。我们怀疑是"弛"字或体。

0834 冢■ 5·28·2

按:此字释"冢",误。当释为"冢"。

0836 豹■ 2·643·3 吴大澂释

按:此字释"豹",误。于省吾先生说:"《古文四声韵》上声二十四缓'满'字下引《古孝经》作■,《古老子》作■、■,《义云章》作■。然则陶文之■、■,即古文'满'字也。"②其说甚是。

0839 马■ 6·68·2

按:此字释"马",误。当从施谢捷先生释为"乘"。③

0851 奚■ 4·139·4

按:此字释"奚",误。当隶作"豪",释为"家",楚文字习见,此为燕陶"豪

---

① 汤余惠:《略论战国文字形体研究中的几个问题》,载《古文字研究》(第 15 辑),北京:中华书局,1986 年,第 13 页。

② 于省吾:《双剑誃殷契骈枝三编·双剑誃古文杂释》,北京:中华书局,2009 年。

③ 施谢捷:《陕西出土秦陶文字丛释》,载《考古与文物》,1998 年 2 期。

乙"。三晋陶文"家"字作"▇"（新郑图 403 家悊），上亦有"爪"形，由此可见，战国文字中的"家"字上部多加"爪"形。

0853 狽▇ 3·548·2

按：此字释"狽"，误。当释为"狼"。

0854 须▇ 6·131·2

按：此字释"须"，误。当释为"颇"。

0857 烺 ▇ 6·235·4 汉长宜子孙长作▇，与陶文偏旁相似。▇ 6·235·3

按：此字释"烺"，误。当从施谢捷先生释为"煖"。①

0859 黒▇ 3·489·3 疑熹字

按：此字释"黒"，误。刘钊先生认为："166 页▇寮字颠倒形体后误释为皇。"②此字似应释为"员"。

0867 熹▇ 3·279·2《说文》："熹，炙也。从火熹声。"按此乃从火，熹省声。其为加注声符。其、熹双声叠韵。▇ 3·297·5 印文字划不全

按：此字释"熹"，误。何琳仪先生释为"埙"。③ 可能是"内员"二字。

0861 炀▇ 2·644·1 王献唐释。按此从火，并不从昜，待考。

按：此字释"炀"，误。待考。

0865 灭▇ 3·21·4

按：此字释"灭"，误。当释为"内"。

0877 奄▇ 6·34·4

按：此字释"奄"，误。杨泽生先生引李家浩先生说释作"黾"，④何琳仪先生释为"黾"。⑤ 施谢捷先生对秦文字中的"黾"字作了分析，可参看。⑥

0878 誇▇ 3·380·2 ▇ 3·379·5 ▇ 3·381·6

按：此字或释为"夸（豪）"、"奎"，或释为"亢"。

---

① 施谢捷：《陕西出土秦陶文字丛释》，载《考古与文物》，1998 年 2 期。
② 姚孝遂：《中国文字学史》，长春：吉林教育出版社，1995 年，第 448 页。
③ 何琳仪：《战国古文字典》，北京：中华书局，1998 年，第 1315 页。
④ 杨泽生：《〈古陶文字征〉补正例》，载《论衡》（第 4 辑），广州：中山大学出版社，2006 年。
⑤ 何琳仪《战国古文字典》，北京：中华书局，1998 年，第 732 页。
⑥ 施谢捷：《东周兵器铭文考释》（三则），载《南京师范大学学报》，2002 年 2 期。

0886 䚕 ▨ 3·73·6《说文》:"䚕,目视也。从横目,从夲。"汤余惠释。

按:此字释"䚕",误。汤余惠先生认为,此字从"目"、"辛"声,乃"亲"字异体。①

0892 墉 ▨ 4·24·1

按:此字或释为"墉"。

0894 思 ▨ 2·50·4 侧置

按:此字释"思",误。张振谦先生释为"咸"。

0901 恭 ▨ 4·163·3

按:此字燕玺中常见,旧多释"恭",何琳仪先生改释为"悦"。②

0903 恂 3·340·6 丁佛言释

按:此字顾廷龙先生释"惷"。裘锡圭先生认为可备一说。③

0913 惑 ▨ 2·741·1 吴大澂曰:"当即感字。《说文》从咸声,此从旦从戊,当从旦得声。"

按:此字释"惑",误。当释为"惑"。

0915 悼 ▨ 3·462·6

按:此字释"悼",误。或释为"巢",分析为从"曰"、"巢"声,释为"窠(镍)"。④ 此字可能就是"巢"的异体字,"曰"是加注的义符。

0920 慈(哲、悊) ▨ 3·437·6

按:此字释"慈",是对的。但括注"哲、悊",则错。

0923 㤩 ▨ 2·618·2 ▨ 2·617·3

按:此字释"㤩",误。高田忠周先生说:"▨古匋器文,刘本。……此当愬字异文,《说文》:'愬,趣步愬愬也,从心与声。'"⑤其说可从。

---

① 汤余惠:《略论战国文字形体研究中的几个问题》,载《古文字研究》(第 15 辑),北京:中华书局,1986 年,第 13 页。

② 何琳仪:《战国文字通论》,北京:中华书局,1989 年,第 98 页。

③ 顾廷龙:《古陶文䀇录》10·2 下。裘锡圭《〈古陶文䀇录〉重印序言》二下三上,《古陶文䀇录》,上海:上海古籍出版社,2004 年。

④ 徐在国:《古陶文字释丛》,载《古文字研究》(第 23 辑),北京:中华书局,2002 年,第 112 页。

⑤ 高田忠周:《古籀篇》(卷四三·二五),载《金文文献集成》(第 33 册),香港明石文化国际出版有限公司 2005 年据 1925 年日本说文楼影印本初版影印。

0925 怒 ♦2·314·3

按:此字释"怒",误。当释为"悝"。又见《古玺汇编》3538。

0930 怷 ♦2·169·3 ♦2·169·4 ♦2·131·2

按:"怷"乃硬性隶定。当释为"俟"。

0933 怸 ♦2·175·4

按:"怸"乃硬性隶定。或释为"愬"。

0935 息 ♦3·648·6

按:此字释"息",误。或释为"朔"。

0936 息 ♦3·403·1 ♦3·402·3

按:此字释"息",误。当释为"曷"。

0942 剅 ♦3·17·1 ♦3·17·5 ♦3·17·4

按:此字释"剅",误。或释为"嘉"。张振谦先生释为"憨"。①

0943 髴 ♦2·544·1 ♦2·543·2

按:此字释"髴",可疑,待考。

0945 息 ♦4·57·1

按:此字释"息",误。当释为"息"。

0946 懎 ♦3·390·3 ♦3·390·2

按:此字释"懎",误。当释为"慢"。参上"甍"字条。

0948 㥁 ♦2·218·4

按:此字应隶定为"㥁",李天虹先生释为"惧"。②

0949 罜 ♦2·153·3

按:此字张振谦先生释为"㥁"。

0950 悚 ♦3·390·3 《集韵》:"憽,省作悚。"《博雅》:"悚,痛也。"

按:此字释"悚",误。当释为"恔"。

0974 泪 ♦7·4·3

按:此字释"泪",误。当释为"肖"。

0982 泰 ♦6·22·4

按:此字释"泰",误。当释为"桼"。

---

① 张振谦:《齐系文字研究》,安徽大学博士学位论文,2008年。
② 李天虹:《〈说文〉古文校补疏证》,吉林大学硕士学位论文,1990年。

0983 泽▨ 6·426·2

按：此字释"泽"，误。当释为"梁"。

0984 沫▨ 6·304·2 ▨ 6·304·3

按：此字释"沫"，误。当释为"渠"。

0989 汱▨ 6·50·1

按：此字释"汱"，误。当释为"沃"。

0993 浣▨ 2·554·2

按：此字释"浣"，误。何家兴博士释为"涫"。①

1009 至▨ 2·650·4

按：此字释"至"，误。当释为"封"。

1011 厔▨ 2·650·4

按：此字释"厔"，误。字当隶定为"甸"，分析为从"勹"，"封"声。

1014 阉▨·232·2 从门、奄省声。▨ 6·232·4

按：此字释"阉"，可疑。或释为"灶"。

1016 闲▨ 2·409·1 ▨ 2·387·2

按：此字释"闲"，可疑。当从杨泽生先生释为"閒"。②

1018 阑▨ 6·293·1

按：此字释"阑"，误。当释为"阑"。

1022 耳▨ 2·285·4 ▨ 2·260·4 ▨ 2·135·4 ▨ 2·716·5 ▨ 3·532·5

按：此字释"耳"，误。当释为"取"。

1033 折▨ 6·327·1 像树木从中间折断之形。姓，音舌。

按：此字释"折"，误。当释为"祟"。

1038 姁▨ 2·370·2 ▨ 2·375·1

按：此字从陈介祺先生释"姁"，③误。李零先生怀疑是"息(?)"，④张振谦

---

① 何家兴：《战国文字分域研究》，安徽大学博士学位论文，2010年。
② 杨泽生：《古陶文字零释》，载《中国文字》新廿二期，台北：艺文印书馆，1997年，第250页。
③ 陈介祺：《吴愙斋尺牍》7·11上题记，北京：商务印书馆，1938年。
④ 周进(藏)、周绍良(整理)、李零(分类考释)：《新编全本季木藏陶》30·0103，北京：中华书局，1998年。

博士释为"姌"。① 我本人倾向于李零先生说。

1044 嬍▨ 6·133·3

按：此字释"嬍"，误。当释为"穔"。

1045 妼▨ 3·596·1

按：此字释"妼"，误。当分析为从"女"、"易"声，释为"婸"。燕文字中"郢（易）"字常写作"▨"（《玺汇》0010～都司徒）、"▨"（《玺汇》0159～铸币钵）"▨"（《古玺汇考》76～都吴），可证。李家浩先生认为，"▨"字"似应当释为从'邑'从'易'，即燕易下都之'易'的专字"。②

1052 氐▨ 5·5·2

按：此字释"氐"，可疑，待考。

1057（戟）戟▨ 2·752·1 戟有两类：一类是戈上加矛的复合型，另一类是多戈头的复合型。陶文"戟"字从戈、从丯，与齐国兵器"戟"字、"戎"字同。丯、丯都应是多戈头戟的象征。

按：此字释"戟"，误。原拓作"▨"，从"水"、"戎"声，当释为"潊"。

1058 戜▨ 3·487·1 ▨ 3·487·2 ▨ 3·487·3 ▨ 3·487·4

按：此字释"戜"，可疑，或释为"戌"。

1060 戠▨ 2·203·1 ▨ 2·204·4 ▨ 2·204·3 ▨ 3·172·1 ▨ 4·6·3

按：前四形当隶作"戠"，从"贝"、"口"、"戈"声，释为"贺"。最后一形是燕陶文，又见于燕玺、燕兵器铭文，当径释为"贺"。

1061 戮▨ 5·33·4

按：此字隶作"戮"，正确。字当是"伤"字异体。

1062 戧▨ 5·489·4 丁佛言释戧

按：此字释"戧"，误。当释为"脖"。

1070 匡▨ 5·97·4

按：此字释"匡"，误。当释为"市"。

1086 練▨ 7·15·4 丁佛言释

按：此字释"練"，误。当释为"练"。

---

① 张振谦：《齐系文字研究》，安徽大学博士学位论文，2008年。
② 李家浩：《从曾姬无卹壶铭文谈楚灭曾的年代》，载《文史》（第33辑），北京：中华书局，1990年，第17页。

1095 绎▢ 3·390·4

按：此字释"绎"，误。当释为"纕（组）"。

1099 绩▢ 2·160·1 ▢ 2·161·4

按：此字释"绩"，误。当释为"缨"。

1104 缟▢ 3·388·4 顾廷龙释

按：此字释"缟"，误。当释为"纕（组）"。

1105 纁▢ 6·31·1 ▢ 6·31·2 ▢ 6·31·3

按：此字《陶文图录》仅作硬性隶定，当释为"缭"。

1106 纴▢ 2·208·1《说文》："纴、机缕也。从糸壬声。"顾廷龙释。纴为女红。陶文增意符女▢ 4·186·1 ▢ 3·417·5 或增贝▢ 2·170·4 省糸▢ 3·416·4 或加日。日、纴泥母双声。

按：此字释"纴"，误。当释为"缨"，参裘锡圭、李家浩先生说。[①]

1108 缧▢ 2·280·2 疑为缪字异构。从缪省，木声。缪、木明母双声。

按：此字释"缧"，误。当径释为"缪"。

1109 紵▢ 3·386·2 顾廷龙释。

按：此字学者多释为"绪"。

1120 爺▢ 2·540·3

按：此字释"爺"，误。当释为"黂"。

1127 坙（堂）▢ 2·326·1

按：此字释"堂"，误。当释为"坔"，从"土"，"几"声。

1128 堂▢ 2·4·1

按：此字释"堂"，误。当释为"堵"。

1129 坐▢ 3·247·1 ▢ 3·247·4 ▢ 3·649·6 陶文"坐"，二人相背。

按：丁佛言《说文古籀补补》8、4 上释"丘"。学者多从之。

1131 壐（玺）▢ 2·34·2 ▢ 2·35·4 省土

按：首字是"杜"字，次字为"木"字。

1132 壪▢ 2·98·1 ▢ 2·99·1

按：此字释"壪"，误。我们怀疑为"遂"之异体。

---

① 裘锡圭、李家浩：《曾侯乙墓竹简释文与考释》，载《曾侯乙墓（上册）》，北京：文物出版社，1989年，第517页。

1133 堌 ▨ 2·594·4

按：此字释"堌"，误。应分析为从"土"、"旬"声，释为"均"。

1140 圣 ▨ 3·1·3 ▨ 3·2·1 ▨ 3·1·1

按：此字释"圣"，误。当释为"左"。

1142 垂 ▨ 2·560·4 ▨ 7·19·1

按：此字释"垂"，误。当释为"陵"，字应分析为从"土"，"来"声。

1143（荆）茥 ▨ 4·202·2 ▨ 4·202·1

按：此字释"茥"，误。当释为"城"。燕文字"城"字或作"▨"玺汇0119、"▨"玺汇5551，均与陶文同。

1144 墥 ▨ 2·184·1a ▨ 2·185·3 ▨ 2·185·4 ▨ 2·185·2

按：此字隶作"墥"，李家浩先生释为"阻"。①

1145 均 ▨ 2·7·2

按：此字或释为"卲"。

1154 睪 ▨ 2·211·2 ▨ 2·211·1 ▨ 2·211·3 ▨ 2·259·3

按：此字释"睪"，误。吴良宝先生隶作"睪"，认为是"瞿"字异体。② 可从。

1157 凿 ▨

按：此字释"凿"，可疑。

1158 铭 ▨ 2·28·3 ▨ 2·35·3 ▨ 2·29·1 ▨ 2·28·4 ▨ 2·32·1 ▨ 2·7·2

按：此字高明先生释"璽"，读为"照"。③

1190 陞 ▨ 6·193·1

按：此字释"陞"，误。当释为"陞"。

1194 陞 ▨ 5·76·4 ▨ 5·13·2

按：此字释"陞"，误。当释为"院"。刘钊先生释此字为"陞"字。④

---

① 李家浩：《战国䈞刀新考》，载《中国钱币论文集》（第3辑），北京：中国金融出版社，1998年。
② 吴良宝：《玺陶文字零释（三则）》，载《中国古文字研究》（第1辑），长春：吉林大学出版社，1999年，第154页。
③ 高明：《说"璽"及其相关问题》，载《考古》，1996年3期。
④ 刘钊：《古文字构形研究》，吉林大学博士学位论文，1991年。

1197 吐▨ 5·22·1

按：此字释"吐"，误。古玺作"▨"（《古玺汇编》0455），董珊先生认为可能是"垣"。①

1198 陿▨ 3·350·4 ▨ 3·520·1

按：此字释"陿"，误。陈世辉、汤余惠先生很早就释青川木牍中的"▨"为"涧"：②

涧，原篆作▨，旧释为梁，误。今按当是涧字，《说文》"涧，山夹水也。"篆文涧字从二阜，从水，与《说文》合，当是涧的原始会意字。侯马盟书人名有愠字，异文或作▨（156∶26），昜侃声为涧省声。其中涧旁作"陜"，省略右边的阜旁。

陶文正是从二阜，从水，释"涧"没有问题。相同写法的"涧"字还见于楚文字、三晋文字。陈世辉、汤余惠先生的说法非常精彩，尤其是对侯马盟书▨字的认识，此字又见于玺印、兵器铭文，很少有学者称引二位先生的说法，特详引于此。

1231 午▨ 6·145·1 ▨ 6·145·3 ▨ 6·145·2

按：此字释"午"，误。当从陈伟武先生释为"斗"。③

1242 酸▨ 2·76·3 ▨ 2·76·4 ▨ 2·76·2

按：此字释"酸"，误。当释为"酘"。

敢邑▨ 3·624·2

按：此乃一字，非合文。字当释为"鰲"。

公邑▨ 3·614·1

按：此乃一字，非合文。字当隶作"𫝑"，从"八"、"予"声，"序"字异体。

子表▨ 2·529·4 表省毛

按：此乃一字，非合文。此字从"衣"，"封"声，张振谦先生释为"裹"。④

攻舌▨ 4·35·4

---

① 董珊：《从三年武垣令铍的地名释读谈到一些相关问题》，载《战国题铭与工官制度》，北京大学博士学位论文，2002年。
② 陈世辉、汤余惠：《古文字学概要》，长春：吉林大学出版社，1988年，第255页。
③ 陈伟武：《〈古陶文字征〉订补》，载《中山大学学报（社科版）》，1995年1期。
④ 张振谦：《齐系文字研究》，安徽大学博士学位论文，2008年。

按：此乃二字，不宜看作合文。

扶邑🖼 5·108·1 牛济普释

按：何琳仪先生释为"夫疋"，读为"扶苏"，地名。扶苏城在今河南商水。① 可从。

冢豆🖼 3·186·4 🖼 3·639·2

按：此乃一字，非合文。字当从刘钊先生释为"㺇"。②

丘亓🖼 3·113·1 🖼 3·112·6

按：此乃一字，非合文。字当释为"丘"，"亓"乃加注的声符，高田忠周说。③

子旨🖼 2·538·1 🖼 2·537·3

按：此乃一字，非合文。字当释为"脟"。

咸敊🖼 2·168·1

按：《陶文图录》释"句敊"，此释"咸敊"，均误。此字又见于 2·173·2，作"🖼"，最后两个字与🖼形同，当释为"敊旨"，乃是人名。

仓廪🖼 陶文外又增广，且加合文符号，疑为"仓廪"二字合文。🖼 5·75·3 🖼 5·75·2 🖼 5·43·4 🖼 5·46·1

按：此乃一字，非合文。字当释为"仓"，陶文"仓"外增"广"，乃赘加义符。另外，"🖼"也不是合文符号。

以上我们仅对《陶文字典》正文部分做了订补，附录部分篇幅太大，将另文探讨。因近几年一直在做陶文项目，《陶文字典》一出版就成为我的案头必备之书。在使用过程中发现《陶文字典》存在释字问题，个别是明显有误，也有许多是一家之言。我们指出这些问题，目的是让该书更好地发挥它的作用，同时也是提醒后来的研究者，有些问题可以继续研究。

---

① 何琳仪：《战国古文字典》，北京：中华书局，1998 年，第 1488 页。
② 刘钊：《古文字构形研究》，吉林大学博士学位论文，1991 年，第 474 页。
③ 高田忠周：《古籀篇》(卷一三·一六)，载《金文文献集成》(第 31 册)，香港明石文化国际出版有限公司，2005 年据 1925 年日本说文楼影印本初版影印。

第四编

简帛文字

说楚简"斫"兼及相关字①

《上海博物馆藏战国楚竹书》七《吴命》7号简中有如下一字：

此字前后文字为"敢告～日"。此字的主要释法有：

曹锦炎：②

  隶定为"刵"。

复旦读书会：③

  当隶定为"斫"。疑"斫"是个从"斤"得声的字。从斤得声之字一般归入文部或微部。此处可能读为"视"。"视日"古书屡见，又见于上博四《柬大王泊旱》。当然"视"与"斫"声母有一定距离，是否真如此读，我们不能肯定。

张崇礼：④

  应分析为从刀石声，可能是"劇"之本字。《说文》："劇，判也。从刀度声。"《尔雅·释器》："木谓之劇。"郭璞注引《左传》曰："山有木，工则劇

---

① 原载《简帛语言文字研究》（第5辑），成都：巴蜀书社，2010年，第8～17页。
② 曹锦炎：《上海博物馆藏战国楚竹书（七）》释文，上海：上海古籍出版社，2008年，第320页。
③ 复旦大学出土文献与古文字研究中心研究生读书会：《〈上博七·吴命〉校读》，复旦大学出土文献与古文字研究中心网，2008年12月30日。
④ 张崇礼：《释〈吴命〉的"度日"》，复旦大学出土文献与古文字研究中心网，2009年1月14日。

之。"今本《左传·隐公十一年》"劚"作"度"。《诗·鲁颂·閟宫》:"徂徕之松,新甫之柏,是断是度,是寻是尺。"马瑞辰通释:"度者,劚之省借。"

读书会把 A 隶定为"斫",亦可谓卓识。A 有砍斫义,和"斫"音、形、义皆近,应是同源字。

简文的"度",应释为推测、估计。《诗·小雅·巧言》:"他人有心,予忖度之。""度日"犹言预定日期。

季旭昇:①

那么"敢告刉日"可能还是应该释为"告"的甲类,释为"告视日"仍不失为一个可能成立的选项。

此字又见于上博六《孔子见季桓子》14 及清华简《保训》8:

      上博六·孔子见季桓子 14 好~兕以为☒

      清华简《保训》8 昔微~中于河

关于清华简《保训》中的""字,主要释法有:

李学勤:②

释"假"。

赵平安:③

在郭店简《语丛四》和上博简《容成氏》中作偏旁使用,从石声,可读为托。

清华大学出土文献研究与保护中心:④

"叚"即"假"。

陈伟:⑤

---

① 季旭昇:《也谈容〈容成氏〉简 39 的"德惠而不失"》,复旦大学出土文献与古文字研究中心网,2009 年 1 月 26 日。
② 李学勤:《周文王遗言》,载《光明日报》,2009 年 4 月 13 日。
③ 赵平安:《〈保训〉的性质和结构》,载《光明日报》,2009 年 4 月 13 日。
④ 清华大学出土文献研究与保护中心:《清华大学藏战国竹简〈保训〉释文》,载《文物》,2009 年 6 期。
⑤ 陈伟:《"刉"字试说》,简帛网,2009 年 4 月 15 日。

从字形着眼,并结合目前看到的一些辞例,我们怀疑这个字似当释为"刉"。

《说文》刀部云:"刉,划伤也。从刀,气声。一曰断也。又读若殪。一曰刀不利,于瓦石上刉之。"段注云:"刉与厉不同。厉者,厉于厉石。刉者,一切用瓦石硙之而已。"我们讨论的这个字,从石从刀,大概正是取义于此。至于加"贝"的写法,可能是为"气"字所造。"气"多与财物有关,构字之由与"贷"、"贷"类似。

林志鹏:[①]

二家读作"假"、"托"之字本从石从刀,陈伟先生释为"刉",读为"气"。按,此字从石从刀,会"用瓦石硙刀以利之"之意,当从陈先生说视为"刉"之异体,惟可如字读(与"祈"通),训为杀牲衅鼓之仪式。简文"中"则指军旅所用建鼓(用其本义,详下文)。"祈中于河"即在"河"衅鼓誓师。后"微无害(害训为患),归中于河",则为战胜后至河的报祭(衅鼓而藏之)。

武家璧:[②]

《保训》讲商先公上甲微报复有易氏,使之"服厥罪",其主要手段是"刉中于河"。《竹书纪年》载"殷侯微以河伯之师伐有易",《山海经·大荒东经》郭璞注引《竹书》曰"殷主甲微假师于河伯以伐有易。"李学勤先生释文"假中于河",殆拟合"假师于河伯"之意,虽文意可通,但字形不合。

"刉"字从石从刀,赵平安隶写为"刊"甚确。此字见《龙龛手镜》、《四声篇海》、《正字通》等,谓"砌"之俗字。辽释行均撰《龙龛手镜》辑录大量俗字、异体字、古文字及简体字,在释读敦煌文献中发挥重要作用,是辨识古俗字的重要工具。《说文》"砌,阶甃也。""砌中"即以甃石垒砌成台阶状的"中"坛……"砌"有堆聚之义,故"砌中"亦可解释为筑坛聚众,然后祭告天地,誓师出发。

[①] 林志鹏:《清华大学所藏楚竹书〈保训〉管窥——兼论儒家"中"之内涵》,简帛网,2009年4月21日。

[②] 武家璧:《上甲微的"砌中"与"归中"——读清华简〈宝训〉》(之二),简帛网,2009年5月7日。

徐伯鸿：①

　　这个所谓的"叧"字，其左半的上部是"厂"，下部是"口"，右半是"刀"。我以为，其左半的上部的"厂"（"厂，山石之厓岩，人可尻。"），与右半的"刀"构成了"叚"字的原形，下部的"口"，是"石"的象形（《说文》"石，山石也。在厂之下；口，象形"）。这个字应是"从石，叚声"的"碬"字。

　　《说文》："碬，厉石也。"（《春秋传》曰："郑公孙碬，字子石。"）《说文解字注》于"碬"字下注："碬篆旧作瑕。……以马赤白色曰騢，玉小赤曰瑕……厉石赤色名碬宜矣。"

　　碬，在简文中借作"假"，犹如古多借瑕为假一样。《说文解字注》："古多借瑕为假。晋士文伯名匄，字伯瑕。楚阳匄、郑驷乞皆字子瑕。古名字相应，则瑕即假也。《礼记》公肩假，《古今人表》作公肩瑕。《左传》瑕嘉平戎于王，《周礼注》作叚嘉。皆同音假借。"

以上是关于此字的主要释法。在诸说当中，我们认为李学勤先生和清华大学出土文献研究与保护中心的意见是正确的。此字释为"叚"，字形分析为从"殳"省，"石"声。我们先看一下古文字中的"叚"字：

𠭰　睡虎地秦简　　　𠭰　睡虎地秦简　《战国文字编》182页
𠭰　克钟　　　　　𠭰　禹鼎
𠭰　曾伯陭壶　　　𠭰　曾伯霥臣　《金文编》192页
𠭰　周王叚戈　　　𠭰　《古玺汇编》0604

何琳仪先生对古文字中的"叚"字做了很好的分析，为省减翻检时间，今转引如下：②

　　～，西周金文作（𠭰），从殳，石声。春秋金文作（𠭰），其彐讹作勹形。战国文字承袭西周金文。《说文》："𠭰，借也。阙。𠭰古文叚。𠭰谭长说叚如此。"小篆右上从勹乃勹形之讹变。谭长所引右上从彐则彐之演变，尚可见爪形。与西周金文吻合。两手相付以见借义。典籍多以假为之。

---

① 徐伯鸿：《说"微叧中于河"句中的"叧"字》，复旦大学出土文献与古文字研究中心网，2009年7月5日。
② 何琳仪：《战国古文字典》，北京：中华书局，1998年，第547页。

何琳仪先生认为,"叚""从乑(两手相付以见借义),石声。所从的𠂇讹作𠂆形",甚确。曾伯陭壶"叚"字作"叚",又作"叚",就是最好的证明。战国文字"叚"字所从的"𠂇"就讹作"𠂆"形,遂与"刀"混。上博三《周易》54"王叚于窑(庙)"之"叚"字作"叚",可证何先生说之确。

我们认为简文"叚"、"叚"即"叚"之省形,释为"叚"是对的。

上录简文中的"叚",均读为"假",训借。《广雅·释诂二》:"假,借也。"上博六《孔子见季桓子》简14:"民之行也,好叚(假)兑(美)以为囚。"上博七《吴命》7"敢告叚日","叚日"读"假日",即借日。见《楚辞·离骚》:"奏《九歌》而舞《韶》兮,聊假日以偷乐。"洪兴祖补注:"颜师古云:此言遭遇幽厄,中心愁闷,假延日月苟为娱乐耳。今俗犹言借日度时。"清华简《保训》8"昔微叚中于河","叚中"读"假中",关于"中"的含义,学术界争议颇大,李零先生最近撰文,专门谈"中"字,李先生的意见是:①

"中"字到底指什么?学者有三说:(1)旗帜说(唐兰说);(2)圭表说(温少峰、袁庭栋说);(3)风向标说(黄德宽说)。(参看于省吾主编《甲骨文字诂林》第四册,中华书局,1996年,2935—2926页)

案此三说,似可折中于中国古书所说的"表"。"表"者,即今语所谓"标杆",它可以是普通的标杆,也可以是有旗旐的旗杆。这种杆子有两个功能:一是"立竿见影",当观测日影的圭表用;二是借助旗旐观风向,测风力,殷墟卜辞卜"立中",经常会问是否"亡风"。《三国演义》第四十八和第四十九回讲"借东风"的故事,周瑜吐血,是看旗,转忧为喜,也是看旗。三说并不矛盾。

古书所谓"表",常与"旗"并说,是类似之物,如《左传·昭公元年》"举之表旗"是也。"表"常用于军中,用于合军聚众,教练士卒。如《周礼·夏官·大司马》、《六韬·犬韬·分兵》、《尉缭子》的《将令》、《兵教上》、《踵军令》都提到军中的"立表",以及用表旗划分营垒,"战合表起"等等。

"表"有两大用处:一种用于集合,立表辕门,视日影消失,时当正午,全军集合于表下,迟到者斩,古人叫"日中期会",如司马穰苴斩庄贾

---

① 李零:《说清华楚简〈保训〉篇的"中"字》,载《中国文物报》,2009年5月20日。

的故事就涉及这种制度(《史记·司马穰苴列传》);一种是用于阵法操练,每百步树一表,练习作坐进退,"及表乃止"。古人说,"古者逐奔不过百步,纵绥不过三舍"(《司马法·仁本》),就是这么训练出来的。

我个人认为李零先生的观点可从。既然"中"可折中于中国古书所说的"表","'表'常用于军中,用于合军聚众,教练士卒",那么"假中"义同"假师"。简文中的"中"字代指军队。

释出了"叚",下列楚文字中从"叚"的字也就可以解决了。

A1 ▨ 包山 161～仿司马洛臣

A2 ▨ 包山 158 罩得～为右使

A3 ▨ 郭店·语丛四 26 一家事乃有～

A4 ▨ 上博二·容 39 悳(德)惠而不～

A2 何琳仪先生释"厕",认为是"厕"之异文。① 李守奎《楚文字编》隶定为"砢"。② A3、A4 的释法很多,这里就不一一列举了。

我们认为 A1－A4 是一字异体(只是 A1、A2 所从的"石"省掉了"口"而已),均应隶定为"赮",分析为从"贝","叚"声,字不见于后世字书。我们怀疑是"贾"字异体。上古音"贾"、"叚"均为见纽鱼部,《说文》:"椴,读若贾。"亦可为证。

《上博二·容成氏》39"悳(德)惠而不赮(贾)","德惠",德泽恩惠。见《管子·五辅》:"务功劳,布德惠,则贤人进。"《史记·秦始皇本纪》:"皇帝休烈,平一宇内,德惠修长。""贾"义为卖。《诗·邶风·谷风》:"既阻我德,贾用不售。"郑玄笺:"我修妇道而事之,觊其察己,犹见疏外,如卖物之不售。"陆德明释文:"贾音古,市也。"容成氏 39"德惠而不贾",德泽恩惠而不售。

《郭店·语丛四》26"一家事乃有赮(贾)","赮(贾)"疑读为"故"。典籍中"估"与"贾"、"沽"与"贾"、"固"与"瑕"、"胡"与"遐"相通可证,详参高亨《古字通假会典》863～866 页。"故"字义项很多,择其要者如下:

1. 事,事情。《广雅·释诂三》:"故,事也。"《左传·昭公二十五年》:"昭伯问家故,尽对。"杜预注:"故,事也。"

2. 特指祭祀、期会等大事。《礼记·玉藻》:"君无故不杀牛,大夫无故不杀羊,士无故不杀犬豕。"郑玄注:"故谓祭祀之属。"《汉书·礼乐志》:"大臣特

---

① 何琳仪:《战国古文字典》,北京:中华书局,1998 年,第 95 页。
② 李守奎:《楚文字编》,上海:华东师范大学出版社,2003 年,第 556 页。

以簿书不报,期会为故。"颜师古注:"故谓大事也。"

3. 意外或不幸的事。《周礼·天官·宫正》:"国有故。"郑玄注引郑司农曰:"故谓祸灾。"

结合《语丛四》26:"一家事乃有叚(故):三雄一雌,三骻一莛(提),一王母保三婴儿。"学者早已经指出"故"指的是"三雄一雌,三骻一莛(提),一王母保三婴儿"。简文"有故"当与《周礼·天官·宫正》"国有故"之"有故"同,指不好的事。

包山158"罩得叚(贾)"之"贾"为人名。包山161"叚(贾)仿司马洛臣"之"贾仿"似为地名或机构名,待考。

以上主要对楚简中"叚"字的字形做了一些分析,认为"叚"应分析为从"叉"(两手相付以见借义),"石"声;"叚"所从的"𠂆",不是"刀",乃"彐"形之讹,并对楚简中从"贝","叚"声的"叚(贾)"字形、字义做了探讨。不当之处,还请专家指正。

谈楚帛书读"厌"之字

楚帛书中有如下一字：

☒ 乙六·二八"是月以娄、䐃为之正"

☒ 乙八·一五"䐃以为则"

诸家说法如下：

饶宗颐：②

䐃殆晉字，说文"晉，盛皃。籀文作䐃，从二子。"智䐃犹言智盛

饶宗颐：③

䐃字，《说文》晉，籀文作䐃，从二子。一曰晉，即奇字簪（晋）。缯书此字从日不从曰，古玺有晉字，同此。此字两见，一云"是月以迁，䐃为之正。"一云"恭民未智，䐃以为则。"两处如读为晋，训进，均可通。

饶宗颐：④

䐃字，《说文》："晉，盛皃，从孨从日读若薿薿，一曰若存。籀文作䐃，从二子。一曰䐃即奇字簪（晋）。"帛书此字从曰不从日，金文有叔妊簠

---

① 原载《华学》（第9、10辑），上海：上海古籍出版社，2008年。
② 饶宗颐：《长沙出土战国缯书新释》（选堂丛书之四），香港：香港义友昌记印务公司，1958年，第25页。
③ 饶宗颐：《楚缯书疏证》，《史语所集刊》第四十本上，1968年，第16页。
④ 饶宗颐：《楚帛书新证》，载饶宗颐、曾宪通《楚帛书》，香港：中华书局香港分局，1985年，第56页；又饶宗颐、曾宪通《楚地出土文献三种》，北京：中华书局，1993年，第260～261页。

(《积古斋》六),古钵有晉字,同此。厬字帛书两见,一云"厬之为正",一云"厬以为则"。厬既读若疑,则此可读为拟。《说文》:"拟,度也。"与揆同训度。《天官书》"以揆岁星顺逆。"故"厬为之正"犹言揆度以为正。

饶宗颐:①

厬即晉,读若疑。此读为拟。"厬以为则",犹言"揆度以为则"。说见上。

林巳奈夫:②

从饶宗颐先生(1958)说。

商承祚:③

厬字即《说文》之昏,籀文作晉。此意不明。

严一萍:④

商氏说:"厬即说文之昏,籀文作晉,此意不明。"案《说文》:"晉,籀文从二子,一曰晉即奇字簪。"易卦晋孟喜作齐。此"厬"字,当为奇字簪,读作"齐"。

唐健垣:⑤

甲篇六行　　㊙为之□,隹十又

缯书八行云"恭民未智,厬以为则,毋动群民",据此可补作"厬为之则"。厬,我读作慈,详另条。

补:饶师新释作"厬为之正",缯书此处横行磨损,极不清楚,我仍以为补"则"字是。之,其也,详经传释词,厬(慈)为之则,言"以仁慈作为其施政之准则"。

---

① 饶宗颐:《楚帛书新证》,载饶宗颐、曾宪通《楚地出土文献三种》,北京:中华书局,1993年,第261~262页。
② 林巳奈夫:《长沙出土战国帛书考》,载《东方学报》(京都)第三十六册第一分,1964年,第68页。
③ 商承祚:《战国楚帛书述略》,载《文物》,1964年9期。
④ 严一萍:《甲骨古文字研究》(第3辑),台北:艺文印书馆,1990年,第266页。
⑤ 唐健垣:《楚缯书文字拾遗》,《中国文字》(台北)第三十,1968年。

甲篇八行　　恭民未智，旹以为则，毋动群民

严先生曰："商氏说：'旹即说文之昏，籀文作𣆏，此意不明。'案说文：'昏，籀文从二子，一曰𣆏，即奇字𣆏。'易卦晋孟喜作齐。此'𣆏'字，当为奇字𣆏，读作'齐'。"

我以为旹乃慈字异构，其下半所从之 ⌣ 乃口字，非日字。金文从口之字，每每在口中加点成"日"形。如番生簋严字，国差𦉢咸字是。以形求之，旹当是从口孖声益厂旁。如金文万亦加厂作厉矣（见散伯盘）。厂非说文训山石之厓之厂，乃是广之异形，金文 ⌒⌒ 形互混用，详金文编卷九。古文字加宀广厂者极多，古文从口从心通，如说文哲又作𢛷，集韵情又作啨。孖兹二字广韵皆云子之切，玉篇且云孖乃滋字，知孖兹声同义近，然则慈从心兹声，旹从口孖声，乃慈之异构，厂则后加。古书中语法与慈以为则近似者，如仁以为己任（论语泰伯）、礼以为归（左昭四年），皆以德目字眼在前，慈亦德目也，故读此作慈以为则，甚觉通顺……

李学勤：①

"是月以数旹"，末一字从"𣆏"声。"𣆏"字可读若"存"，所以这个字读为"存察"的"存"，这一句的意思是用数术来考察。

高明：②

(16)"恭民本智，旹以□则毋童"；旹字即昏，《说文·子部》："昏，从𠬞从日"，籀文从二子作𣆏，当即此字。段玉裁注引《文选·灵光殿赋》："楚樷罗以戢昏"，李注："戢昏众皃"。缯书谓为恭民本知，慎而勿动。童假为动。

李零：③

旹，应即《说文》昏字，许慎说："昏，盛貌，从𠬞从日，读若薿薿，一曰若存，𣆏籀文昏，从二字，一曰𣆏即奇字𣆏。"此从薿音，读为拟，拟者，比

---

① 李学勤：《楚帛书中的天象》，载《湖南考古辑刊》（第1辑），1982年，第69页。
② 高明：《楚缯书研究》，载《古文字研究》（第12辑），北京：中华书局，1985年，第386页。
③ 李零：《长沙子弹库楚帛书研究》，北京：中华书局，1985年，第58页。

度也。"二"下一字残,似为"月"字。这两句大约是说,月之恒数只有十二个月。

何琳仪:①

(30)"厝",《说文》"晋,盛貌。从菜从日,读若蘸蘸。一曰若存。替,籀文晋从二子。一曰,替即奇字簪。"严引《易·晋》之"晋"孟喜本作"齐",读"厝"为"齐"。李乙读"存"。按,"厝"应读"拟"。下文"拟以为则"与《汉书·扬雄传》"常拟之为式",适可互证。"则"、"式"音义均通。

何琳仪:②

厝为之□(30)
末字诸家据残文补"正",可信。"厝"读"拟"。《说文》"拟,度也。"

汤余惠:③

(37)恭顺的百姓不知情实,把反常的天象当成固有的法则。厝,《说文》:"晋,盛貌。从菜、从日,读若蘸蘸,一曰若存。替,籀文晋从二子,一曰替即奇字簪。"帛书厝,从替声,可读为拟,拟度之义。

曾宪通:④

厝为之正(乙六·二八)　　厝为则(乙八·一五)

许慎说:"晋、盛貌,从菜从日,读若蘸蘸,一曰若存,替籀文晋,从二子;一曰替即奇字簪。"锡永先生云:"厝即《说文》之晋,籀文作替。"严一萍氏谓厝当为奇字簪,读作"齐"。李零据蘸音读为拟,比度也。李学勤则读为存,义为察。选堂先生以厝为籀文替,据《说文》当训盛。谓"厝以为则"犹言盛以为则。又读为拟,谓拟与揆同训度。帛文"厝为之正"犹言揆度以为正。皆据《说文》为说。

---

① 何琳仪:《长沙帛书通释》,载《江汉考古》,1986年1期;又《战国古文字典》,北京:中华书局,1998年,第90页。
② 何琳仪:《长沙帛书通释》,载《江汉考古》,1989年4期。
③ 汤余惠:《战国铭文选》,长春:吉林大学出版社,1993年,第168~169页。
④ 曾宪通:《长沙楚帛书文字编》,北京:中华书局,1993年,第71页。

陈茂仁：①

是知帛书厬，即"昚"字。读若"薿"，此从李零说读为拟。拟，比度之意，《说文》："拟，度也。"《易经·系辞上》："圣人有以见天下之迹，而拟诸其形容，象其物宜。"疏："以此深迹之理，拟度诸物形容也。"

"厬以为则"，盖谓比度以为常法。

冯时：②

"是月以娄，厬为之正"，意即娄宿昏中之月，可据推定岁首。厬，读为拟，揆度也（李零《长沙子弹库战国楚帛书研究》）。《礼记·月令》："季冬之月，日在婺女，昏娄中，旦氐中。"此战国之天象，时季冬娄宿昏中，当夏历十二月，帛书丙篇以孟陬为正，即用夏历。故帛书文义应即教民正历之举，谓若侧匿之岁，历数失序，必当以娄宿昏中之月揆度来岁正朔，其时值岁末，历据以迁进于正，而后合天，遂一岁十二月可成，民时可正。

刘信芳：③

厬诸家多以为字即《说文》"昚"，然其释则纷纭其说，或释"晉"，读作齐；或读"拟"，或读"存"。按该字从屄甘声，"屄"应即《说文》"屄"字之别，甘是附加声符，字读如"存"，则有如《说文》"昚"之歧读如"存"。帛书"厬"（存）应是与古代媵祭相关之礼仪，《礼记·郊特牲》："乡人禓，孔子朝服立于阼，存室神也。"所谓"禓"，郑玄注："禓，强鬼也，谓时傩、索室、驱疫、逐强鬼也。禓或为献，或为傩。"《论语·乡党》："乡人傩。"知禓（殇）乃傩、媵之异名，同为驱鬼逐疫之礼也。所谓"存室神"，郑玄注："神依人也。"疏云："谓乡人驱逐此强鬼，孔子则身着朝服立于阼阶之上，所以然者，以时驱逐强鬼，恐己庙室之神时有惊恐，故着朝服立于庙之阼阶，存安庙室之神，使神依己而安也。所以朝服者，大夫朝服以祭，故用

---

① 陈茂仁：《楚帛书研究》，国立中正大学中国文学研究所1996年硕士学位论文。
② 冯时：《楚帛书研究三题》，载《于省吾教授百年诞辰纪念文集》，长春：吉林大学出版社，1996年，第192页。
③ 刘信芳：《楚帛书解诂》，载《中国文字》新廿一期，台北：艺文印书馆，1996年，第91~92页；又《楚帛书"德匿"以及相关文字的释读》，载《华学》（第5辑），2001年；又《子弹库楚墓出土文献研究》，台北：艺文印书馆，2002年，第79页。

祭服以依神。"帛书"存为之正",谓行驱鬼逐疫之膢祭时,以安神为正。

刘信芳:①

  存 安也。《史记·五帝本纪》:"存亡之难。"索隐:"存亡犹安危也。"

按:诸说皆可商。我们曾将此字读为"厌",②理由是:

新蔡简乙三 24 有如下一字:王孙🅐

而乙三 42 简则作"厌":

是日祭王孙厌一豕、酒食。

原书作者说:"王孙厴又称王孙厌,厴、厌通假。"③这为我们读楚帛书中的🅐字为"厌"提供了一个直接证据。类似的证据还见于包山楚简:

包山 207 简有如下一字:

🅐于野地主一狢。

包山 219 则作:

厌一狢于野地主。

包山 207 简中的"🅐"字,湖北省荆沙铁路考古队认为:"厸,为莽字异体,借作荐。《周礼·天官·庖人》注:'备品物曰荐,致滋味乃为羞。'"④何琳仪先生隶定为"厴",说:"包山简～,读晋(厸)。《尔雅·释诂》:'晋,进也。'"⑤刘信芳先生认为:"原简字形从石,从莽省声,读为薦。薦与荐音通,而荐正从莽声。何琳仪先生读为'晋'。"⑥

通过字形比较可知,包山 207 简中的厸字从"厂"、从"孖",当是新蔡简乙三 24"厴"字之省。包山 207 简"厸(厴)"与 219 简"厌"互为异文,证明"厴"可读为"厌"。

"厴"字可分析为从"厂"、督声,"督"即见于《说文》的"叠"字异体。《说

---

① 刘信芳:《楚帛书解诂》,载《中国文字》新廿一期,台北:艺文印书馆,1996 年,第 93 页。又《子弹库楚墓出土文献研究》,台北:艺文印书馆,2002 年,第 83 页。
② 徐在国:《新蔡葛陵楚简札记(二)》,简帛研究网,2003 年 12 月 17 日首发。
③ 河南省文物考古研究所:《新蔡葛陵楚墓》,郑州:大象出版社,2003 年,第 183 页。
④ 湖北省荆沙铁路考古队:《包山楚简》,北京:文物出版社,1991 年,第 55 页。
⑤ 何琳仪:《战国古文字典》,北京:中华书局,1998 年,第 91 页。
⑥ 刘信芳:《包山楚简解诂》,台北:艺文印书馆,2003 年,第 223 页。

文》:"㞚,盛貌。从弄,从日。读若蘝薿。一曰若存。㬜,籀文㞚,从二子。一曰㬜即奇字晋。"《说文》录有"㞚"字三个读音,均与"厌"字音异。"厴"字为什么能读为"厌"?还有待进一步的探讨。① 从形体看,"厴"、"厌"为异体字的可能性不大,但在楚文字中二字互为异文,所以"厴"字读为"厌"应该是可以成立的。

下面谈一下"厴"字的用法。

楚帛书乙六·二八"是月以娄、厴为之正","娄"当从刘信芳先生说读为"膢",义为膢祭,《说文》:"膢,楚俗以二月祭饮食也。""厴"字读为"厌",义为厌祭。祭时无尸,仅以食供食,谓之厌祭。《礼记·曾子问》:"曾子问曰:祭必有尸乎?若厌祭亦可乎?"郑玄注:"厌时无尸。……厌饫而已。""是月以娄、厴为之正"义为此月以膢祭、厌祭为正。

楚帛书乙八·一五"恭民未智,厴以为则,毋童(动)群民"之"厴",亦读为"厌",似亦训为厌祭。

新蔡简甲一 4:"厴祷一鹿"、甲三 111:"功逾而厴之"、乙一 15"与祷厴之"、包山 207 简"屍(厴)于野地主一豭",诸"厴"字均读为"厌",义为厌祭。

最后,附带谈一下西周铜器铭文中的"厴"字:

⟨图⟩ 厴季簋　⟨图⟩　厴季卣　《金文编》664 页

《金文编》隶定为"厴"。张亚初先生隶定为"厴",②可从。后一形为楚帛书"⟨图⟩"形所本。厴季簋辞例为"鄂侯弟厴季自乍(作)簋"、厴季卣辞例为"鄂侯弟厴季自乍(作)旅彝","厴季"应为人名。

补记:拙文在"饶宗颐教授九十华诞国际学术研讨会"上宣读后,廖名春先生会后与笔者交换了一些看法。后寄呈吴振武先生教正,吴先生提出了几条修改意见。在此谨向吴先生表示感谢。论文的最后提交日期快到了,笔者仍在上课,匆匆改定,没有再寄呈吴先生审阅,文中有何问题均由笔者负责。

---

① 我们最初怀疑此字从"厂"声,读为"厌"。后放弃此说。也曾怀疑是"屡"字,读为"厌"。但不敢肯定。论文宣读后,廖名春先生告诉笔者,他也怀疑是"屡"字。

② 张亚初:《殷周金文集成引得》,北京:中华书局,2001 年,第 688 页。

楚漆梮札记①

2000年湖北荆门五里铺镇左塚村3号楚墓中出土了一件罕见的漆梮，上有182个文字。"文字是分组书写的，每组一字或两字，共有112组"。② 黄凤春、刘国胜两位先生及时将这份珍贵材料公布出来，并做了很好的研究。在他们研究的基础上，我们对漆梮B图内框第二栏从"民"的字略作分析，以成札记。还请专家指正。

B图内框第二栏，分16组，每边4组。原文的释文是：

民訧、民凶、民绘（憱）、民瞀（懵）、民□（启）、民膏（喻）、民闻（惛）、民悃、民窜（穷）、民䋫、民惓（倦）、民患、民恻、民勑（厉）、民童、民柔

为了便于比较，把我们的释文写在下面：

柔民、童（动）民、救民、恻（贼）民、患民、惓（倦）民、䋫民、穷民、悃民、闻民、瞀民、绘民、凶民、訧（庀）民

我们的释文顺序与原文不同。个别字的释读也不相同。首先对个别字的形体略作分析。

"䄿"字，原文释为"勑"，读为"厉"。不确。此字当分析为从"攴"、"枣"省声，"救"字异体。郭店简《缁衣》43"君子好逑"之"逑"作"䋾"，上博简《缁衣》22作"䋾"，均从"枣"省声③，可以为证。

---

① 原载《文物研究》（第14辑），合肥：黄山书社，2005年，第429～430页。
② 黄凤春、刘国胜：《记荆门左塚楚墓漆梮》，载《第四届国际古文字学研讨会论文集》，香港中文大学，2003年。
③ 黄德宽、徐在国：《郭店楚简文字考释》，《吉林大学古籍所建所十五周年纪念文集》，长春：吉林大学出版社，1996年，第102页。徐在国、黄德宽：《〈上海博物馆藏战国楚竹书（一）缁衣·性情论〉释文补正》，载《古籍整理研究学刊》，2002年3期。

"𦂌"字原文未释。我们怀疑此字从"糸"、"予"声,当释为"纾"。楚文字中"豫"所从的"予"或作:①

　🄐　　包山 7
　🄑　　包山 52
　🄒　　包山 171

与此字右旁近似。古文字填实与虚框往往无别。

"鴄"字原文做硬性隶定,左旁不识。我们认为左旁是"鸟"字。楚文字中如下"鸟"或从"鸟"之字可以为证:②

　鸟　　🄐　　郭店·老子甲 33
　鸣　　🄑　　包山 194
　鴄　　🄒　　包山 80

此字与《包山楚简》80 简中的"鴄"字同。当分析为从"鸟"、"匕"声。

以上是对个别字的形体作了简单分析。下面再讨论这些字的用法。

B 图内框第二栏共 16 组,我们分为 8 个大组。

第一组　柔民、童民

"柔民"即安民。见《国语·齐语》"宽惠柔民",韦昭注:"柔,安也。"《国语·晋语》:"而柔和万民。"

"童民"读为"动民"。《大戴礼记·五帝德》"其动也时",王聘珍解诂:"动,谓动众使民也。""动民"与"动众"构词同。《礼记·学记》:"不足以动众。"郑注:"动众,谓师役之事。"

第二组　救民、恻民

"救民"义为助民。《广雅·释诂二》:"救,助也。"

"恻民"读为"贼民"。楚文字中"贼"常假"恻"为之。贼民义为害民。《论语·先进》:"贼夫人之子。"邢昺疏:"贼,害也。"

第三组　患民、悆民

"患民"义为忧患百姓。《易·讼·象传》:"患至掇也。"焦循章句:"患,忧患也。"

---

① 汤余惠:《战国文字编》,福州:福建人民出版社,2001 年,第 648～649 页。
② 汤余惠:《战国文字编》,福州:福建人民出版社,2001 年,第 241～243 页。

"惎民"读为"倦民",使百姓疲倦。《易·系辞下》"使民不倦",焦循章句"倦,疲也。"

第四组　纾民、穷民

"纾民"义为缓民。见《左传·成公三年》:"而求纾民。"杜预注:"纾,缓也。"

"穷民"义为困民。《大戴礼记·曾子制言上》:"是谓穷民也。"王聘珍解诂:"穷,困也。"

第五组　焜民、闻民

"焜民"义为乱民。《广雅·释诂》:"焜,乱也。"

"闻民"义为恤问百姓。《经义述闻·诗·则不我闻》王引之按引家大人曰:"闻,犹恤问也。"

第六组　□民、启民

"□民"首字不识。

"启民"义为教化百姓。《说文》:"启,教也。"

第七组　瞀民、绘民

"瞀民"读为"憯民",义为毒害百姓。《说文》:"憯,毒也。"

"绘民"疑读为"念民"。《说文》:"念,常思也。"《潜夫论·交际》:"恶人之忘我也,故常念人。"汪继培笺引《方言》:"念,常思也。"

第八组　凶民、𦤀民

"凶民"义为祸民。《说文》:"凶,恶也。"《广韵·钟韵》:"凶,祸也。"

"𦤀民"读为"庇民",义为庇护百姓。见《国语·楚语下》:"以庇民也。"韦昭注:"庇,覆也。"又见《礼记·表记》:"子曰:下之事上也,虽有庇民之六德,不敢有君民之心,仁之厚也。"郑玄注:"庇,覆也。"

通过比较,我们可以发现,这8组中每一组的两个词词义均是相对的。其中前4组每一组中的第一个词表示褒义,第二个词表示贬义。后4组正好相反。尤为可贵的是"柔民"、"纾民"、"穷民"、"庇民"均见于典籍,这为我们进一步探讨漆桐的性质、功用提供了一些线索,或推测漆桐应该与儒家思想有关,是有道理的。

上博(六)文字考释二则①

一、释"虡"

《上海博物馆藏战国楚竹书》(六)《景公疟》有人名"梁丘据",②最后一字作:

A〔字形〕 1号简

B〔字形〕 13号简

C〔字形〕 9号简

三形原书作者均硬性隶定,并对"A"形分析如下:③

字从虍,从四止,如《说文》"虡"字或说"一曰虎两足举",简文字形明虎之前后两足,疑"虡"异文。

郝士宏先生对此字作了考释,他说:④

《景公疟》简1"梁丘据"之"据"字。整理者隶定为从"虎"头,从四止,似不确。字当径隶作"虡",读作"据"。《九年卫鼎》有"〔字形〕"字,上从虎头,下从乘。多数学者隶定作"虡"(李学勤《试论董家村青铜器群》,载

---

① 《湖南省博物馆馆刊》待刊。
② "梁"字从陈伟先生释,参《读〈上博六〉条记》,简帛网,2007年7月8日首发。
③ 马承源:《上海博物馆藏战国楚竹书》(六),上海:上海古籍出版社,2007年,第164页。
④ 郝士宏:《初读〈上博简〉(六)》,简帛网,2007年7月21日首发。

《新出青铜器研究》。又《殷周金文集成释文》此字形亦隶为"豦")按,若《九年卫鼎》中"豦"字诸家所隶释正确的话,则竹简此字亦当径释为"豦"。简文字形上从虎头没变,下所从之形与"乘"字在战国的写法相近(见何琳仪先生《战国古文字典》第145页)。尤其是本篇第9简"豦",字形从土从乘,所从之"乘"与战国文字中之"乘"写法几乎一样。所以简文此字亦当径释为"豦",读为"据"。

其他学者多径释为"据",字形无说。

按:此字读为"据",没有问题,有传世文献作为印证。但形体如何分析,此字是否是"豦"字?还需要进一步分析。我们认为此字当释为"虞"。所从"𤢒"、"𤢒"、"𤢒"是"異",不是"乘",尽管与战国文字中的"乘"字写法很近。晚周文字中"虞"字或作:

  𤢒 邵钟 𤢒 壬午剑 𤢒 蔡侯申残钟(《金文编》334页)

  𤢒 雁节

关于上录"虞"字,朱德熙、裘锡圭、曾宪通诸先生已经作了很好的分析,为了俭省大家翻检的麻烦,我们将他们的说法引述如下。

朱德熙、裘锡圭先生说:[1]

  《说文·虍部》:"虞,钟鼓之柎也,饰为猛兽。从虍,異象其下足。鐻,虞或从金豦声。𧇽,篆文省。"我们在古文字里没有看到从虍从異的虞字,邵钟和壬午剑的虞字,形体和《说文》所谓"篆文省"的虞字相当。我们猜想,由于虞字所从的䑛和異字下端形体相同,所以后来误以为虞字从虍从異,换言之,从虍从異的虞可能是一个后起的字。

  (𤢒)可知此字上端从虍。下面一部分从字形说乃是乘字简体,但在这个合体字里,它不是代表乘,而是䑛字的进一步简化,即把邵钟和壬午剑字所从的䑛省去𠃊彐形,只剩下下端的足形。

---

[1] 朱德熙、裘锡圭:《战国文字研究(六种)》,原载《考古学报》,1972年1期,后收入《朱德熙文集》(第5卷),北京:商务印书馆,1999年,第44、48页。

曾宪通先生说：①

□是□、□的变体，仅保留人形的肢体，而向上扛举之势已失，严格来说已非举字，倒有点像战国文字的乘字，公乘壶乘字作□与此颇近。□则是□的进一步简化。大凡偏旁部件在合体字中的位置相对固定之后，其形体即使变化激烈一些，仍然可以辨识，虞字构件由□变□变□，擎举之形渐失，然益以虍声，仍为虞字，便是一例。《说文》虞下从兴作□，则是小篆的讹变。

总之，虞的初文本从钟虞铜人取象，字初作□，后因象形文发生变化，便增益"虍"旁为声符，遂成虞字。这与网之作罔、兄之作□属同类现象。因此，我们认为，《说文》应以虞为正文，鐻为重文，虞为讹文。其说解宜改为："虞，在旁举枸也。从兴虍声。"

以上三位先生的分析已经相当到位，毋庸赘言。回过头来，我们再说 A、B、C 三形。A(□)与"□"、"□"形同，B(□)可看作 A(□)的省减，A、B 应径释为"虞"，在简文中读为"据"。C(□)可硬性隶定为上"埜"，分析为从"土"，"兴"声，也可看作"兴"字异体，在简文中亦读为"据"。

如果将 A、C 所从的"□"、"□"视为"乘"，从字形角度看有其合理性，但是从"土"、从"乘"的 C，读为"据"难度较大。所以，我们认为还是将"□"、"□"、"□"看作"埜"之讹省更好一些。

附带说一下，郝先生引到的《九年卫鼎》中的"□"字，此字确实是上从"虍"，下从"乘"，但字形当分析为从"乘"，"虍"声，在铭文中可读为"廖"。

二、说"摄"

《景公疟》第十简"聊、摄以东"之"摄"作"□"

原书作者硬性隶定为"□"，说：②

---

① 曾宪通：《从曾侯乙编钟之钟虞铜人说"虞"与"业"》，原载《曾侯乙编钟》，武汉：湖北人民出版社，1992年，后收入《古文字与出土文献丛考》，广州：中山大学出版社，2005年，第34页。

② 马承源：《上海博物馆藏战国楚竹书》(六)，上海：上海古籍出版社，2007年，第185页。

"聑",今本作"摄",古地名。

字形无说。

按：以"聑"为偏旁的字古文字中习见，作：

　　[图]　　厭季簋　　　[图]　　厭季卣　　《金文编》664 页

　　[图]　　楚帛书乙六·二八

　　[图]　　楚帛书乙八·一五

　　[图]　　新蔡简乙三 24

或省作：

　　[图]　　包山 207 简

上录诸形，在《新蔡葛陵楚简札记（二）》一文中，我们曾怀疑"厭"从"厂"声。① 后又放弃此说，做过如下分析：②

"厭"字可分析为从"厂"、"晉"声，"晉"即见于《说文》的"香"字异体。《说文》："香，盛貌。从孨，从日。读若蘗蘗。一曰若存。晉，籀文香，从二子。一曰晉即奇字晋。"《说文》录有"香"字三个读音，均与"厭"字音异。"厭"字为什么能读为"厭"？还有待进一步的探讨。从形体看，"厭"、"厭"为异体字的可能性不大，但在楚文字中二字互为异文，所以"厭"字读为"厭"应该是可以成立的。

仍没有解决问题。后读到宋华强先生的博士论文《新蔡楚简的初步研究》，文中引述了李家浩先生的一段论证，今转引如下：③

"厭"字从"厂"、"猒"声，"厭"字的结构与"厭"相似，也应该分析为从"厂"、"晉"声，把上部所从的"厂"看作声符不太合理。"厭"所从之"晉"即《说文》籀文"香"。中古音"厭"和"香"分别有于琰切、于叶切和鱼纪切、羊入切两读。值得注意的是，"厭"的于叶切一读属影母叶韵开口四

---

① 徐在国：《新蔡葛陵楚简札记（二）》，简帛网，2003 年 12 月 17 日首发。
② 徐在国：《楚帛书"厭"字辑考》，饶宗颐教授九十华诞国际学术研讨会论文，香港大学，2006 年。
③ 宋华强：《新蔡楚简的初步研究》，北京大学博士学位论文，2007 年。蒙宋先生赐赠，谨致谢忱！

等入声,"沓"的羊入切读属喻母缉韵开口四等入声,它们的等呼声调相同;上古音分别属影母叶部和余母缉部。古代缉、叶二部的字音关系密切。例如"习"、"及"属缉部,而从"习"声的"慴""摺"、从"及"声的"极""極"属叶部。余、影二母偶尔也有通用的情况。例如《上博(一)·性情论》简 14 以"要"为歌谣之"谣","要"属影母,"谣"属余母,是其证。

李先生找到了"屑"读"厌"的证据,其说可信。

《景公疟》中的"󰀀"应隶作"𦧲"即《说文》籀文"沓"。摄字上古音为泥纽叶部字,"沓"的羊入切读,上古音为余母缉部,诚如李先生所言"古代缉、叶二部的字音关系密切",泥、余均为舌音,所以,简文"𦧲"(沓)可读为"摄"。也可证明"屑"字读为"厌"是可信的。

谈上博七《凡物流形》中的"訾"字①

上博七《凡物流形》甲、乙本中有如下一字：

[字形] 甲 14 訾（察）道，坐不下箸（席）　　[字形] 甲 18 人白为訾（察）

[字形] 甲 20 訾（察）此言记（起）于鼠一（一）②耑（端）　　[字形] 甲 22 訾（察）道

[字形] 甲 22 能訾（察）鼠一（一）　　[字形] 甲 22 女（如）不能訾（察）鼠一（一）

[字形] 甲 23 女（如）欲訾（察）鼠一（一）　　[字形] 甲 24 訾（察）智（知）而神

[字形] 甲 24 訾（察）神而同　　[字形] 甲 24 訾（察）金（险）而困

[字形] 甲 24 訾（察）困而遉（复）　　[字形] 甲 25 訾（察）此言记（起）于鼠一（一）耑（端）

[字形] 乙 10 訾（察）道，坐不下箸（席）　　[字形] 乙 15 訾（察）鼠一（一）

[字形] 乙 15 女（如）不能訾（察）鼠一（一）　　[字形] 乙 15 女（如）欲訾（察）鼠一（一）

[字形] 乙 17 訾（察）智（知）而神　　[字形] 乙 17 訾（察）神而同

[字形] 乙 17 訾（察）同而金（险）　　[字形] 乙 17 訾（察）金（险）而困

[字形] 乙 17 訾（察）困而遉（复）　　[字形] 乙 18 訾（察）此言记（起）于鼠一（一）耑（端）

关于此字，曹锦炎先生的考释是：③

---

① 原载《古文字研究》（第 28 辑），北京：中华书局，2010 年，第 449~451 页。
② 鼠一（一）的释读从复旦大学出土文献与古文字研究中心研究生读书会（邬可晶执笔）《〈上博（七）·凡物流形〉重编释文》，复旦大学出土文献与古文字研究中心网站，2008 年 12 月 31 日。
③ 马承源：《上海博物馆藏战国楚竹书（七）》，上海：上海古籍出版社，2008 年，第 250 页。

"🈲","识"字异体,其构形是在"🈲"上加注"少"声("🈲"字所从之"音",简文或从言,古文字中"音"、"言"作偏旁时可互作)。……而古音"少"为书纽宵部字,"识"为书纽职部字,两字为双声关系,故可以加注"少"声。郭店简《尊德义》、《成之闻之》中从"戈"旁被释为"𢦏",读为"察"的字其实也是"🈲"字,与包山楚简、郭店楚简其他"詧"字(即读为"察")的字构形有别。"识",知道、了解……

复旦大学出土文献与古文字研究中心研究生读书会(邬可晶执笔)从曹先生之隶定,但括弧内为(守?执?),也就是说,他们怀疑此字读为"守"或"执"。① 廖名春先生从曹先生之说释为"识",读为"得":②

案:"识"当读为"得"。"识"、"得"古音相近。文献中"得"与从"直"的"德(惪)"常通用,而从"🈲"之字又与从"直"之字常通用。《诗·魏风·硕鼠》:"乐国乐国,爱得我直。"王引之《经义述闻》:"直,当读为职。"因此,"识道"可读为"得道"。

何有祖先生的考证是:③

按:此字多见,大致有如下体:

🈲14　🈲20　🈲24　🈲24

此字右部言上作三笔较为明显,或写法近似"少",如简14、20 的写法,但也并无章法,只作三笔的,如简24 的写法。从少的写法,只是其中的变体。该字写法与"察"字接近。楚简察字多见,其中有一体作:

🈲　🈲（郭店《尊德义》8、17）

正是从戈,以及言上作三笔。字当释为"察",指体察、谅察。《国语·吴语》:"今君王不察,盛怒属兵,将残伐越国。"韦昭注:"察,理也。"《楚辞·离骚》:"怨灵修之浩荡兮,终不察夫民心。"

以上诸说均存在一些问题。我们提出另外一种看法。

先说形。此字左上部,曹锦炎先生认为从"少",我们认为是完全正确的,

---

① 复旦大学出土文献与古文字研究中心研究生读书会(邬可晶执笔):《〈上博(七)·凡物流形〉重编释文》,复旦大学出土文献与古文字研究中心网站,2008年12月31日。
② 廖名春:《〈凡物流形〉校读零札(二)》,清华简帛研究网,2008年12月31日。
③ 何有祖:《〈凡物流形〉札记》,武汉大学简帛网,2008年12月31日。

无需赘言。而何有祖先生认为"从少的写法,只是其中的变体"则不可从。而曹先生认为"其构形是在'戠'上加注'少'声"则与我们的分析不同。我们认为,此字应分析为从"言",从"戈","少"声。从"戈","少"声的字应该是"㦰"字。"少"、"小"、"肖"、"雀"之间的关系,我们曾作过讨论,今转引于此:①

我们认为"鞘路"(曾侯乙墓竹简 183—184)与新蔡简中的"鞘路"同,当读为"雀"。上古音雀,溪纽药部字;肖,心纽宵部。韵部对转。还有一条证据,信阳简 2—11 有"雀韦",天星观简作"小韦"。刘信芳先生认为"从辞例分析,'小韦'即信阳之'雀韦'。"(刘信芳:《包山楚简解诂》第 314 页,艺文印书馆 2003 年)其说可从。天星观简中的"小"也应读为"雀"。"雀"字学者多分析为从小从隹,小亦声。雀、爵二字古通,例极多不备举。上博楚简中的"爵"字从少,冯胜君博士认为"少"是声符(冯胜君:《读上博简〈缁衣〉札记二则》,《上博馆藏战国楚竹书研究》第 452 页,上海书店出版社 2002 年)。可从。小、少一字分化。这也是"小"(或"肖")读"雀"之证。曾侯乙墓竹简 178—184 号简所记路车有"大路"、"戎路"、"朱路"、"鞘路",前三种路车的名称均与《月令》同。"鞘路"应相当于《月令》中的"玄路"。

以上可以证明,从"戈","少"声的字应该是"㦰"字。《说文》:"㦰,断也。从戈,雀声。"《玉篇·戈部》:"㦰,字亦作截。"简文"㦰"字应分析为从"言","㦰(截)"声,疑"詧"字异体。

次说音。上古音"截",从纽月部字。"詧"、"察",初纽月部字。三字叠韵可通。《书·秦誓》:"惟截截善谝言,俾君子易辞。"孔颖达疏:"截截犹察察,明辩便巧之意。""截截犹察察"当属声训。"截"、"戈"、"浅"古通。如:《书·秦誓》:"惟截截善谝言。"《说文·戈部》引《周书》作"戋戋巧言"。《潜夫论·救边》引"截截"作"浅浅"。② 从"戈"声的"幾"与"杀"通,"杀"与"蔡"通。③ 例不举。可见"截"、"詧"、"察"关系密切。

最后谈一下文义。简文"詧"应读为"察"。何有祖先生读为"察"是对的,

---

① 徐在国:《谈新蔡葛陵楚简中的几支车马简》,载《简帛》(第 2 辑),上海:上海古籍出版社,2007 年,第 353 页。

② 高亨:《古字通假会典》,济南:齐鲁书社,1989 年,第 196、197 页。

③ 高亨:《古字通假会典》,济南:齐鲁书社,1989 年,第 650 页。

尽管他的字形分析不确。简文"察"字,曹锦炎先生训为知道、了解,是正确的。典籍"察"字也有知道、了解义。《孟子·离娄下》:"察于人伦。"赵歧注:"察,犹识也。"《礼记·丧服四制》:"礼以治之,义以正之,孝子、弟弟、贞妇,皆可得而察焉。"郑玄注:"察,犹知也。"

附带谈一下,曹锦炎先生认为郭店简《尊德义》、《成之闻之》中的"▇"、"▇"与简文"戩"为一字,颇具卓识。郭店简中的这个字,旧读为"察"是对的。字形分析,我们认为仍是从"言"、"截"声之字,"誓"之异体。

上博竹书(三)札记二则①

一、释"豵"

上博竹书(三)《周易》44 简有如下一字：

A [字形图]

与 A 相对的字马王堆汉墓帛书本《周易》作"付"，今本作"鮒"。A 原文隶作"豵"，并说"字待考"。②

按：将 A 隶作"豵"是正确的。尽管上博竹书(三)《周易》简中的"豕"字写法与常见的"豕"字写法不同，但此字左旁是"豕"没有问题。右旁隶作"丰"，也是对的。楚系文字中下列从"丰"之字可以为证：

奉　[字形]　包山楚简 140

　　[字形]　包山楚简 73

丰　[字形]　上博竹书(二)《容成氏》45

　　[字形]　上博竹书(二)《容成氏》48

胖③　[字形]　新蔡简零 306

因此，A 可隶作"豵"，应分析为从"豕"，"丰"声，字不见于后世字书。与

---

① 原载《古文字研究》(第 27 辑)，北京：中华书局，2008 年。
② 马承源：《上海博物馆藏战国楚竹书(三)》，上海：上海古籍出版社，2003 年，第 197 页。
③ 此字原从"疒"、"丰"声，此从贾连敏先生释。参见《新蔡葛陵楚墓》，郑州：大象出版社，2003 年。

A 相对的字马王堆汉墓帛书本《周易》作"付",今本作"鮒"。上古音"丰"为并纽东部字,①"付"为帮纽侯部字,"鮒"为并纽侯部字。声纽均是唇音,韵部对转。典籍中"鞛"、"琫"二字古通,如:《左传·桓公二年》:"藻率鞞鞛。"《诗·大雅·公刘》正义引"鞛"作"琫"。②"棓"或作"棒",如:《集韵·讲韵》:"棓,《说文》'梲也。'亦从奉。""柎"、"部"二字古通,如:《左传·昭公二十五年》:"唯是楄柎所以借干者。"《说文·木部》引"柎"作"部"。"附"、"培"二字古通,如《玉篇·阜部》:"附,附娄小土山也,今作培。"因此,从"奉"(从丰声)声的字可与从"付"声的字相通。《淮南子·泛论》:"相戏以刃者,大祖靮其肘。"高诱注:"靮,挤也。读近茸。急察言之。"《广韵·肿韵》:"靮,推车。或作揰。""茸"、"揰"均为东部字,此为从"付"声的字与东部字相通的直接证据。

由上所述,从"豖"、"丰"声的"豭"字,可从今本读为"鮒"。

从"豖"、"丰"声的"豭"字不见于后世字书,我们怀疑"豭"有可能是"豖"字异体。上古音"豖"为明纽东部字,"丰"为并纽东部字。声纽均是唇音,韵部相同。"豖"字异体可从"丰"声。

二、释"襮"

上博竹书(三)《彭祖》第二简:"天地与人,若经与纬,若表与里。"其中"表"字作:

G 〔字形〕

原书仅作隶定,字形无说。③

按:此字作者读为"表",非常正确。就其形体而言,我们怀疑是"襮"。下面略作分析。G 有三部分组成,左旁是"糹",没什么疑问。右旁从"衣",也没什么疑问。关键是"衣"中的部分。"衣"中的部分应当是"暴"字的省体。楚文字中下列"暴"或从"暴"之字可以为证:

暴　　H　〔字形〕　郭店简《性自命出》64

---

① 唐作藩:《上古音手册》,南京:江苏人民出版社,1982 年。
② 高亨纂著、董治安整理:《古字通假会典》,济南:齐鲁书社,1989 年,第 27 页。
③ 马承源:《上海博物馆藏战国楚竹书(三)》,上海:上海古籍出版社,2003 年,第 305 页。

	I	〔字形〕	上博竹书(二)《从政》甲 15
	I1	〔字形〕	上博竹书(五)《鬼神之明》3
	I2	〔字形〕	上博竹书(五)《鬼神之明》1
褾	J	〔字形〕(褾)曾侯乙墓简 4	
	K	〔字形〕	曾侯乙墓简 58《楚系简帛文字编》682 页
朥	L	〔字形〕	上博竹书(二)《从政》甲 18
瘭	M	〔字形〕包山楚简 102 〔字形〕包山楚简 102 反 〔字形〕包山楚简 109

H 字周凤五先生最早释出。① 他在《郭店〈性自命出〉"怒欲盈而毋暴"说》一文中对此字形体做了详细的分析。I 从陈剑先生、②周凤五先生释。③ G 所从的"暴"与 H、I 相比,少了上部的两叉和下部的双手,省减得非常厉害,仍是"暴"没什么问题。

如上所述,G 应分析为从"糸","褾"声,字不见于后世字书,疑是"褾"字繁体。字从"糸"是赘加的义符。"褾"、"表"二字古通。如:《吕氏春秋·忠廉》:"臣请为褾。"《新序·义勇》"褾"作"表"。因此,"褾"可读为"表"。

附记:李家浩先生 2006 年 5 月 12 日电话告知,他认为 G 下部所从的"衣"是包山楚简"瘭"字所从"暴"下部的讹体。谨向李先生表示感谢!

---

① 周凤五:《郭店〈性自命出〉"怒欲盈而毋暴"说》,新出土文献与古代文明研究国际学术研讨会论文(上海),2002 年。
② 陈剑:《上博简〈子羔〉、〈从政〉篇的拼合与遍连问题小议》,简帛网,2003 年 1 月 8 日。
③ 周凤五:《读上博楚竹书〈从政(甲篇)〉札记》,简帛网,2003 年 1 月 10 日。

上博五文字考释拾遗①

一、《弟子问》5 号简中所谓的"春秋"

《弟子问》5 号简中有如下二字：

▨▨不亙至，耇老不复壮。

共有如下说法：

A 张光裕先生说："'春秋'，犹言岁月。'春'字书写特异，可与郭店楚简《六德》第二十五简、《语丛一》第四十简、《语丛三》第二十简所书'春秋'比观。《诗·鲁颂·閟宫》：'春秋匪解，享祀不忒。''春秋不恒至'盖勉励年轻人把握光阴。"②

B 苏建洲先生说："释为'春秋'的'秋'字，恐不能直接隶作'秋'，字形似与楚公逆钟的'休'相近，只是偏旁左右移动，'秋'（清幽）'休'（晓幽），声韵关系密切。"③

C 陈伟先生说：其实，在文义上，"春秋不恒至"也不好理解。作为一种自然现象，春秋交替亘古不变。郭店简《忠信之道》说："不兑而足养者，地也。不期而可要者，天也。"即有此义。因而这二字当求他解。从字形看，二字疑是"丰年"。上博二《容成氏》中的几个丰字下从豆、上部并列三个"丰"（45 号简中的一字最清晰）。本简此字从草从豆，草可能是其上部的俭省或讹变。

---

① 原载《简帛》（第 3 辑），上海：上海古籍出版社，2008 年。
② 马承源：《上海博物馆藏战国楚竹书（五）》，上海：上海古籍出版社，2005 年，第 270 页。
③ 苏建洲：《初读〈上博五〉浅说》，简帛网，2006 年 2 月 18 日。

其后一字，大概是将"禾"下部移植到上面，与《古文四声韵》卷二所收滕公墓铭"年"字类似，可能是"年"之讹体。①

按：陈伟先生对释"春"之说提出质疑，无疑是正确的。郭店简中"春"字作：

　　郭店·语丛一·40　　　郭店·语丛三 20②

均应该分析为从"日"、"屯"声，后一形所从的"屯"讹为"中"形。与"豐"形相差太远。至于释"丰"，文义很顺畅，但形体上不类，因为上博二《容成氏》中的"丰"字均从"豆"、"丰"声，"丰"、"草"形体差别太大。我们认为"豐"应分析为从"艸"、"豆"声，释为"豆"。《玉篇》："豆，豆蔻。"《正字通》："豆，俗豆字。"疑简文"豆"当读为"寿"。典籍中"趀"与"寿"、"畴"相通，如：《庄子·庚桑楚》："南荣趀。"《释文》："趀"又作"寿"，《汉书·古今人表》作"南荣畴"。从"豆"声的"头"与"朱"均和"兜"通假，如：《山海经·海外南经》："欢兜国，或曰欢朱国。"《史记·宋微子世家》："景公头曼。"《汉书·古今人表》作"景公兜栾"。③因此，"豆"可读为"寿"。

第二字原书释"秋"，不确。陈伟先生改释为"年"，可从④。

简文"豆年不亙至，耇老不复壮"，应读为"寿年不恒至，耇老不复壮"。《说文》："寿，久也。"《字汇·士部》："寿，年齿皆曰寿。"《吕氏春秋·尊师》："由此为天下名士显人，以终其寿。"高诱注："寿，年也。"寿、年同义，"寿年"义为长寿。"寿年"见于汉应劭《风俗通·佚文》："彭祖寿年八百岁，犹恨唾远。"简文"寿年不恒至"与"耇老不复壮"结构相同，意义相因。

二、释"畋"

《鲍叔牙与隰朋之谏》第 3 号简有如下一字：

---

① 陈伟：《上博五〈弟子问〉零释》，简帛网，2006 年 2 月 21 日。
② 张守中：《郭店楚简文字编》，北京：文物出版社，2000 年，第 7 页。
③ 高亨：《古字通假会典》，济南：齐鲁书社，1987 年，第 349、352 页。
④ 我们曾怀疑 是"利"字，郭店简老子甲 30 简"利"字作 ，与此形近。但仔细观察原简发现"禾"旁右上笔画有些断开，释"利"文义也不好讲，所以放弃释"利"之说。

此字陈佩芬先生释为"故"。① 何有祖先生从之。② 陈剑先生说"此字待考",③已经对释"故"之说产生了怀疑。陈先生的怀疑是正确的,这个字与"故"字形体不类,释"故"是错误的。我们认为这个字应该释为"畮"。"㪍"应该分析为从"田"、从"十"、从"攴"。《说文》:"畮,六尺为步,步百为畮。从田,每声。畝,畮或从田、十、久。莫厚切。臣铉等曰:十,四方也。久声。"对于"畝"形所从的"十",有学者认为有问题,他们的根据是青川木牍和云梦秦简中"畮"的写法,字形作:

畝 《文物》1982年1期11页图二〇
畝 《睡虎地秦墓竹简》图版一八·三八

认为《说文》"畮"所从的"十"是"屮"(又)的讹误。④ 如果我们释"㪍"为"畮"不误的话,《说文》"畮"所从的"十"确实是有来源的,不一定是"屮"(又)的讹误。所从的"久"有可能是"攴"的变形音化。

简文"畮缠缍(短),田缠长",⑤"短"与"长"相对,意思相反;"畮"和"田"相对,意思相近。"缠"也可读为"墨",古代的长度单位,五尺为墨。《小尔雅·广度》:"五尺为墨,倍墨为丈。""畮墨"就是畮的长度单位、"田墨"就是田的长度单位。

---

① 马承源:《上海博物馆藏战国楚竹书(五)》,上海:上海古籍出版社,2005年,第184页。
② 何有祖:《上博五〈鲍叔牙与隰朋之谏〉试读》,简帛网,2006年2月19日。
③ 陈剑:《谈谈〈上博(五)〉的竹简分篇、拼合与编联问题》,简帛网,2006年2月19日。
④ 李家浩:《战国官印考释两篇》,载《著名中青年语言学家自选集·李家浩卷》,合肥:安徽教育出版社,2002年,第142~143页。
⑤ "缠"、"缍(短)"的释读从何有祖《上博五〈鲍叔牙与隰朋之谏〉试读》之说,简帛网,2006年2月19日。

第五编 传抄古文

传抄古文简述①

传抄古文是指汉以后历代辗转抄写的古文字（主要指战国文字）。我们认为传抄古文应分为篆体和隶定两部分。关于隶定"古文"，可参笔者《隶定"古文"疏证》②一书。此不赘述。《传抄古文编》所说"传抄古文"主要指前者。但《古文四声韵》中所录的隶定"古文"一并收录，特此说明。

关于传抄古文中的"古文"，许慎说"孔子壁中书也"。清末吴大澂、陈介祺提出了许慎所谓古文实际是周末文字的看法。③王国维又断定所谓古文是战国时代东方国家的文字。裘锡圭先生说："这种古文（引者按：指《说文解字》和三体石经残石上的古文）其实就是简帛文字。"④李学勤先生说："（汉代）学者的知见主要是上面说的简书。这些书籍本为秦代遭禁的六国写本，用的是六国字体，因此汉代'古文'基本上是指这类字体而言。"⑤"古文"所指已经十分清楚。至于"籀文"，学术界对其时代尚有争议，我们不想在此讨论。我们是将"籀文"也纳入在"传抄古文"了。

传抄古文的资料十分庞杂，主要见于如下书籍及碑志中：

一、东汉许慎《说文解字》（以下简称《说文》）

许慎《说文序》说"今叙篆文，合以古、籀"。"古"指"古文"，"籀"指"籀

---

① 原载《古籍研究》（2004年卷下），合肥：安徽大学出版社，2004年。
② 徐在国：《隶定"古文"疏证》，合肥：安徽大学出版社，2002年。
③ 参见裘锡圭《文字学概要》，北京：商务印书馆，1990年，第55页。
④ 裘锡圭：《文字学概要》，北京：商务印书馆，1990年，第56页。
⑤ 李学勤：《〈汗简注释〉序》，武汉：武汉大学出版社，1990年。

文",还收有少量"奇字","奇字"即"古文"而异者。本文只收《说文》明确标明"古文"、"籀文"、"奇字"者。

二、石经古文

孙海波《魏三字石经集录》以收录魏正始年间刊立的三体石经为主,又收有二体石经、一体石经,还有附录、补遗。① 孙书未收者有：

日本京都大学人文科学研究所藏春秋僖公石经拓本之一、之二。②

顾颉刚、顾廷龙辑《尚书文字合编》,上海古籍出版社1996年版。《魏三字石经集录》未收者有：《康诰》1761（原载《人文杂志》）、《梓材》1909（原载《人文杂志》）、《立政》2492（潘氏藏拓）、《立政》2500（顾氏藏拓）、《顾命》2688（顾氏藏拓）。

邢义田、陈昭容：《一方未见著录的魏三字石经残石——史语所藏〈尚书·多士〉残石简介》,《古今论衡》2,1999年6月。

宋洪适《隶释》著录魏三体石经《左传》遗字。③

施谢捷先生研究魏石经多年,著有《魏石经古文汇编》一书,摹写精良,正待出版。承谢捷先生慨然应允,准许我使用其资料。特此致谢！

三、碧落碑、阳华岩铭

碧落碑,唐咸亨元年（670年）立,在绛州（今山西绛县）龙兴观,拓本有：李零、刘新光整理《汗简 古文四声韵》所附拓本。施安昌《唐代石刻篆文》著录的碧落碑拓本,采用故宫博物院藏明代拓本,石未断,并有释文。④

阳华岩铭,唐永泰二年（766年）刻,在湖南江华县（今江华瑶族自治区）,元结撰文,瞿令问书,刻于摩崖。前七行序文为隶体,后三十五行铭文,仿魏三体石经体例,每字先古文,次小篆,再次隶书。⑤

---

① 孙海波：《魏三字石经集录》1937年石印本。蒙何琳仪先生惠借复印本,谨致谢忱。
② 邱德修：《魏石经初撢》,台北：学海出版社,1978年。此书蒙邱先生惠赠,谨致谢忱。
③ 洪适：《隶释 隶续》,北京：中华书局,1985年,第310~311页。
④ 施安昌：《唐代石刻篆文》,北京：紫禁城出版社,1987年,第5~26、158页。
⑤ 施安昌：《唐代石刻篆文》,北京：紫禁城出版社,1987年,第161页。

四、《汗简》

北宋郭忠恕著。体例仿《说文》,按部首排列,分四卷。"书名取典古人所谓'杀青书简',是用来标明古文渊源所自,说明古文是来源于古代用以'书简'的文字"。①

所用版本为:《四部丛刊》影印的冯舒本。②

《汗简》征引的资料有70余种,将当时他所见到的"古文"资料汇为一编,功莫大焉。尤其是已经亡佚的资料,更是弥足珍贵。

《汗简》一书向遭冷遇,其价值的真正被认识是在战国文字研究兴旺之时。学者已经多有研究,可参:

李零:《〈汗简 古文四声韵〉出版后记》。③

黄锡全:《汗简注释》。④

何琳仪:《战国文字通论(订补)》第二章。⑤

五、《古文四声韵》

宋夏竦著。此书是在《汗简》基础上编撰而成,体例与《汗简》异。《古文四声韵》以声韵隶字,"准唐《切韵》分为四声,庶令后学易于检讨"。征引的材料比《汗简》多,有90余种,收字丰富。

所用版本为:北图藏宋刻配抄本。附北图藏宋绍兴乙丑(1145年)齐安郡学本的残卷。⑥ 个别不清楚者,采用罗振玉石印本,吉林大学图书馆藏。⑦

关于《古文四声韵》的研究散见于相关文章中,较为集中的可参见:

---

① 李零:《〈汗简 古文四声韵〉出版后记》,北京:中华书局,1983年,第2页。
② 李零:《〈汗简 古文四声韵〉出版后记》,北京:中华书局,1983年,第2页。
③ 李零:《〈汗简 古文四声韵〉出版后记》,北京:中华书局,1983年,第2页。
④ 黄锡全:《汗简注释》,武汉:武汉大学出版社,1990年。
⑤ 何琳仪:《战国文字通论(订补)》,南京:江苏教育出版社,2001年。
⑥ 李零:《〈汗简 古文四声韵〉出版后记》,北京:中华书局,1983年。
⑦ 夏竦:《古文四声韵》,罗振玉石印本,吉林大学图书馆藏。蒙吴振武、吴良宝二位先生提供资料,谨致谢忱。采用罗振玉石印本的字有:蔡(籀、崔)、撢、咸、戴(籀)、霍、惠、胤、尌、豆、喜、本(孝)、郭、齐(史、史)、气(崔、说、说)、屡、驻、奄(义)、惧、龖、绝、纷、锡等。

李零:《〈汗简 古文四声韵〉出版后记》。
黄锡全:《汗简注释》。
何琳仪:《战国文字通论(订补)》第二章。
许学仁:《古文四声韵古文研究·古文合证篇》。①

六、三体阴符经

宋郭忠恕书写。用篆书、隶书、古文三体书写,其中篆书字大,隶书、古文分列左右,字小。三体阴符经是刻在唐怀恽禅师碑(又名隆阐大法师怀恽碑)碑阴,现在在西安碑林。杨守敬《续寰宇访碑录》中著录,又收入《杨守敬全集》中。② 三体阴符经拓片承蒙李家浩先生惠赐影本,特向李先生表示感谢!

七、《集篆古文韵海》

宋杜从古著。此书是在《汗简》、《古文四声韵》等书的基础上编撰而成的,所收古文颇为庞杂。杜从古自序说:"今辄以所集钟鼎之文、周秦之刻,下及崔瑗、李阳冰笔意近古之字,句中正、郭忠恕碑记集古之文,有可取者,撼之不遗;犹以为未也,又爬罗《篇》、《韵》所载古文,详考其当,收之略尽。"③也就是说,除收传抄古文外,还收钟鼎之文,即铜器铭文。我们所收传抄古文本是不收铜器铭文的,但此书所录古文形体不注明出处,给我们的判定带来了困难。为保持此书原貌,我们未做改动,一并收录。

由于此书所录古文形体无出处,使用起来应当十分小心,不要轻易引以为证,当有所鉴别。

此书版本为:《宛委别藏》影旧抄本三册,1935年商务印书馆依故宫博物院藏本影印。关于《集篆古文韵海》的研究,详参郭子直《记元刻古文〈老子〉

---

① 许学仁:《古文四声韵古文研究·古文合证篇》,台北:文史哲出版社,待刊。此书蒙许先生惠赠,谨致谢忱。

② 详李家浩先生致笔者函(2004年7月10日)。向李先生表示感谢。

③ 杜从古:《集篆古文韵海》,《宛委别藏》选集影旧抄本3册,1935年商务印书馆依故宫博物院藏本影印。

碑兼评〈集篆古文韵海〉》一文。①

八、宋古文砖

宋古文砖,1958年初出土于河南省方城县盐店庄村宋墓中,砖是铺在棺床上面,"据了解,砖有30余块,现仅存8块,砖的文字完全一样"。② 简报仅发表了一块砖的拓片,6行,每行16个字,第三行缺一字。简报未发表释文。砖文字体是传抄古文,个别字不清晰,大多可释。详见河南省文化局文物工作队《河南方城盐店庄村宋墓》,载《文物参考资料》1958年11期。

九、宋志

宋故中山刘府君墓志,志盖用传抄古文书写共9字,文为"宋故中山刘君之墓铭"。详河南省文物研究所、洛阳地区文管处编《千唐志斋藏志》下册,文物出版社1984年。

北宋魏闲墓志,司马光书写,藏山西平陆县文化馆。志概用传抄古文书写共12字,文为"大宋故清逸处士魏君墓志铭"。详见戴尊德《司马光撰魏闲墓志之研究》,载《文物》1990年12期。

十、大向记碑

大向记碑,碑额用传抄古文书写,一行三字,文为"大向记"。从洪适释。详见洪适《隶释 隶续》,中华书局,1985年。

十一、金志

金代虞寅墓志,1979年出土于山东省高唐县。志盖用传抄古文(原文误

---

① 郭子直:《记元刻古文〈老子〉碑兼评〈集篆古文韵海〉》,载《古文字研究》(第21辑),北京:中华书局,2001年。
② 河南省文化局文物工作队:《河南方城盐店庄村宋墓》,载《文物参考资料》,1958年11期。

为女真字,胡平生先生已辨之甚详)书写共12字,文为"金故信武将军骑都尉致仕虞公墓志铭"。详见聊城市博物馆《山东省高唐金代虞寅墓发掘简报》,载《文物》1982年第1期。胡平生《金代虞寅墓志的"古文"盖文》,载《文物》1983年7期。王人聪《读金虞寅墓志盖铭书后》,载《香港大学中国文化研究所学报》第17卷,1986年。

除上述资料外,元、明、清三代均有传抄古文资料。具体如下:

(1)元代古文《老子》碑。
(2)元代杨钧《增广钟鼎篆韵》。
(3)元代杨桓《六书统》。
(4)明代丰道生《金石遗文》五卷。
(5)明代李登《摭古遗文》二卷,《补遗》一卷。
(6)明代释道泰《集钟鼎古文韵》五卷。
(7)明代田艺蘅《大明同文集举要》五十卷。
(8)明代杨慎《六书索隐》。
(9)明代不著撰者《篆韵》五卷。
(10)明代闵齐伋《六书通》。
(11)清代毕星海《六书通摭遗》。
(12)清代林尚葵《广金石韵府》五卷。
(13)清陈策《六书分类》十二卷。

上述资料中,(4)、(5)所录古文形体未注明出处,与《集篆古文韵海》同,杂糅铜器铭文。其余诸书均注明出处。

元代以后的这些传抄古文资料,我们均已经按《说文》顺序排列剪贴好。但本书未收录,原因是:如果全部收录,篇幅太大。另外,这些传抄古文资料绝大多数源自《说文》古文、籀文、三体石经古文、《汗简》、《古文四声韵》等书,辗转抄写,没有多少新的古文资料。

基于以上考虑,我们未加收录。有关《老子》的传抄古文我们已经全部择出,编入《古老子文字编》中,读者可参看。

以上是传抄古文资料的著录情况。下面谈一下传抄古文自身存在的一些情况。主要有如下几种:

(一)异体

传抄古文同一字下形体之间最常见的是异体关系。我们所说的"异体"

是狭义的异体,即意义、读音完全相同,只是形体不同。有的是笔势不同,有的是形符不同,有的是声符不同,有的则是形符、声符均不同。

(二)通假

传抄古文同一字下形体之间比较多见的是通假关系。比如:"一"与"壹"、"三"与"参"、"瑱"与"寘"、"理"与"俚"等。

(三)义同或义近

传抄古文同一字下形体之间有时存在义同或义近关系。比如:"祸"与"殃"、"对"与"合"(答)、"兼"与"并"等。

(四)错字

传抄古文中有错字。产生错字的原因可能与辗转传抄发生讹错有关,也可能与传抄者误释某些古文有关。如:《集篆古文韵海》误"墉"为"高"、误"闻"为"爱"等。

传抄古文中存在的这四种情况,与出土的古文字资料,尤其是与出土的战国竹书情况一致。我们在相关文章中已经对有关问题做过分析。① 这也说明学者认为"古文"出自战国简书的意见是正确的。

(五)其他

传抄古文中还存在其他情况。如:传抄古文中有铜器铭文,像《集篆古文韵海》中的"彝"字、"佳"字、"年"字、"金"字、"子"字(至少有 4 个形体不是"子"字,误释)、"举"字(所录 5 个形体都不是"举"字)、"父"字、"宝"字、"用"字、"既"字、"对"字、"敦"字(6 个形体中前五个都是"簋"字)、"万"字、"贯"字、"乱"字(有 3 个"申"字)、"召"字(有两个"省"字)、"射"字、"寿"字、"仆"字(内有一"凤"字)、"穆"字、"屈"字(前两个形体从"弓"从"巨")、"虢"字、"锡"字、"鬲"字等,均与传抄古文混杂。

此外,《集篆古文韵海》中还收有玉印文,如:"永"字。还有鸟虫书,如"命"字等。也存在将两个古文偏旁拼凑在一起,造出一个古文来的情况。②

总之,传抄古文资料情况比较复杂,在历代的辗转抄写的过程中许多形

---

① 徐在国、黄德宽:《传抄〈老子〉古文辑说》,《中央研究院历史语言研究所集刊》第七十三本第二分,2002 年,第 205~208 页。

② 杜从古在《集篆古文韵海·自序》中说:"于今《韵略》字有不足,则又取许慎《说文》,参以鼎篆偏旁补之,庶足于用而无缺焉。"

体发生了讹变舛错,加上掺杂其他的古文字,许多学者对传抄古文抱有怀疑态度。但是,事实胜于雄辩,随着对战国文字研究的深入,传抄古文资料愈来愈引起学者的重视。一方面,古文字中尤其是战国文字中的许多疑难字是借助传抄古文的形体得以释出的。另一方面,许多学者利用地下出土的古文字资料,考其来源,正其讹误,从而充分利用传抄古文的价值。

《敦煌残卷古文尚书校注》字形摹写错误例①

吴福熙先生的《敦煌残卷古文尚书校注》②是敦煌文献丛书之一。有关此书录文和校注中存在的一些问题,我们已作了校记。③ 现在仅指出录文部分字形摹写存在的问题。所据敦煌原卷详见台黄永武博士主编的《敦煌宝藏》。④

5 页 7 行"丘 坴赤戠坟屮木渐包"。

按:"戠"字误,原卷作"戠"。"戠"是"埴"字的古文。北宋夏竦《古文四声韵·职韵》"埴"字下引《籀韵》或作"戠"可证。

5 页 10—11 行"彭蠡旡猪易鸟逌屋"。

按:"蠡"字原卷作"蚕"。"蚕"是"蠡"字的古文。《订正六书通·荠韵》"蠡"字下引古文作"蚕"。虵、虫二旁古通,如《说文解字》(以下简称《说文》)"蟲"字或体作"蚕";"蟁"字或体作"蚕";"蠹"字或体作"蚕"。例极多。

7 页 10 行"升南惇物至于鸟衆"。

按:"升"字原卷作"兵"。《说文》"终"字古文作"关","兵"即此形的隶定。

8 页 2 行"雷首至于太岳"。

按:"岳"字原卷作"峃"。《说文》"岳"字古文作"峃","峃"即此形的隶变。

13 页 5 行"尚书甘𣂪第二"。按:"甘𣂪"原卷作"日𣂪"。《说文》"折"字籀文作"𣂪","𣂪"即此形的隶定。"𣂪"乃折字,此假"折"为"誓"。

13 页 9 行"天用勦絶亓命"。

---

① 原载《敦煌研究》,1998 年 3 期。
② 吴福熙:《敦煌残卷古文尚书校注》,兰州:甘肃人民出版社,1991 年。
③ 徐在国:《〈敦煌残卷古文尚书校注〉校记》,载《古籍整理研究学刊》,1996 年 6 期。
④ 黄永武:《敦煌宝藏》,台北:台北新文丰出版公司,1981 年。

按："勤"字原卷作"勤"。"㡭"字原卷作"㡭"。《说文》"绝"字古文作"䋣"，"㡭"当即此形的隶变。

14页7行"亓一曰皇祖又训民可近弗可丁"。

按："训"字原作"䛦"。《古文四声韵·问韵》"训"字下引《古尚书》作"䛦"，《玉篇》"训"字古文作"䛦"。

15页8行"圣又暮䛦明征定保"。

按："明"字原卷作"朙"。

16页3行"天吏俗惪烈于猛火"。

按："俗"字原卷作"佾"。"猛"字原卷作"猛"。

19页5行注"迡任古賢也"。

按："迡"字原卷作"迟"。"賢"字原卷作"贤"。

19页8行"予告女于难若射之又志"。

按："射"字原卷作"躲"。

19页10行"亡又远迩用辠伐乓死用德彰乓善"。

按："辠"字原卷作"辠"。"德"字原卷作"惪"。

21页6行"永敬大囗亡胥㡭远"。

按："㡭"字原卷作"㡭"。

22页2行"肆予冲人非发"。按："冲"字原卷作"沖"。

23页11行"树后王君公承以大夫师矣"。

按："以"字原卷作"㠯"。

27页6行"殷芒弗小大好屮窃奸宄"。

按："好"字原卷作"毌"。《类篇》、《集韵》均以"毌"字为"好"字古文。

28页1行注"我教王子出合于道也"。

按："教"字原卷作"敎"。

28页2行注"子今若不出逃难我殷家宗庙乃陨队无主也"。

按："庙"字原卷作"庿"。《说文》"庙"字古文作"庿"，"庿"即此形的隶变。

32页1行"师夭百执事之人尚皆隐才"。

按："之"字原卷作"屮"。"隐"字原卷作"隐"。

32页倒数1行—33页1行"命之曰朝夕纳每㠯辅台惪"。

按："之"字原卷作"屮"。"每"字原卷作"䯄"。"䯄"乃"海"之古文。《汗简》引《尚书》诲字作"🅧",与"害"字同。"口"、"言"二旁古通,如:《说文》"詠"字或作"咏";"吟"字或作"訡"。

35页6行"尚书高宗肜日第十又"。

按:"又"字原卷作"又"。

36页2行"祖伊恐"。

按:"恐"字原卷作"恐"。同页4行"恐"字同。

37页7行"窃神只之牺牷牲用以容将食亡炎"。

按:"之"字原卷作"㞢"。"以"字原卷作"㠯"。

37页11行注"各自谋行其志人:自献达于先王以不失道也"。

按:"献"字原卷作"獻"。"于"字原卷作"扵"。

43页6行"……繼尒立……"

按:"繼"字原卷作"継"。

45页10—11行"周公曰乌虖嗣王其监于兹"。

按:"嗣"字原卷作"孠"。"孠"是"嗣"字的古文。《说文》"嗣"字古文作"🅧",与"孠"字同。

50页1—2行,"民否则身心韦恶则身日禧 舰"。按:"舰"字原卷作"祝"。"祝"字所从的"爪"是"示"旁的俗写。

53页倒数3行"常吉士"。

按:"常吉"原卷作"掌吉"。

54页6—7行"乌呼予且已受人之徽言咸告孺子王矣"。

按:"孺"字原卷作"孀"。

55页1行"司寇苏公式敬尒繇狱以长我王国"。

按:"寇苏"原卷作"冦苏"。

61页倒数2行"赎刑"。

按:"刑"字原卷作"㓝"。

63页3行"垩"。

按:此字原卷作"聖"。

总之,《敦煌残卷古文尚书校注》录文部分在字形摹写方面存在一些错误。因此,使用此书时,最好要核对一下原文。

谈隶定古文中的义近误置字[①]

隶定古文是相对于篆体古文而言,指用隶书或楷书笔法写定的古文。大体包括隶定籀文、隶定古文等,含义较为宽泛。

我们曾经对《说文解字》、《原本玉篇残卷》、《宋本玉篇》、《篆隶万象名义》、《类编》、《宋本广韵》、《集韵》、《古文四声韵》、《一切经音义》(释玄应)、《一切经音义》(释慧琳)、《续一切经音义》、《龙龛手镜》、《敦煌宝藏》(指隶古定《尚书》残卷)13种书中的隶定古文做过较为系统的整理与研究。[②] 由于从事古籍整理经常涉及,所以有必要对它们做些了解。这里专门谈一下诸家书中隶定古文中的义近误置字。为便于印刷,一律不出现篆体古文形体。

诸字书中的隶定古文资料真赝杂出,存在着义近而误置的情况。例如:

"祸"字,《古文四声韵·果韵》引崔希裕《纂古》或作"袄"。《宋本玉篇·示部》:"袄,古文殃。"《订正六书通·阳韵》引《六书统》"殃"字作"袄"。据此知"袄"乃"殃"字古文。《广雅·释言》:"殃,祸也。"《字汇·示部》:"祸,殃也,害也,灾也。""祸"、"殃"互训,两字义近。典籍中亦见两个字连用的情况。如《楚辞·九章》:"宁溘死而流亡兮,恐祸殃之有再。"《史记·秦始皇本纪》:"内饰诈谋,外来侵边,遂起祸殃。"《古文四声韵》以"袄"字古文为"祸"字古文,盖因两个字义近而误置。

"随"字,《类编·辵部》录古文或作"追",《集韵·支韵》同。"追"字古训"随"。《方言》卷十二:"追,随也。"《楚辞·离骚》:"背绳墨以追曲兮,竟周容以为度。"王逸注:"追,随也。""随"字古有追逐义。《庄子·则阳》:"睹道之

[①] 原载《古籍整理研究学刊》,1998年6期。
[②] 参见徐在国《隶定古文疏证》,吉林大学博士学位论文,油印本,1997年。

人,不随其所废,不原其所起。"成玄英疏:"随,逐也。"王先谦集解:"宣颖云:'随犹追寻也'。""追"、"随"义近,典籍中亦常见两字连用的情况。如《后汉书·党锢传·夏馥》:"静追随至客舍,共宿。"魏曹植《公宴》诗:"清夜游西园,飞盖相追随。"《类编》、《集韵》以"追"为"随"字古文,盖因两个字义近而误置。

"谟"字,《集韵·模韵》录古文或作"蕚",《类编·言部》同。《龙龛手镜·心部》"谋"字古文作"蕚",可知"蕚"乃"谋"字古文。《说文·言部》:"谟,议谋也。"《尚书·皋陶谟》:"允迪厥德,谟明弼谐。"孔传:"谟,谋也。""谟"古训为"谋"。《集韵》、《类编》以"谋"字古文为"谟"字古文,盖因两个字义近而误置。

"觋"字,《篆隶万象名义·巫部》录古文作"羿",此字乃由《说文·巫部》"巫"字古文讹变。《说文·巫部》:"觋,能斋肃事神明者,在男曰觋,在女曰巫。"段注:"此析言之耳。统言则《周礼》男亦曰巫,女非不可曰觋也。《诗》并曰陈大姬无子,好巫觋祈祷鬼神歌舞之乐,民俗化而为之。""巫""觋"二字析言则异,统言则同。《荀子·正论》:"出户而巫觋有事。"杨倞注:"女曰巫,男曰觋,有事祓除不祥。"《篆隶万象名义》以"巫"字古文为"觋"字古文,盖因两个字义近而误置。

"醜"字《集韵·有韵》录古文或作"媿"。《说文·女部》:"媿,惭也。从女鬼声。愧,媿或从耻省。""醜"古亦有惭愧义。《庄子·德充符》:"闷然而后应,氾而若辞。寡人醜乎,卒授之国。"陆德明《经典释文》:"醜,李云:惭也;崔云:愧也。"《集韵》以"媿"为"醜"字古文,盖因两个字义近而误置。

"岌"字,《龙龛手镜·歹部》录古文作"歿"。"岌"字古训危。《字汇·山部》:"岌,危也。"《集韵·缉韵》:"圾,危也。通作岌。""歿"字古亦训危。《广雅·释诂一》:"歿,危也。"《龙龛手镜》以"歿"为"岌"字古文,盖因两个字义近而误置。

"敬"字,《古文四声韵·敬韵》引崔希裕《纂古》或作"敇"。此字即"穆"字,西周舀鼎中的"穆"字(《金文编》500 页),古陶文中的"穆"字(《古陶文汇编》6.96)可以为证。"穆"字古训敬,《宋本广韵·屋韵》:"穆,敬也。"《尚书·金滕》:"我其为王穆卜。"孔传:"穆,敬。"《楚辞·九歌·东皇太一》:"吉日兮良辰,穆将愉兮上皇。"王逸注:"穆,敬也。"《古文四声韵》以"穆"字古文为"敬"字古文,盖因两个字义近而误置。

"顺"字,《古文四声韵·稕韵》引《籀韵》或作"罋"。此字乃《说文·叒部》"叒"字籀文的讹变,即"若"字。"若"字古有顺义。《尔雅·释天》:"若,顺也。"郝懿行《尔雅义疏》:"若者,《释诂》云:'善也'。善者,和顺于道德,固又训顺。"《诗·小雅·大田》:"播厥百谷,既庭且硕,曾孙是若。""若"之义为顺。《古文四声韵》以"若"字籀文为"顺"字古文,盖因两个字义近而误置。

"难"字,《龙龛手镜·喜部》录古文作"囏"。此字乃《说文·堇部》"艰"字籀文之隶定。"艰"、"难"二字互训。《说文·堇部》:"艰,土难治也。"段注:"引申之,凡难理皆曰艰。"《尔雅·释诂》:"艰,难也。"《尚书·兑命》:"非知之艰,行之惟艰。"孔传:"言知之易,行之难。"《宋本玉篇·隹部》:"难,不易之称。"《宋本广韵·寒韵》:"难,艰也,不易称也。""艰"、"难"义近,典籍中亦常见两字连用的情况。如《诗·小雅·白华》:"天步艰难,之子不犹。"《左传·僖公二十八年》:"晋侯在外,十九年矣,而果得晋国,险阻艰难,备尝之矣。"《龙龛手镜》以"艰"字籀文为"难"字古文,盖因两个字义近而误置。

"舒"字,《原本玉篇残卷》464 页录古文作"屖"。颇疑此字即"屖"字。"舒"字古训为"迟"。于省吾先生说:"《广雅·释诂》训舒为迟,'舒迟'乃双声连语。《尔雅·释诂》的'余,身也',孙注谓'余,舒迟之身也'。《礼记·玉藻》的'君子之容舒迟',孔疏谓'舒迟,闲雅也'。铭文的'害屖文考乙公'(引者按:指西周墙盘铭文),'害屖'应读为'舒迟'。这是史墙颂扬其文考乙公安适舒闲之意。"①其说可从。《原本玉篇残卷》以"屖"为"舒"字古文,盖因二字义近而误置。

综上所述,可见隶定古文在字书中存在着因两个字义近而误置的情况。学者引用这部分古文进行古籍整理时,需要详加考辨。

---

① 于省吾:《墙盘铭文十二解》,载《古文字研究》(第 5 辑),北京:中华书局,1981 年,第 12 页。

《原本玉篇残卷》中的籀文初探[1]

《玉篇》是我国第一部以楷书为主体的古代字典。作者是南朝梁陈之间的顾野王。《玉篇》成书于梁武帝大同九年(公元543年),经萧恺等人删改行世。唐代经孙强增字,宋代又经陈彭年、丘雍等人重修,称为《大广益会玉篇》,流传至今,但已失原本面目。"今本《玉篇》增字较多,释义较粗疏,一般没有书证、疏证,顾野王按语也被删去。清代末期黎庶昌、罗振玉先后在日本发现了原本卷子《玉篇》的残卷,并各自集佚成书。原本《玉篇》释义完备,例证丰富;词义不明时,还有野王按语。目前,虽然只有若干残卷,但却使我们得见其原貌,对于研究这部历史名著,对于研究语言、文字、训诂有极重要的意义。"[2]中华书局嘉惠学林,将黎本、罗本汇集影印,出版了《原本玉篇残卷》(以下简称《残卷》)。《残卷》中录有不少古文、籀文。本文利用传抄古文及出土文字资料,拟就《残卷》中的籀文做初步探讨。关于《残卷》中的古文将另文讨论。

一

《残卷》共收有黎本、罗本和日本东方文化学院影印之卷八心部,均系唐写本,2000余字,注文75000余字,相当于原书的1/8。

清末,黎庶昌出使日本,发现了一些《玉篇》残卷。他或影印或摹刻汇辑为《玉篇零卷》5卷,收入《古逸丛书》中。一般称为"黎本"。后来罗振玉东游

---

[1] 原载《山东师范大学学报》,1999年1期。
[2] 《原本玉篇残卷·前言》,北京:中华书局,1985年。

日本,把他访到的《玉篇》残卷,悉据原样影印行世。一般称"罗本"。黎本曾校勘过,罗本是照原样影印,从字形到内容都比黎本真切。黎本内容较罗本多,两本可以相互比照使用。

《残卷》中著录籀文的体例大致如下:

1. 凡言"A,籀文 B 字"或"A,籀文 B 字也",则 A 为籀文。如:《罗本·言部》"譮,《说文》籀文话字也。"则"譮"为"话"字籀文。

2. 凡言"A,籀文为 B 字",则 B 为籀文。如《罗本·系部》:"系……籀文为丝字。"则"丝"为"系"字籀文。

以上是《残卷》著录籀文的体例。在下文中我们常常引用《宋本玉篇》(以下简称《宋本》)以与《残卷》比较,所据版本为中国书店 1983 年影印清张氏泽存堂刻宋陈彭年等重修本。

二

下面我们拟按《残卷》著录顺序,依次将其籀文摘出,然后加以疏证,以探寻其源头,厘清其正常的演变或讹变之迹。在摘录《残卷》籀文时,中有删节者用……表示,末附页码为《残卷》页码(以下不再注明)。疏证则以"按"字开头。①

罗本·言部

譮,《说文》籀文话字也。(3 页)

按:《黎本·言部》同(203 页)。《宋本·言部》亦同。此即《说文》"话"字籀文"譮"之隶定。"话"、"会"古音同属匣纽月部,"譮"字当是从"言"、"会"声。

徥,……《说文》此籀文字,篆文为"惷"字,在心部。……(10 页)

按:《黎本·言部》同(210 页)。《宋本·言部》"惷"字籀文作"誉"、"誉"。"誉"字即《说文》惷字籀文"徥"之讹变。"惷"字蔡侯申钟作"誉"(《金文编》721 页),包山楚简作"誉"(《简帛编》798 页),《侯马盟书》或作"徥"、"誉"(《侯马盟书》349 页)。"徥"字左旁与《侯马盟书》第一形左旁同,《说文》"惷"字籀文与

---

① 本文疏证部分系拙作《隶定"古文"疏证》(吉林大学博士学位论文,1997 年)中的一部分。个别内容做了修改补充。

《侯马盟书》第二形所从同。由此可见,《说文》籀文和《残卷》所录籀文确有所本。

𧥣,《说文》籀文詩字也。(16页)

按:《黎本·言部》同(216页)。此字即《说文》"詩"字籀文"𧥣"之讹变。《侯马盟书》"𦖞"字上部所从或作"㞢"(《侯马盟书》353页),古玺"渤"字上部所从作"㞢"。① 二形当《说文》"詩"字籀文所本。《宋本·言部》以"𧥣"为"詩"字或体,似不确。

訇,《说文》籀文訇字也。(18页)

按:《黎本·言部》同(218页)。《宋本·言部》亦同。此字即《说文》"訇"字籀文"𧥣"之隶定,从"言"、"匀"声。

遄,《说文》籀文诞字。(20页)

按:《黎本·言部》同(220页)。《说文》"诞"字籀文作"䛧",与《残卷》所录异。《宋本·言部》"诞"字籀文作"這",与《说文》同。古陶文有字作"遄",何琳仪先生认为此字与"诞"字籀文应是一字。②

龖,《说文》籀文,龙字不省。(23页)

按:《黎本·言部》同(223页)。此字应为"龖"字籀文。依《残卷》体例,此字本应该放在"龖"字之后,这里却放在了"龖"字之前,误。此字即《说文》"龖"字籀文"龖"之隶定。此字籀文从二龙,与"袭"字金文作"龖"(《金文编》586页)相类。《宋本·言部》以"龖"为"龖"字或体,似不确。

罗本·乃部

乃,《说文》籀文乃𠄎字也。……(48页)

按:《黎本·乃部》作"乃,《说文》籀文乃字也。……"(250页)两本相较,当以《黎本》为是。《罗本》"籀文乃"后衍"𠄎"字。《说文》"乃"字籀文作"𠄎"。《残卷》所录"乃"字籀文与今本《说文》异。"乃"字甲骨文或作"𠄎"(《甲骨文编》210页),金文或作"𠄎"、"𠄎"(《金文编》317页)。《黎本》以"乃"为"乃"字籀文,确有所本。

罗本·叩部

————————

① 朱德熙、裘锡圭:《关于侯马盟书的几点补释》,原载《文物》,1972年8期,后收入《朱德熙古文字论集》,北京:中华书局,1995年,第57~58页。
② 何琳仪:《战国文字通论》,北京:中华书局,1989年,第71页。

嬰，《说文》籀文嚣字也。（62页）

按：《黎本·叩部》同（264页）。《宋本·叩部》"嚣"字籀文作"𠱫"，古文作"嬰"，与《残卷》异。"嬰"即《说文》"嚣"字籀文"𠱫"之隶变，当由古玺"🔲"、"🔲"（《古玺文编》31页）等形演变而来。

罗本·食部

㲽，《说文》籀文饗字也。（80—81页）

按：《黎本·食部》同（283页）。今本《说文》"饗"字下没有籀文。《说文》"饴"字籀文作"🔲"。《宋本·食部》"饴"字籀文作"㲽"。据此可知"㲽"乃"饴"字籀文，《残卷》却误以为是"饗"字籀文。"饴"字西周金文作"🔲"（《金文编》358页），从"食"、从"異"省声。古音"台"属余纽之部，"異"属余纽职部，之职对转，"饴"籀文作"㲽"属声符更替。

饗，《说文》籀文饕字也。（91页）

按：《黎本·食部》同（293页）。《宋本·食部》："饕，敕高切，贪财也。饗，籀文。""饗"、"饗"并《说文》"饕"字籀文🔲之隶定。

罗本·次部

㳄，《字书》籀文次字也。（103页）

按：《黎本·次部》同（305页）。《宋本》亦同。此字即《说文》"次"字籀文"🔲"之隶定。秦公镈"盗"字作"🔲"，石鼓文"盗"字作"🔲"，二字所从之"🔲"与"㳄"同。可见《说文》"次"字籀文确有所本。

罗本·㕯部

𠷡，《说文》籀文商字也。……（112页）

按：《黎本》同（421页）。《宋本》"商"字籀文作"𠷡"。"商"字《说文》籀文作"🔲"，西周攸鼎作"🔲"（"赏"字所从，《金文编》436页）。《残卷》"商"字籀文当由上引二形讹变。

罗本·欠部

歔，幸吊反，《说文》籀文啸字也。……（116页）

按：《黎本·欠部》同（424页）。《宋本·欠部》："歔，苏吊切，蹙口而出声。"没有注明是"啸"字籀文。《残卷》所录"啸"字籀文即由《说文》"啸"字籀文🔲隶变。"口"、"欠"二旁古通，如《说文》"呦"字或体，《订正六书通·真韵》引《六书统》"呻"字或体均从"欠"作。

歠，《说文》籀文欸字也。（116页）

按：《黎本·欠部》同（425页）。此字即《说文》"叹"字籀文䫻之讹变。《宋本·欠部》："叹……䫻，同上。"似不确。

罗本·糸部

絟，《说文》籀文缯字。……（140页）

按：《黎本·糸部》缺。《宋本·糸部》"缯"字下无籀文。此字即《说文》"缯"字籀文䋝之隶定。齐陶中有字作䋝，汤余惠先生隶作"絟"，释为"缯"，并认为"'辛'、'曾'二字古音比较接近，'絟'字应是从辛得声。辛，息邻切，古属心纽、真部；曾，昨棱切，古属从纽、蒸部。心、从二纽同属齿音，而真、蒸二部又均属阳声韵旁转可通。《诗·郑风·溱洧》、《说文》及《水经注》引文'溱'俱作'潧'，可证从曾得声的字可与真部字通转。"①其说可从。

縊，《字书》籀文紟字也。（152～153页）

按：《黎本》缺。《宋本》"紟"字籀文作"縊"，与《残卷》异。"紟"字《说文》籀文作䋝，包山楚简或作䋝，信阳楚简或作䋝（《简帛编》915～916页），汉印或作䋝（《汉印文字征13、4下》）并与"縊"字同。"今"、"金"古音同属见纽侵部，"紟"字籀文作"縊"属声符更替。

繻，……《字书》籀文紵字也。（170页）

按：《黎本》缺。此字即《说文》"紵"字或体䋝之讹变。《说文》认为"者"字从"朱"声，古音"者"属章纽鱼部，"朱"属定纽鱼部。《说文》"紵"字或体所从"朱"似是加注的声符。《宋本》"紵"字古文作"绔"，与《残卷》异。

罗本·系部

系，……籀文为䋝字，在丝部。（186页）

按：《黎本·系部》："系，籀文为䋝字。"（369页）《罗本·丝部》："䋝，《说文》籀文系字也。"（190页）《黎本·丝部》作䋝（401页）。《宋本·系部》"䋝"字籀文作"䋝"。《说文》"系"字籀文作䋝，与"䋝"、"䋝"同。《残卷》系部、丝部均出系字籀文，形体当以丝部为准。

罗本·丝部

幵，古通反，《说文》籀文繘字也。繘，汲缏也。在糸部。䋝，古环反，《说文》织绢以丝贯杼也。䋝，《说文》亦古文繘字也。（191页）

---

① 汤余惠：《战国文字考释五则》，载《古文字研究》（第10辑），北京：中华书局，1983年，第284页。

按:《黎本·丝部》同(402页)。此处有错简。《说文·丝部》:"绲,织绢,从糸贯杼也,从丝省廿声,古还切。"《说文·系部》:"繘,绠也。……繘古文从丝;籀文繘。"据此可知,《残卷》"绲"字下应接"古环反,《说文》织绢以丝贯杼也"。《宋本·繇部》:"绲,古环切,织绢以丝贯杼也。繘,古遹切,汲绠也,亦作繘;繘同上。"虽然没有指明"繘"字籀文、古文,但字与字之间的排列顺序是正确的。"繘"字古文作"繘",同《说文》古文,与"絅"字师酉簋作相类。"繘"字与《说文》"繘"字籀文同。"矞"作"矞",与"遹"字金文作"遹",又作"遹"(《金文编》101页)相类。

黎本·左部

以下诸字,《罗本》均缺,下不再注。

坙,《说文》籀文差字也,从二。(316页)

按:"差"字《说文》篆文作差,籀文作差,不阳戈作差,蔡侯申钟作差(《金文编》311页)。"坙"与《说文》"差"字籀文同。

黎本·山部

岫,………籀文为窗字,在穴部也。(431页)

按:"窗"即《说文》"岫"字籀文窗之隶定。《宋本·穴部》:"窗,似就切,山穴也。籀文岫。"《说文》:"岫,山穴也。从山由声。""岫"字训山穴,故其籀文可从"穴"作。

黎本·广部

廡,《字书》籀文庑字。(448页)

按:《宋本·广部》同。此字即《说文》"庑"字籀文廡之隶定。关于"無"和"舞",于省吾先生说:"甲骨文和周代的早期金文,均以或(隶变作"無")为舞。……古文无与舞均用作舞蹈字,只是有早晚期之别而已。周代多借无为有无字,因而别制舞字以为区别。总之,后起的舞为独体象形字,其上部既像左右执舞器,同时也表示着舞字的音读。"[①]其说极是。"無"、"舞"本一字之分化,所以"庑"字籀文可从"舞"作。

黎本·厂部

厈,《字书》籀厂字也。(462页)

---

① 于省吾:《甲骨文字释林》,北京:中华书局,1979年,第441~442页。

按：原卷"籀"后脱一"文"字。《宋本·厂部》"厂"字籀文作"厈"。"序"即《说文》"厂"字籀文"厈"之讹变。

黎本·磬部

𣪊，《说文》籀文磬字也。……（484页）

按：《宋本·磬部》同。此即《说文》"磬"字籀文"𣪊"之隶定。"磬"字甲骨文作"㱿"、"㱿"（《甲骨文编》385页），象击磬之形。凤翔秦景公墓出土石磬作"磬"。《说文》"磬"字籀文盖由上引诸形演变而来。

謦，徒劳反，《字书》籀文或鞀字。……（484页）

按：《宋本·磬部》无。此即《说文》"鞀"字籀文"磬"之隶讹。《集韵·豪韵》："鞀，鼓名。"《说文》："磬，乐石也。"二字之义均与音乐有关，故"鞀"字籀文可从"𣪊"作。

黎本·阜部

陸，《说文》籀文"陆"字也。（488页）

按：《宋本·阜部》"陆"字籀文作䧙。"陸"即《说文》籀文䧙之讹变。西周义伯簋"陆"字作"䧙"（《金文编》939页），即《说文》籀文所本。

陴，……籀文为䧘字。……（504页）

按：《宋本》："䧘，毗离切，籀文陴，女垣也。""陴"字《说文》籀文作"䧘"，甲骨文作"䧘"（《甲骨文编》536页）。"䧘"即上引两形之讹变。

三

通过上文对《残卷》中籀文的疏证，约略得以下数事：

1.《残卷》所著录的籀文共计27个，其中注明来自《说文》籀文的有19个，注明来自《字书》籀文的有6个，仅注明是籀文的有2个。也就是说，除2个籀文外，其他均注明了出处，意义十分重大。尤其是出自《字书》中的籀文，就更显得珍贵。因为《字书》今已亡佚，幸赖《残卷》得以保存部分内容。与《宋本》相比较，《宋本》所著录的籀文大多数没有注明出处，仅从这一点看，《残卷》的价值是不言而喻的。

2.《残卷》中所录籀文，凡注明出自《说文》的，可与今本《说文》相互比较。

（1）据今本《说文》以校正《残卷》之误者。如《罗本·食部》："䬴，《说文》籀文饕字也。"据《说文》"䬴"乃"饴"字籀文，可知《残卷》有误。

(2)有与今本《说文》不同存疑待考者。如:"乃"字、"诞"字《残卷》所录《说文》籀文与今本《说文》籀文不同。

3.《残卷》所录籀文可与《宋本》相互比较,以见得失。

(1)据《残卷》可补《宋本》之缺失。有些籀文,《残卷》有,而《宋本》则无,如"缯"字籀文;有些《宋本》虽有,却没有明确指明是籀文,如"啸"字籀文;《残卷》所录部分籀文,《宋本》则视为或体,如"詩"字籀文,即是如此。

(2)据《宋本》可校正《残卷》之误。《残卷》中存在脱字、衍字、错简等等情况,可据《宋本》校补。如《罗本·丝部》发生的错简(详见上文),可据《宋本》补正。

总之,《残卷》中保留的籀文资料特别珍贵。它对于整个隶定"古文"的研究具有极为重要的意义。

试说《说文》"籃"字古文

《说文·竹部》:"籃,大篝也。从竹,监声。𢉥,古文籃如此。"对于《说文》"籃"字的古文形体,有如下几位学者做过分析:

萧道管:"案:古者籃当以艸为之目象篝形,广声也。"②

朱骏声:"古文作𢉥,未详。或曰:当从广,昔声。存疑。"③

商承祚:"案:此字《玉篇》不收。《汗简》有𢉥字注蓝。则此乃蓝之古文,而误入竹部者也。"④

胡小石:"案:古文作此不可考诘。以其形言之,甚近庙之古文,但从目从田少异耳。"⑤

以上诸说,以朱骏声所引"或曰"最具卓识。下面拟从字形上为此说略作疏证。

表面上看《说文》"籃"字古文"𢉥"应分析为从"广"、从"草"、从"目",但实际上并非如此。我们认为朱骏声所引或曰:当从"广"、"昔"声是正确的。证据有传抄古文方面的,也有出土古文字方面的。先看传抄古文方面的证据。在整理传抄古文的过程中,我们发现了"籃"字的如下几个形体:

𢉥 《演说文》 夏竦《古文四声韵》二·13

---

① 原载《古文字研究》(第 26 辑),北京:中华书局,2006 年,第 496~498 页。
② 萧道管:《说文重文管见》,转引自李梅《说文古文研究初探》(1949 年以前),安徽大学硕士学位论文,2004 年。
③ 朱骏声:《说文通训定声》,北京:中华书局,1984 年,第 137 页。
④ 商承祚:《说文中之古文考》,转引自李梅《说文古文研究初探》(1949 年以前),安徽大学硕士学位论文,2004 年。
⑤ 胡小石:《胡小石论文集三编》,上海:上海古籍出版社,1995 年,第 440 页。

〇 《演说文》 夏竦《古文四声韵》二·13
〇 《义云章》 夏竦《古文四声韵》二·13

关于《演说文》，黄锡全先生据《隋书·经籍志》的记载认为可能是一部《说文》字书，庾俨默做过注解。① 所录形体虽然不多，但价值很大。尤其是第一个形体，下部所从与《说文》"篮"字古文明显不同。我们认为应该是从"甘"。战国文字中齐系文字中的"甘"字或作：

〇 《古玺汇编》1285 甘士故②
〇 《古玺汇编》3235 甘士吉玺③
〇 《古玺汇编》3590 甘事（士）齐④

三形与"〇"所从的"〇"形同。至于"〇"、"〇"、"目"我们认为均应从"〇"形讹变，并非是"目"而是"甘"。传抄古文中"甘"或从"甘"之字或作：

甘 〇 《汗简》   夏竦《古文四声韵》二·13
酣 〇 《古尚书》 夏竦《古文四声韵》二·13

"甘"的形体非常像"目"形。在传抄古文中，"目"、"甘"二字因形近相混。这种现象也说明"〇"从"甘"声是可信的。

如此，"〇"应分析为从"竹"，"甘"声，隶定为"笘"，与《集韵》训为"笘，大竹"似无涉。"笘"似为"篮"字异体。"篮"或作"笘"属于声符互换。甘、监二字音同古通，如《包山楚简》习见"甘匿之岁"：

简90 酉以甘匿之岁为偏于鄡
简129 甘匿之岁

简120则作"□客监臣适楚之岁"。刘信芳先生说："甘匿之岁：'□客监臣适楚之岁'（简120）之省。甘、监古读音通。"⑤其说可从。

《说文》"篮"字古文从"广"，"甘"声，隶定为"庿"。我们怀疑"庿"是"廉"字的古文。《古文四声韵》二·27引《阴符经》"廉"字作"〇"，从单复无别的角

---

① 黄锡全：《汗简注释》，武汉：武汉大学出版社，1990年，第61页。
② 施谢捷：《古玺复姓杂考》（六则），载《中国古玺印学国际研讨会论文集》（王人聪、游学华编），香港：香港中文大学文物馆，2000年，第39~42页。
③ 施谢捷：《古玺复姓杂考》（六则），《中国古玺印学国际研讨会论文集》（王人聪、游学华编），香港：香港中文大学文物馆，2000年，第39~42页。
④ 徐在国：《古玺文释读九则》，载《考古与文物》，2002年5期。
⑤ 刘信芳：《包山楚简解诂》，台北：艺文印书馆，2003年，第87页。

度看,"􀀀"应是"苷"的省体。"庿"字从"广","苷"声,当为"廉"字异体。这样的话,《说文》"籨"字古文应是"廉"字,假借为"籨"。《汗简》4·52下引《义云章》"蓝"字作"庿",则是假"廉"为"蓝"。

解决了《说文》"籨"字古文的形体,顺带说说传抄古文中"兼"、"谦"的形体。

兼 􀀀 《古老子》 《古文四声韵》二·27
谦 􀀀 􀀀 《古老子》 《古文四声韵》二·27

"􀀀"即"苷"字,假借为"兼"。"􀀀"字从"言","苷"声,为"谦"字异体。"􀀀"字从"言","廉"声,为"谦"字繁体。

最后谈一下见于齐国玺印、封泥中的"􀀀"字:

《古玺汇编》0314

《古玺汇编》0156

《古封泥集成》5

"􀀀"字,《古玺汇编》、《古封泥集成》均释为"笘"。① 何琳仪先生从之,读为"詀"。引《集韵》:"詀,一曰,胡市也。"② 王辉先生怀疑"笘"读为"鞻"。"戠笘"犹织屦,"戠笘师"是编织鞋、屦之工师。又疑庿为"苜"之讹,读为"箔",训箔为帘。③

按:王辉先生不同意何先生的读法,他提出了两种可能。实际上对于这个字还有进一步讨论的必要。我们怀疑此字当隶定为"笤",释为"籨"。齐系文字"甘"(或从甘之字)作"􀀀",又作"􀀀",与古文字中的下列现象类同:

鲁④ 􀀀 鲁司徒仲齐盘　　􀀀 封孙宅盘

---

① 罗福颐:《古玺汇编》,北京:文物出版社,1981年,第27、55页。孙慰祖:《古封泥集成》,上海:上海书店出版社,1994年,第2页。这方齐封泥的首字原书释为"膵",不确。此字当分析为从"月","宰"声,"宰"字繁体。

② 何琳仪:《战国古文字典》,北京:中华书局,1999年,第1274页。

③ 王辉:《古玺文杂识(18则)》,载《陕西历史博物馆馆刊》(第9辑),西安:三秦出版社,2002年,第35页。

④ 容庚:《金文编》,北京:中华书局,1985年,第245~246页。

习① [字] 郭店简·性自命出 13　　[字] 郭店简·语丛 3·13

百② [字] 沇儿钟　　　　　　　　[字] 中山王鼎

曾③ [字] 曾侯乙鼎　　　　　　　[字] 随县钟架

因此，我们可以将齐玺及封泥中的"[字]"字释为"籃"。"夋籃"读为"职蓝"，官名，掌管蓝草，与《周礼·地官·司徒》掌染草的官职相当。《说文》："蓝，染青草也。"《礼记·月令》："(仲夏之月)令民毋刈蓝以染。"汉赵歧《蓝赋》："余就医偃师，道经陈留，此境人皆以种蓝、染泔为业。蓝田弥望，黍稷不植。"《周礼·地官·司徒·叙官》："掌染草下士二人。"郑玄注："染草，蓝茜象斗之属。"孙诒让《周礼正义》："此官掌敛染色之草木。"《古玺汇编》0156"夋籃帀"读为"职蓝师"。楚国有"蓝尹"，见于《左传·定公五年》和《国语·楚语下》。张澍《姓氏寻源》卷三十七："楚大夫以官为氏，莠尹与芉尹、蓝尹皆以草名官。"左言东先生据此认为"蓝尹"是掌蓝草之官。④ 齐官"职蓝师"与楚官"蓝尹"职掌同。

如果释"[字]"为"籃"成立的话，可以证明《说文》籃字古文"[字]"下部所从当源于齐系文字"[字]"字。又可为《说文》古文与出土文字互证提供一佳例。

---

① 张守中:《郭店楚简文字编》，北京：文物出版社，2000 年，第 67 页。
② 容庚:《金文编》，北京：中华书局，1985 年，第 249 页。
③ 汤余惠:《战国文字编》，福州：福建人民出版社，2001 年，第 54 页。
④ 左言东:《先秦职官表》，北京：商务印书馆，1994 年，第 321 页。

传钞《老子》古文辑说①

随着对战国文字研究的深入,对传钞古文的研究也愈来愈引起学者的重视。有学者运用传钞古文来考释古文字;也有学者运用出土古文字资料来疏证传钞古文。二者均成果卓著。② 本文旨在将传钞《老子》古文汇为一篇,与出土郭店楚简《老子》及其他古文字资料对照,证明一个事实,即传钞《老子》古文不仅来源有据,而且相当可靠。

一、传钞《老子》古文的著录情况

传钞《老子》古文的著录情况大体是这样的:

宋郭忠恕《汗简》(中华书局影印《四部丛刊》本,《汗简·古文四声韵》,中华书局,1983年)卷二皿部"冲"字条下标注"见《古老子》"。仅此一字。③

宋夏竦《古文四声韵》(中华书局影印北京图书馆藏宋刻配抄本,附僧翻本残卷,《汗简·古文四声韵》,中华书局,1983年)。此书在某些古文形体下标注《古老子》或《道德经》,我们一并收录,因篇幅所限,未加区分。

明闵齐伋辑,清毕弘述篆订《订正六书通》,清毕星海辑《订正六书通摭遗》(上海书店,1981年影印本),均收有《古老子》古文,或省称为《老子》。

我们将上录诸书中所收的《老子》古文摘出,按《说文解字》顺序重新排列,不见于《说文解字》者附在各部之后。字头共计 748 个。

---

① 原载《中央研究院历史语言研究所集刊》第七十三本第二分,2002 年,第 205~215 页。
② 黄锡全:《汗简注释》,武汉:武汉大学出版社,1990 年。
③ 许学仁先生认为《汗简》所据《古老子》古文的字数是 6,《古老子》在《汗简》中称《史记》。

为了便于与郭店楚简《老子》和其他古文字资料对照，我们制作了表格，详参所附《字形对照表》。表中字形后的阿拉伯数字分别为《汗简·古文四声韵》、《订正六书通》中的页码。书目简称附后。

二、传钞《老子》古文与出土古文字资料的比照情况

根据字形对照情况，以下问题需要加以说明：

1. 和其他传钞古文一样，传钞《老子》古文亦来源于战国文字。确切地说，是来源于战国时代的《老子》写本。试举例说明。

早，《古文四声韵》上平二十（44页）引《古老子》或作"〔字形〕"，91页或作"〔字形〕"。郭店楚简《老子》乙1作"〔字形〕"，原书注释①："'杲'当是'曑'之异体，从'日'、'枣'声。'枣'、'早'同音。"①其说可从。中山王鼎"早弃群臣"之"早"作"〔字形〕"，从"日"、"枣"声。据此可知，楚文字"枣"可省作"朿"。我们怀疑传抄古文"〔字形〕"是"〔字形〕"形之讹变。

郭店简《缁衣》19有字"〔字形〕"，原书隶作"叙"，误。关于这个字，我们曾作过如下考释：②

我们认为此字所从的"〔字形〕"即"枣"之省，老乙1"曑"字作〔字形〕，语三19作〔字形〕，所从"枣"作〔字形〕、〔字形〕，与〔字形〕形近。如此，〔字形〕字应隶作"戟"。缁19执我"戟戟"，此"戟"应读为"仇"。古音枣属精纽幽部，仇属群纽幽部，而"戟"字应从"枣"声，故"戟"字可读为"仇"。此字又见于缁43"《寺（诗）》员（云）：'君子好戟'"，今本作"君子好逑"。"逑"字为群纽幽部字，故"戟"字也可读为"逑"。

何琳仪先生认可拙说，又补充如下：③

检《古文四声韵》上声二十引《汗简》"枣"作"〔字形〕"，与简文左旁甚近。

---

① 荆门市博物馆：《郭店楚墓竹简》，北京：文物出版社，1998年，第119页。
② 黄德宽、徐在国：《郭店楚简文字考释》，载吉林大学古籍整理研究所《吉林大学古籍整理研究所建所十五周年纪念文集》，长春：吉林大学出版社，1998年，第103页。
③ 何琳仪：《郭店竹简选释》，载《文物研究》（第12辑），合肥：黄山书社，2000年，第198页。

现在我们又从《古文四声韵》去声三七(68页)找到了"救"字,"救:㪉《古老子》。"《订正六书通》316页引《古老子》"救"字作㪈。基于对"㪉"字的考释,我们完全有理由认为"㪉"、"㪈"左旁当源于"朿"(枣),字应隶作"敷",从"攴"、"枣"省声,"救"字或体。考虑到战国文字"救"字或作㪉(包山234)、㪉(中山王鼎),我们怀疑《缁衣》19中的"㪉"(敷)字与"㪉"(敷)为一字之异,当释为"救"。在简文中读为"仇",或读为"逑"。

棘,《古文四声韵》入声二七(83页)引《古老子》作"朿",《订正六书通》374页引《古老子》作"朿"。郭店简《穷达以时》4"棘津"之"棘"作朿。① 古文字中,"屮"、"土"用作偏旁时常常讹混,详参何琳仪先生《战国文字通论》209页。② 我们怀疑传钞古文"朿"当来源于战国文字"朿"。反过来也可以证明裘锡圭先生读"朿"为"棘"是正确的。

此外,《穷达以时》10"驥塞(塞)③于召朿"之"召朿",我们读为"鸠棘",④义为丛棘。

尘,《古文四声韵》上平三一(16页)引《古老子》作"麤",《订正六书通》60页作麤,《六书通摭遗》419页作麤。郭店简《老子》甲27"同其尘"之"尘"作"鏖",原书隶作"斳"。此字在郭店简中多次出现,亦见于包山简。或从"土"作"鏖"(《老子》甲11),原书释为"誓",误。我们认为传钞《古老子》"尘"应分析为从"鹿"省,从二"土",从"ㄔ"(或作ㄔ),从"ㄕ"。"ㄕ"应是"斤"字,"ㄔ"(或ㄔ)应与"鏖"所从的"ㄅ"同,并非是"幺",应是"申"字。郭店简"申"字或从"申"之字作:

㠯　忠信之道6"君子弗申尔"
㠯　缁衣19"君迪(陈)员(云)"
㠯　缁衣39"君迪(陈)员(云)"
㠯　唐虞之道15"神明均从"

---

① "棘"字从裘锡圭释。参见荆门市博物馆《郭店楚墓竹简》,北京:文物出版社,1998年。
② 何琳仪:《战国文字通论》,北京:中华书局,1989年,第209页。
③ 徐在国:《郭店楚简文字三考》,载李学勤、谢桂华《简帛研究二〇〇一》,桂林:广西师范大学出版社,2001年,第177~178页。
④ 徐在国:《郭店楚简文字三考》,载李学勤、谢桂华《简帛研究二〇〇一》,桂林:广西师范大学出版社,2001年,第178页。

上引诸形中,"㞢"、"訳"所从的"𠃊"、"𠃋"与"㪯"所从的"白"形近。据此可知,"㪯"所从的"白"应是"申"。"㪯"可分析为从"申",从"言",从"斤",当隶作"𧥣",释为"尘"。"𧥣"字所从的"申"、"訢"均是声符。古音"申"属书纽真部,"尘"属定纽真部,声纽均属舌音,韵部相同,"尘"字可以"申"为声符。"訢"字属晓纽文部,真文旁转,故"尘"字也可以"訢"为声符。马王堆汉墓帛书《老子》甲"同其尘"之"尘"字作"塦",亦以文部字的"㲃"字为声符。"慎"字古音属禅纽真部,与"尘"字音近,故"尘"字在简文中可读为"慎"。"㪯"字可分析为从"土"、"訢"声,隶作"𧥣",释为"尘"。"㪯"所从的"土"与"言"共用横画。上引传钞《老子》古文从"鹿"省,从二"土",从"申",从"斤",当源于战国文字中的"尘"字。①

混,《古文四声韵》上声一五引《古老子》或作"㖽"、"㖾",89页或作"㖽"、"㖾"。郭店简《六德》28"昆弟"之"昆"作"㖾"。关于"昆"字构形,我们曾做过如下分析:②

  关于"㖾"字的构形,似乎可分析为从白从云声。包山楚简"䢵"字或作"䢶"、"䢷"、"䢸"(《简帛编》542~543页),鄂君启舟节"䢵"字作"䢹",所从"云"均与"㖾"字所从"㐅"形近,古音昆属见纽文部,云属匣纽文部,二字声纽同属喉音,韵部相同,故"昆"字可以"云"为声符。

很显然,传钞古文"昆"字是来源于战国文字中的"㖾"(昆)。上引传钞古文"混"字或作"㖾"、"㖾",当是假"昆"为"混"。

淫,《古文四声韵》下平二六(33页)引《古老子》作"㴇",《订正六书通》152页"㴇"。郭店简《尊德义》16"淫悢"作"㴇"。李家浩先生考释如下:③

  此字跟《古文四声韵》卷二侵韵所引《古老子》"淫"的写法十分相似:

---

① 徐在国:《郭店楚简文字三考》,李学勤、谢桂华《简帛研究二〇〇一》,桂林:广西师范大学出版社,2001年,第182~184页。
② 黄德宽、徐在国:《郭店楚简文字续考》,纪念徐中舒先生百年诞辰暨古文字学国际学术研讨会论文(成都:1998)。后发表在《江汉考古》,1999年2期。李家浩亦将此字释为"昆"。参见李家浩:《读〈郭店楚墓竹简〉琐议》,载《中国哲学》编辑部《郭店楚简研究》,沈阳:辽宁教育出版社,1999年。
③ 李家浩:《读〈郭店楚墓竹简〉琐议》,载《中国哲学》编辑部《郭店楚简研究》,沈阳:辽宁教育出版社,1999年,第344页。

所以我们把它释为"淫"。"淫"与"悃"义近。

樊,《古文四声韵》去声一五(57页)引《古老子》作"㷊"、"㷊",《订正六书通》250页作"㷊"、"尙"。郭店简《老子》乙14"帯"字作"㷊"《语丛》三55"缟"字作"㷊",左旁当即"㷊"字所本。《货系》1350"尙"字作"尙",当即"尙"字所本。传钞古文"樊"字作"㷊"(帯)、"尙"(尙),当属假借。

此外,"道"、"达"、"色"、"壮"、"美"、"随"等均可互证,不再一一列举了。

以上几个例证,可以充分说明,依据传钞《老子》古文可以考释未释的战国文字。同样,根据出土的战国文字资料可以探寻传钞《老子》古文的源头。

2. 传钞《老子》古文多假借字。传钞《老子》古文保留了许多假借字,这些假借用例与出土战国文字资料假借使用情况颇为一致。一些假借字利用古文字资料,可以确定无疑地加以判断;一些假借用例甚至可以与出土文字资料相对应。例如:

禁,《古文四声韵》下平二六(33页)引《古老子》作"坙"。"坙"即"圣"字,与楚玺"㴷"字所从的"㴷"(《玺汇》0204)形体相近,应有所本。典籍"禁"字或从"禁"声的字与"金"或从"金"声的字相通。《战国策·赵策一》:"韩乃西师以禁秦国。"马王堆汉墓帛书本"禁"作"唫"。《荀子·正论》:"金舌敝口"。杨注:"金或读为噤。"《说文》:"捡或作撳。"从"金"声的字又与"淫"字相通。《周礼·天官·司裘》:"大丧,廞饰皮革。"郑注:"古书廞为淫。"《周礼·考工记·匠人》:"善防者,水淫之。"郑注:"郑司农云:'淫读为廞。'"①因此,"圣"可假为"禁"。

盍,《古文四声韵》去声十二(55页)引《古老子》作"盍"。"盍"即"盇"字,与楚王酓忎鼎"盇"(盇)字形近。《说文·皿部》:"盇,覆也。从皿,从大。"《说文·艸部》:"盖,苫也。从艸,盇声。"此假"盇"为"盖"。楚王酓忎鼎"乔鼎之盇",亦假"盇"为"盖"。

释,《古文四声韵》入声十七(78页)引《古老子》作"𡄇",《订正六书通》369页引《古老子》作"𡇰"。"𡄇"、"𡇰"即"泽"字。"水"旁在"睪"下,与郭店简溺字或作"𡄇"、清字或作"𡇰"、沧字或作"𡇰"类同。所从的"𡄇"、"𡇰"当源于"𡄇"(郭

---

① 高亨:《古字通假会典》,济南:齐鲁书社,1989年,第231~232页。下文所引典籍通假例证均出自该书,不再另注。

店简《性自》23"泽"字所从)形。"释"、"泽"二字古通。《老子》十五章"涣兮若冰之将释。"马王堆汉墓帛书《老子》甲、乙本"释"均作"泽"。《史记·吕太后本纪》:"及封中大谒者张释为建陵侯。"《惠景间侯者年表》"释"作"泽"。《史记·孝武本纪》:"古者先振兵泽旅。"《集解》引徐广曰:"古释字作泽。"此假"泽"为"释"。

吾,《古文四声韵》上平二六(13页)引《道德经》作"㠯"、"㠯",《订正六书通》43页引《古老子》作"㠯",即"鱼"字。"吾"、"鱼"二字古通。《汉书·沟洫志》:"吾山。"《水经注》八作"鱼山"。《列子·黄帝》:"鱼语女。"张注"鱼当作吾"。传钞古文假"鱼"为"吾",与《侯马》宗盟类一五六·三"鱼君其盟亟视之"(239页)假"鱼"为"吾"同。

迷,《古文四声韵》上平二八(14页)引《道德经》作"㕙"、"㕙",《订正六书通》32页引《古老子》作"㕙"、"㕙",《六书通摭遗》409页引《古老子》作"㕙",并"麋"字。当由"㕙"(《玺汇》0360"亡麋")、"㕙"(《玺汇》3693"麋奔佳铢")、"㕙"(石鼓田车"麋豕孔庶")等形讹变。《说文·鹿部》:"麋,鹿属。从鹿,米声。"此假"麋"为"迷"。

父,《订正六书通》185页引《古老子》作"㠯",疑即"吕"字。

甫,《古文四声韵》上声十(39页)引《古老子》作"㠯",87页作"㠯",并"吕"字。"㠯"、"㠯"、"㠯"均源于"㠯"(郭店《缁衣》26"吕型")、"㠯"(《缁衣》29"吕型")等形。《后汉书·崔骃传》:"周穆有阙,甫侯正刑。"李注:"甫侯即吕侯也。""父"、"甫"二字古通。《礼记·郊特牲》:"章甫殷道也。"《汉书·贾谊传》"章甫"引作"章父"。《大戴礼·保傅》:"封泰山而禅梁甫。"《贾子新书·胎教》"甫"作"父"。传钞古文假"吕"为"父",假"吕"为"甫"。

将,《古文四声韵》下平十五(27页)引《古老子》作"㨢"。"㨢"即"酱"字。《说文·酉部》:"酱,盐也。从肉,从酉,酒以和酱也,爿声。㨢,古文酱,籀文。"可知,"㨢"为"酱"字古文。《说文·寸部》:"将,帅也。从寸,酱省声。"此假"㨢"(酱)为"将"。与郭店简《老子》甲10"㨢"(酱)徐清"假"㨢"(酱)为"将"同。

故,《古文四声韵》去声十一(55页)引《古老子》或作"㠯",《订正六书通》266页引《古老子》作"㠯"。"㠯"、"㠯"疑即"固"字。当由"㠯"①(《陶汇》3.27

---

① 吴振武:《〈古玺文编〉校订》第837条,吉林大学博士学位论文(指导教师:于省吾教授)1984年。吴先生认为此字是"固"加注"𠂇"(古拜切)声,可从。

"昌榍陈固南左里故亳区")形讹变。"故"、"固"二字古通。《国语·周语上》:"而咨于故实。"《史记·鲁周公世家》"故"作"固"。《老子·五十八章》"人之迷其日固久。"《韩非子·解老》引"固"作"故"。传钞古文假"固"为"故"。

美,《古文四声韵》上声五(37页)引《古老子》或作"㺯",86页或作"㺯",《订正六书通》190页或作"㺯"。疑为"散"字。当由"㺯"(郭店简《老子》甲15"散")形讹变。典籍"美"字或体作"媺"。《周礼·春官·天府》:"以贞来岁之媺恶。"《初学记·岁时部》引"媺"为"美"。《玉篇·羊部》:"美,甘也,善美,或作媺。"传钞《古老子》美字或作"㺯",即"娓"("媺"字初文)字,与郭店《老子》甲15"美"或作"㺯"同。传钞古文假"散"为"美",与郭店《老子》甲15"天下皆知散之娓(美)也",假"散"为"美"同。

废,《古文四声韵》去声十八(58页)引《古老子》"㺯",《订正六书通》253页引《古老子》作"㺯"。"㺯"、"㺯"即"瀍"字,当由古文字瀍字"㺯"(盂鼎)、"㺯"(郭店简《老子》甲31)、"㺯"(《老子》甲23)、"㺯"(《老子》甲23)、"㺯"(《缁衣》9)、"㺯"(《六德》40)等形演变。郭店简《缁衣》9"故心以体瀍。"今本《礼记·缁衣》"瀍"作"废"。师酉簋"勿瀍朕命","瀍"读为"废"。传钞古文亦假"瀍"为"废"。

笃,《古文四声韵》入声五(72页)引《古老子》作"㺯",《订正六书通》332页引《古老子》作"㺯"。二形所从的"㺯"、"㺯"当源于"㺯"(郭店简《老子》甲24"箮")形。因此,"㺯"、"㺯"应隶作"筐",即"箮"字繁体。《说文·亯部》:"箮,厚也。从亯,竹声。读若笃。"《说文·马部》:"笃,马行顿迟也。从马,竹声。""笃"、"箮"均从"竹"声,此假"筐(箮)"为"笃"。郭店简《老子》甲24:"兽(守)中,箮也。"今本《老子》作"守中,笃也。"假"箮"为"笃",与传钞古文同。

恶,《古文四声韵》入声二十五(82页)引《古老子》作"㺯",《订正六书通》360页引《古老子》作"㺯"。"㺯"、"㺯"即"亚"字,与"㺯"(郭店简《老子》甲15)、"㺯"(《老子》乙4)、"㺯"(《性自》4)、"㺯"(《缁衣》6)等"亚"字形近。传钞《老子》古文假"亚"为"恶",与郭店简《老子》甲15"天下皆知散(美)之为娓(美)也,亚矣",《老子》乙4"美与亚,相去何若?"假"亚"为"恶"同。

战,《古文四声韵》去声二十三(61页)引《古老子》或作"㺯",《订正六书通》297页引《古老子》作"㺯",《六书通摭遗》487页引《古老子》作"㺯"。"㺯"、"㺯"(所从的"㺯"当"井"之讹变)、"㺯"即"旃"字,与郭店简《语丛》三·2"旃"

字作"㫃"同。① "战"、"旃"古音并属章纽元部,此假"旃"为"战"。

发,《古文四声韵》入声十(75页)引《古老子》作"䒳"、"䒳",《订正六书通》345页引《古老子》作"䒳"。"䒳"、"䒳"、"䒳"即"癹"字。"䒳"与郭店简《忠信》2"䇂"(癹)形近。"䒳"所从的"東"当是"㞢"形讹变。《说文·癶部》:"癹,以足蹋夷草,从癶,从殳。《春秋传》曰:'癹夷蕴崇之。'"《说文·弓部》:"发,射发也。从弓、癹声。"此假"癹"为"发"。《玺汇》0113"左邑癹弩"、0114"左癹弩"、0116"榆平癹弩"之"癹"均读为"发"。

除上举例证外,一:壹,天:芫,②理:纚、俚,小:纱,和:龢,唯:隹,哉:戋,徹:趦,徐:鄒,復:复,得:㝵,讷:呐,臣:苨,赦:舍,相:皵,几:羲,益:嗌,奇:掎,静:彭,缺:肤,短:致,枉:牦,昏:闻,昔:腊,有:又,稷:畟,宫:窍,豪:敖,豫:舒,亦:束,竭:碣,惟:佳,忘:妄,混:闻,冲:盅,淳:沌,源:元,聘:骋,③舍,豫,威:畏,如:女,妖:祆,张:緷,绛:夆,胜:乘,阴:会,阳:易,降:夆,七:桼,罝:獸,盈:滕等均属假借之例。

上举数例中,传钞《老子》古文假借与郭店简《老子》假借情况相同的有:"洒"假为"将","敚"假为"美","筥"假为"笃","亚"假为"恶"。与马王堆汉墓帛书《老子》相同的有:"泽"假为"释"。与其他古文字资料相同的有:"盍"假为"盖","癹"假为"发","㯻"假为"废"。这无疑表明传钞《老子》古文确实是有所本的。

3.其他。

传钞《老子》古文中还存在下列几种情况。

(1)传钞《老子》古文有误置的情况。例如:

信,《古文四声韵》去声十八(58页)引《古老子》或作"𧥛"。"𧥛"即"诰"字。古文字中,"诰"字或作:

𧥛   何尊

---

① 汤余惠先生认为此字所从"丹"旁乃"丹"之讹写。同时指出,传钞《古老子》是假"旃"为"战",并引《释名·释兵》"通帛为旃。旃,战也",其说可从。参见汤余惠《释"旃"》,吉林大学古籍整理研究所《吉林大学古籍整理研究所建所十五周年纪念文集》,长春:吉林大学出版社,1998年,第66~67页。

② 黄锡全:《汗简注释》,武汉:武汉大学出版社,1990年,第83页。

③ 许学仁:《古文四声韵古文研究·古文合证篇》,台北:文史哲出版社,第147~148页,待刊。

[图] 王孙诰钟
[图] 郭店《缁衣》5
[图] 郭店《成之闻之》38

均从"収",从"言",当为传抄古文"[图]"字所本。

《古文四声韵》将"诰"字放在"信"字下,误。

武,《古文四声韵》上声十(39页)引《古老子》或作"[图]",87页作"[图]",《订正六书通》186页引《古老子》作"[图]"。① 从字形分析似从"戈"从"习"。与《古文四声韵》入声二十二(81页)"袭"字引《古老子》或作"[图]"所从同。"武"、"习"、"袭"声韵均相差很远,"武"字或作"[图](袭),可能是误置。

传钞《古老子》误置古文,当与传钞者误释或误识某些古文有关,亦不排除辗转传抄之中,发生讹错的可能。

(2)传钞《老子》古文个别形体与秦以后的文字形体相近。例如:

兆,《古文四声韵》上声一九(44页)引《古老子》作"[图]",与马王堆汉墓帛书《老子》乙前四上"逃"字所从的"兆"作"[图]"形近。郭店简《老子》甲25"兆"字所从"兆"作"[图]"。

敦,《六书通摭遗》422页引《古老子》作"[图]",与汉《天文杂占》一·六"敦"作[图]同。

这部分传钞《老子》古文可能来源于秦以后的《老子》钞本,也有可能是后人在传钞中习惯性地将某些字书写成自己熟悉的形体而造成的。

3.传钞《老子》古文有许多形体待考者。例如:"正"、"逝"、"迎"、"政"、"解"、"曲"等字。这类字形体甚为特异,就目前掌握的古文字资料和认识水平,我们尚无法作出合理的解释,只有留待将来了。

三、传钞《老子》古文的价值和意义

通过上文对传钞《老子》古文的整理以及与郭店楚简《老子》及其他出土古文字资料的对照,可以证明历史上流传的《老子》古文,绝非向壁虚造,它们

---

① 《订正六书通》疑此字左部所从"是罜误。罜,古舞字"。"武"字古文[图]所从的"[图]"可能是"[图]"(罜)之讹变。参见闵齐伋辑、毕弘述篆订《订正六书通》,上海:上海书店出版社,1981年,第186页。

是渊源有自的。确切地说,多数是来源于战国时代的《老子》写本。① 尽管传钞《老子》古文在辗转抄写、摹刻过程中,个别笔画有所讹变舛错,但是它们的形体对研究战国文字仍有着重要参考价值。近年出土的大批战国文字资料,许多疑难字就是借助传钞《老子》古文或其他传钞古文的形体得以释出的。既然传钞《老子》渊源有自,对其各种古文异体,我们就不应简单地以怪诞不经而不屑一顾,而应审慎对待,并尽可以方便地利用地下出土的古文字资料,考其来源,正其讹误,从而充分发挥它们的价值,以方便传钞古文资料的整理。

对《老子》传钞古文的辑证,不仅让我们从文字学方面重新认识了这类资料的重要的学术价值,而且让我们对《老子》的流传和版本学研究也予以关注。随着马王堆汉墓帛书和郭店楚简《老子》不同钞本的被发现,学者们对传世《老子》诸版本的研究,已取得了显著的成果。《老子》诸本中的异文分歧,可以说是非常突出的,在中国古代典籍中具有相当的典型性。这些异文不仅关系到语言文字问题,也关系到思想史、哲学史和古文献学的许多重要问题。因此,《老子》的流传和各种版本异文的形成也是一个很值得深入研究的重要课题。

传钞《老子》古文价值的再证实,启发我们对各类传钞古文,开展更为系统的整理研究工作。海内外学者已经做了一些有价值的工作。② 如果我们能在此基础上,对所有传钞古文(含隶定古文资料)进行全面系统的整理疏证,将使传钞古文真正成为一份宝贵的文化遗产,这对古文字学、文字学和古文献整理研究是十分有意义的。

---

① 李学勤曾指出古《老子》之项羽妾塚《老子》,属简帛,使用的可能是楚文字。此观点值得重视。参见李学勤《说郭店简"道"字》,载中国社会科学院简帛研究中心《简帛研究》(第3辑),桂林:广西教育出版社,1998年,第43页。

② 如:黄锡全《汗简注释》,武汉:武汉大学出版社,1990年。
   许学仁《古文四声韵古文研究·古文合证篇》,台北:文史哲出版社,待刊。
   何琳仪《战国文字通论(订补)·战国文字与传钞古文》,南京:江苏教育出版社,2003年,第34~84页。
   徐在国《隶定古文疏证》,吉林大学博士学位论文(指导教师:吴振武教授),1997年。

附一：字形对照表

字形 字头	古文四声韵	订正六书通	六书通摭遗	郭店简老子	战国文字	其他
一	弌 盇 弍 73	弌 336		一 甲22	弌 缁衣39	弌 表1
天	兲 顨 昦 21	顨 81	昦 昦 昦 427	天 甲15 天 乙1	兲 信阳 1.01乙	天 金3 兲 石4
上	二 46 二 66	⌣ 222		上 甲3 上 乙9		二 骨3 上 石6
下	二 45 二 91		丂丙 丂 466	下 甲3 下 甲4	丂 表5	二 骨5 下 石11
礼	禮禮 40 91	禮禮 174		豊 丙9 豊 丙10	豊 性 自15	禮 表6 豊 石12
祥	箬箬 26	箬 115	箬 438		箬 金8	祥 石13
福	禴 71		廟 496	畐 甲38 畐 甲31		福 金9
神	神 16	神 58			神 太一5 神 唐虞15	神 金10
祭	紭 56 紭 57			祭 乙16	祭 陶汇3.837	祭 骨8
祀	祀 86			祀 乙16	祀 帛乙	祀 金12
社	社 45 社 91	社 219	社 467		社 金16	
祸	祸 45 祸 91	祸 216	祸隔 祸 466		祸 金16	祸 表13
禁	禁 33					禁 秦简
王			天 440	王 甲2		丙 表15 王 石27
玉	玉 72	玉 331		玉 甲38	玉 简42	玉 表16

续表

字形字头	古文四声韵	订正六书通	六书通摭遗	郭店简老子	战国文字	其他
瑕		110				瑕 表20　石34
理	38　86	174			理 陶汇5.355	
灵	31	136				金752
璆	71				六德14 录	
士	38	169		甲8　乙9	士 包山152	金27　表27
壮	66	310		甲35	语丛3.9	壮 集粹　金33
中	6	7		甲22　乙9	陶汇3.288 侯马	中 石34　金28
毒	72	326	495	甲36		表29
苦	40					秦印
芹	18				芹 随县212	
芸	17		419		舟节	
荆	29	130			陶汇3.1146	
蒂	56	255			上郡守戈带	
芞	12				缁衣9　玺汇0089	
荒	28	124			金36	
落	82				穷达13　皋落戈	
薄	82	359			五行37 甫	表48
盖	55				穷达3　金37　盍	

续表

字头\字形	古文四声韵	订正六书通	六书通摭遗	郭店简老子	战国文字	其他
芻	12	44			包95	骨21
草	44				陶汇3.372	
藏	29 67	123		甲36		
小	43 90				陶汇5.72	石45 金43
少	44 90			甲2	六德47	金46
尚	66	309		甲10	五行23	金48
介	57	271			钟磬	骨29 石50
公	5	5			玺汇3099	石52 金51
释	78	369			穷达4	石53
牡	48 93	233	471		随县197 金54	金54
物			499			骨37
噬			506	乙3	货系472	石55
含	26	156		甲33	语丛1.38	石55
味		251		丙5		
吹	8 51					表709 炊
吾	13	43	413		包山248	金57
命	67	313	492	甲2	语丛3.68	石68 金60
召	63					金62

续表

字形字头	古文四声韵	订正六书通	六书通摭遗	郭店简老子	战国文字	其他
唯		崖190		甲17 乙1	缁衣8	金62 佳
和	咊龢25	咊107	龢龢434	咊甲16	中山圆壶	
哉			416		帛书乙	金64
右	68			丙6	玺汇0063	石69 金66
吉	吉74			吉丙8	吉书也缶	吉吉金68
各	各各82	各各357		各甲24	各包山206	各金73
响	54					金132 句
嘎	唱66				缁衣7 夏	石268 夏
咨	64					
周	周31	周144			穷达5	金72
丧	28	123	441	丙8	语丛1.98 语丛3.35	石74 金79
走	48 94	234	471		曾侯戈	金79
超	23	96				
起	38 86	175		甲31	玺汇3320	
趨			489		集粹	表47
前	21	82		甲3 甲4	包山123	石77 金84
归	11	52	416		六德11	金85 石79
登			447		玺汇5327	金86
正			492	甲9	唐虞13	石81 金88
是	36 85	168	454	甲3	侯马	金90
徒	13	41			玺汇2622	金92
随			417	甲16 隋	集粹	
逝	57	251	475	甲19 折		

续表

字形字头	古文四声韵	订正六书通	六书通摭遗	郭店简老子	战国文字	其他
过	25	107	434	丙13	语丛3.52	金94
巡			421		玺汇1454	
进	58	283		甲4	玺汇0510	
迎	29	138	446			表108
遇			477		玺汇2118	金97 帛石88
通	5	1			性自35 玺汇1713	徜金98
徙	37 85	173			玺汇0198	
返	42 89	200		甲37	中山方壶	
还	19	76			成之38	
达	75	344		甲8	穷达11	
迷	14	32	409		语丛4.13	石91
道	44 90	215		甲6 甲18	五行5 语丛2.38	
运	59	285			参军字	
退	58	274		甲39 乙11	鲁穆2	
远	42 89 59			甲10	六德48	石93 金104
德	84	379	508	乙11	陈曼匜	石100 金110
往	46 92	222		丙4	尊德31	金112
彼	36 85				语丛 金209 皮	
徽			431			表122
微	11	25		甲15 敔	石鼓	表122
徐		37			玺汇3.728 包山84	金112

续表

字头\字形	古文四声韵	订正六书通	六书通摭遗	郭店简老子	战国文字	其他
復	㞕夏71	㞕夏328	䨱 496	𣉻甲1 𣉻甲12	𢕛中山圆壶	𢕛金111 㞕石102
後	後後48 後93	後232		𢔶甲3	後秦简	後石103 後金112
得	㝵㝵84	㝵379		𢔶甲5	㝵玺汇1290	㝵石104 㝵金114
徑	𢔎67	𢔎311			𢔎玺汇2530 誈	
建	𢎨𢎨59	𢎨295		𢎨乙15 𢎨乙10	𢎨随县172 𢎨玺汇0492	
跨	𨂿66	𨂿307				
蹶	𨂿75	𨂿350				𨂿石440 厥 𨂿金817
迹	𨊶78	𨊶369		𩑣甲14 束	𨊶玺汇4080 迹	𨊶石598 绩德金91
器		𠾖476	𠾖甲30	𠾖包山259	𠾖金130	
句	句54	句261			句缁衣23	句金132
十	十81				十尊德27	十石114
丈	丈46 丈92				丈六德27	丈表141
言	言18	言85	言429	言甲1	言忠信8	言石121 言金138
謂	謂53			謂甲28 胃	謂石鼓	
諾	諾82	諾358		諾甲38 若	諾随县 漆箱若	
謀	謀32	謀149		謀甲25	謀缁衣22	
論	論18	論66			論成之31 仑	論秦简
識	識83		識507		識玺汇0338	
誓	誓76	誓344				
信	信信 信58	信282		信丙1	信玺汇1149	信石126
誠	誠30	誠135				参成字

续表

字形字头	古文四声韵	订正六书通	六书通摭遗	郭店简老子	战国文字	其他
计			𝕙 𝕙 509		計 玺汇 0138	
谦	𱎿 33	𱎿 162			𱎿 语丛 3.33 兼	
托	𮬼 82			乇 28 乇	乇 成之 34 乇	
讳	𱎿 54	𱎿 277		韋 甲 30 韦	韋 侯马	韋 金 142
诫	𱎿 57	𱎿 271			戒 玺汇 5206 戒	戒 金 160 戒
讷	㕯 75	㕯 340			內 舟节内	
警	𱎿 62					
谪	𱎿 79	𱎿 367				啻 金 67 啻
谁	𱎿 10	𱎿 56				孰 金 178 孰
诘	𱎿 74		𱎿 499			参吉字
譬		𱎿 475			辟 五行 47 辟	辟 金 649 辟
赞	𱎿 60					赞 表 44 赞
善			𱎿 463	善 甲 7	善 玺汇 5354	
音	𱎿 33	𱎿 152		音 甲 16 音 乙 12	音 包山 214	
章	章 27			章 甲 31	章 九年郑令矛	章 金 154
妾	𱎿 80	𱎿 387			妾 包山 173	妾 金 155
奉	𱎿 36			奉 乙 17	奉 侯马	奉 金 158
兵	𱎿 29	𱎿 128	𱎿 443	兵 甲 64 兵 丙 6	兵 唐虞 12	兵 金 160
与	𱎿 39 𱎿 87	𱎿 177		与 乙 4 与 甲 5	与 语丛 3.71	
共	𱎿 51	𱎿 243			共 玺汇 5137 共 玺汇 5139	

续表

字头\字形	古文四声韵	订正六书通	六书通摭遗	郭店简老子	战国文字	其他
异			474		語丛 3.3 語丛 3.53	石 139
要	63		431		忠信 5	表 184
爪	44　90					金 174
为	7	55	417	甲 2 甲 13 乙 3 丙 11	包山 5 中山方壶	金 175
父	39　87	185			五行 33 侯马	石 149　金 185
及	81			乙 7	唐虞 19 語丛 2.19	石 151　金 189
事			474	甲 8 丙 2	語丛 1.41	石 156　金 198
坚	21	84			集粹	
臣	16			甲 18 丙 3	中山圆壶	石 158　金 204
埶	72		497	甲 36		金 178
杀	76	344		丙 7	尊德 3	表 207
将	27			甲 10 甲 20	語丛 4.16	
专	22	89			玺汇 1840	
学	73	360		乙 4 丙 13	甲 17 教	金 224
彻	77				金 210	集粹
故	55	266			玺汇 3.27	石 168
数	54	187			中山王鼎	秦印
改	88	188			缁衣 17	
变	61	297			参乱字	石 175　表 214

续表

字头\字形	古文四声韵	订正六书通	六书通摭遗	郭店简老子	战国文字	其他
敆	㪀79					参合字
敌	㪇77	㪇㪈376			𢾅中山鼎 㪋缁衣7帝	㪇表216
政	㪋67	㪋314			㪌包山81	
救	㪍68	㪍316			㪍缁衣19	㪍石176
赦	㪎66				㪏包山7豫	
敦			㪐422		㪐玺汇0646	㪐表217
败	㪑57			㪒甲10 㪓丙11	㪑包山46	㪒石176 㪓金219
教	㪖63	㪖301		㪗甲12	㪘尊德4	㪖石177 㪖金224
贞			貞445	甴甲13 甴乙16	貞玺汇3.289	貞金225
兆	兆44 兆90	兆210		兆甲25		兆兆秦简
用		用243		用甲29	用曾侯乙戈	用石178 用金226
甫	吕39 吕87				甫货系1428 缁衣26吕	甫金230
爽	爽46 爽92	爽221			爽集粹	爽金232
目	目目目72	目目324			目唐虞26	
相	相相27 相67	相相115	相相438	相甲15 相甲16	相玺汇0262	
盲	盲29	盲126			盲玺汇1647	
自			自474	自甲12 自丙2	自玺 汇5.384	自石185 自金243
皆	皆皆14	皆47		皆甲15	皆忠信7 皆唐虞27	
者	者者45			者甲46 者甲33	者五行19 者语丛1.72	者石124
智			智智474	智甲14 智甲1	智语丛1.63	智石190 智金248

续表

字形字头	古文四声韵	订正六书通	六书通摭遗	郭店简老子	战国文字	其他
百	夁79			夁甲1	坔玺汇4919	酉金249
雞	鷄14	雞29			雞包山258	
离	紫8	枽28			紫玺汇2608	
雄	雄6	雄11			雄语丛4.16	
夺	奪75	奪343				奪金259
赢	赢8	赢53	赢			赢赢表243
美	美37 美86	美190		美甲15 美乙4	美性自20	
鸟	鸟43 鸟90	鸟209		鸟甲33	鸟随县石磬躯所从	
难	难19 难60	难80	难难425	难甲12 难甲15	难语丛3.45	难石197
於	於12 於13	於34	於於410	於甲25 於甲33	於唐虞8 於语丛3.3 於语丛1.33	於金265
粪	粪59	粪285			粪玺汇5290	
几	几11 几38	几30	几408	几甲25 几乙4	几五行48	几金270
惠	惠56	惠277			惠尊德32	惠石201 惠金271亜
玄	玄21			玄甲8 玄甲28	玄玺汇0748	玄金268
阎			阎486	阎甲26	阎尊德6	阎石204 阎金273
争			争444		争缁衣11	
敢			敢敢471	敢甲9 敢甲18	敢五行46	敢石205 敢金276
殆	殆殆殆41 殆殆殆 殆殆88	殆189			殆中山王壶怠	

续表

字形字头	古文四声韵	订正六书通	六书通摭遗	郭店简老子	战国文字	其他
殃	28	172			兆域图悫	
死	37 86	172	455		忠信3 金281	金280
骨	75	341		甲33	玺汇1672	
体	40	174			缁衣8	
腹	72	328	496		侯马	
肖	62	298			玺汇0986	
脱	76		500	乙216兑	五行13兑	表269
脆	56	276		甲25 䏁	成之39	
散	42 60 89					金283
则	84		509	丙6 丙12	五行13	石213 石214 金288
刚	28	124		甲6强	性自8 五行34强	金289
辨	43 90	203	463			辨篦
割	75	342		甲28害	缁衣37 语丛4.16	石215 金289
刃	58				成之35	
剑	70	322		甲5金	耳公剑	表286
角	73	356			陶汇5.70	金292
解	40	187	459	甲27	包山198 中山五鼎	
箭	81	353		甲23		表293
策	79	364			包山260 陶汇6.160	

续表

字形 字头	古文四声韵	订正六书通	六书通摭遗	郭店简老子	战国文字	其他
筹	32	145			包山117 陶汇3.834 寿	
箕	10	22	405	甲2 甲9	會璋鎛	石227 金306
笑	62	298	497	乙9	性自22	
左	65		466	丙6	公朱左官鼎	金310
式	83	369				表306
巧	44 90	211		甲1 乙14	性自64	
曰	74			甲22 丙2	包山125	石234
甘	26	157		甲19	玺汇3089	石233
猷	33 69	161			缁衣46	金314
甚	48 94	235	471	甲5	唐虞24	甚鼎
乃	41 88	189		乙16	信阳1.33	石236 金318
宁	31	133	444		金320	石238 金320
可	45 91			甲8 乙2	石鼓	石239 金321
兮	14	31				金321
乎	13	42				金322
号	24		433		陶汇5.398	
平	29	128			平陆戈 陶汇3.624	石244

续表

字形字头	古文四声韵	订正六书通	六书通摭遗	郭店简老子	战国文字	其他
戠		30				参几字
虖			413	甲2	语丛1.60	石247
虎	40	183	458		包山271	金334
益	78	371		乙3嗌	包山110	
盈	30		446		石鼓	
盍			510		金349	
主	39 87	179		甲6	包山202	
甜		161	452			
奇	8	21		甲29	包山75	
静	47 92	226		甲5 甲5	语丛2.11	石251 毛公鼎
爵			502			表331 金356
食	83				包山251	金356
养			467		唐虞10	金358
飤			474		语丛1.10	金360
余	12	33				表335
饥	9					表337
合			510	甲19 甲26	陈侯因𰷛敦	金362
今	33	153			唐虞17	石255 金363
仓	28	123			货系216 太一4	
入	81	382			侯马	金366
全	22	89	429		包山241	

续表

字形字头	古文四声韵	订正六书通	六书通摭遗	郭店简老子	战国文字	其他
缺	76	346		乙14夬	语丛1.91夬	表342
侯	32	148		甲13 甲18	曾侯乙戟	石259 金370
短			461		五行35 五行39	表344
知	8	16				表344
央	28				玺汇2180	金375
厚	48 93		471	甲4 甲5 甲36	尊德29	金380
啬	83			乙1	陶汇6.58	金383
忧	31			甲34 乙4	六德41	
爱	58	269		甲36	包山236 语丛3.33	
韬	24				性自24 舀	
弟	40 56				语丛3.6 六德29	金386
久	47 93	231	470		陶汇3.1069	
乘	34 69				语丛2.26 公乘壶	
去	54		477	甲18 乙4	语丛1.101	
奈	55	269			包山247	
荣	29		444		七年仓氏令戈	
本	42 89	197			成之11	

续表

字形字头	古文四声韵	订正六书通	六书通摭遗	郭店简老子	战国文字	其他
根	19	71	422			棍 表373
果	45 91	216		甲7	玺汇0936	
柱	46 92	222			成之21	
末	75				成之11	
朴	73	359	504	甲9 甲32		
柔	32	147		甲33	性自8	
极	83	374	508		唐虞19 亟	金880
楳	89		487			参建字
乐	82			丙4 甲4	珍秦86	金399
梁	26				玺汇0814	
采			459		性自45	金399
若	81	355	503	甲38 乙9	中山王鼎 信阳1.05	石42 金413
师	9	13			中山圆壶	石297 金419
出	74	338		甲23	包山228 侯马	石297 金419
生	24	130		甲10 乙3	语丛1.3	金421
华	25	111			陶汇3.6	金422
稽		176				公臣簋
橐	82	357		甲23		

续表

字形\字头	古文四声韵	订正六书通	六书通摭遗	郭店简老子	战国文字	其他
無			414	甲31 丙5	曾姬无卹壶	金406
图	13	41			五年吕不韦戟	金425
国	84	366	506		包山45	石304
固	55			甲34	陶汇3.27	
财			416			龙岗264
货	65		489	甲12 甲35	九店56.29	
资	9	15				表413
贤	21	85			五行15	石305
贷	84		479		包山53	
宾	16	59		甲19	语丛1.88 玺汇5297	
赘	56	279				表418
质	73	332			诅楚文	
费	54	253	476	甲36		表419
贫	16				成之17	
贱	62				成之17	
贵	53	278		甲12 甲29 甲38遗	语丛1.10 缯所从	
负	48 93	232			货系1874 鄩	表417
邻	16	60		甲9	性自48	
鄢	37	171			金444	
郊	24	98	432		玺汇3997	

续表

字形字头	古文四声韵	订正六书通	六书通摭遗	郭店简老子	战国文字	其他
邪			435		货系886	
乡	27				缁衣23卿	
日	73	333	498	乙3	语丛3.53	石319 金459
早	44 91	214	465	乙1	中山王鼎	表44乙
昧	57	275			玺汇3303	石321
旷	67	311				参广字
晚	42 89	200	461		包山53免	表446
昏	19	69		甲30 乙29	鲁穆3	金446闻
晦	58	276			帛书甲	
昔	78	367			缁衣37	金458腊
普	40	181				表450
晏	59	290			五行40	
朝			431		穷达5	石327 金460
施	8					表455
参			450		玺汇2932 陶汇3.1065	金472
有	47 93			甲1又	成之37	石333 金479
明	29	129	443		甲34 乙10	石335 金480
外	55	270			五行36	金483
多	24	106	434	甲14 甲30	包山278反	石338 金485
牖	48 93	228				表470

续表

字形 字头	古文四声韵	订正六书通	六书通摭遗	郭店简老子	战国文字	其他
克	84	364	505	乙2	中山王鼎	帛石340 金498
棘	83	374			穷达4	
秀	68	316			包山53 石鼓	
穑		366				参啬字
私	9	14		甲2	包山141	
稷	83	378			唐虞10	
积	78	368	506		太一9 包山98责	商鞅方升
年	21	83			陶汇4.3	石345 公孙灶壶
谷	71	323			集粹	
税			480			龙岗202
称	34	136			鲁穆1	石348 金267
兼	33	162			随县11	
精	30	133		甲34	缁衣39	
凶	7	10			帛书乙	
家	25	110		乙18 丙3	唐虞26	石350 金510
室	74			甲38	侯马	金511
察		344				表502
实	73				忠信5	金516
容	7	9	401		金516 语丛1.109	
宰	41 88	188			包山136 封成5	石361 金526
守	47	229		甲13	唐虞12	金526

续表

字头\字形	古文四声韵	订正六书通	六书通摭遗	郭店简老子	战国文字	其他
寡	寡寡寡寡45 寡寡寡91	寡寡219			寡语丛3.31	寡金529
客	客客79	客364		客甲9 客丙4	客随县171	客金530
寄			寄477			寄表511
害	害害55	害270	害480	害甲4 害甲28 害丙4	害六德33	害金531
宗	宗6				宗六德30	宗金533
宝	宝宝45 宝宝91	宝宝213				宝宝金558
寂	寂78	寂368			寂哀成叔鼎吊	寂寂金512 吊
宫		宫9			宫包山226 躳	
营	营30	营132			营玺汇3687	
宭	宭26				宭唐虞9 宭	
窀	窀6		窀窀401	窀乙14	窀包山227 窀成之14	
窈	窈43 窈90					窈表521
病	病67	病312		病甲36	病包山220	
疵	疵8	疵16			疵包山168	
同	同5	同1	同同397	同甲28	同包山127	同金545
冕		冕203				冕金574 免
两	两46 两92				两随县171	两两金574
罔	罔46 罔92					罔石369 罔表352

续表

字头 字形	古文四声韵	订正六书通	六书通摭遗	郭店简老子	战国文字	其他
覆	〾72				〾中山王壶	
巾	〾16	〾63			巾缁衣33 帣所从	巾金548
带	〾55	〾268			〾包山219	〾上郡守戈
常	〾27	〾〾117	〾〾439		〾包山203 〾包山244	
希	〾〾11	〾〾24				〾齐表541
白	〾79		〾505	〾乙11	〾缁衣35	〾石372 〾金552
皦	〾43 〾90	〾210				
人	〾16	〾58		〾甲3	〾中山方壶	〾石375 〾金555
保	〾〾〾 〾〾〾 〾〾〾 〾〾91	〾213		〾甲2 〾甲38	〾中山方壶 〾陈医因脊敦	〾石377 〾金557
伯	〾79		〾505			〾石378 〾金559 白
俨	〾49 〾94	〾238				〾金77 严
倚				〾454		〾包山184
仍	〾34					
什	〾81		〾509			〾表559
代	〾58	〾268			〾石鼓	
似	〾38 〾86		〾455		〾侯马	〾金565
任	〾33	〾151			〾玺汇2559	
使	〾38 〾53 〾86	〾168		〾甲35	〾陶汇5.384	〾石384
倍	〾41 〾88			〾甲1	〾忠信3	
偏	〾22					

续表

字头\字形	古文四声韵	订正六书通	六书通摭遗	郭店简老子	战国文字	其他
伎			402			
侮	39, 87	187		丙1	成之13	
僵	27	120			包山87	金849
偃	42	208			玺汇1965	金841
伤	27	116	438		玺汇3921	
伐	74	344			太一9	石385 金568
咎	48, 93	231		甲5, 甲38	九店56.29	
供	7				玺汇5483	
伏	71	328				表571
俭	49, 94	239				表565
俗	73	332				金566
偷	32	149			忠信3 俞	表577
佐	65	305			陶汇5.384	
真	15	57			随县138	金575
化	66	307		甲6	陶汇3.260	中子化盘
顷			447		鎗顷戈	
从	7				忠信5	石388 金576
比	37, 53, 86			甲33	玺汇3057 货系4179	
虚	12	34	410	甲24, 甲23	玺汇5559	
众	51	242		甲12, 丙13	中山侯钺	石393 昏鼎

续表

字头	古文四声韵	订正六书通	六书通摭遗	郭店简老子	战国文字	其他
聚	39 87				六德4 玺汇2844	
望	27				穷达4	金581
身	16	57	418	甲3 甲35	玺汇4701	公孙灶壶
衣	11				包山244	金584
袭	81		509			金586
补	40	182				
褐	75					表600
裂			501			表600
免	43 90			463	包山78 性自25	金574
老	44 90	215	466	甲35	中山方壶	金589
寿	48 68 93	230	470		陈逆簋	金591
孝	63	301		丙3	郸孝子鼎 陈侯午敦	金600
尺	78	369	507			表610
屈	74	337		甲23 乙15	荆历钟	
舟	32				包山180	
服	71	328	496	乙1		石404 金612
方	27			甲24 乙12	五行41	石405 金613
儿	8		402	语丛4.27	语丛4.27	金614
兢	34	131			集粹	金616

续表

字形字头	古文四声韵	订正六书通	六书通摭遗	郭店简老子	战国文字	其他
先			427	甲16 甲21	成之3	石406 金617
见	60			丙5	五行9	金618
视			474	甲2 丙5	玺汇3323	
观	19		485	乙18	中山方壶	
览	46 94	237				表618
亲	16	58			语丛1.77	
歇	75		500		玺汇1884	
欲	73	331	497	丙5 甲2	玺汇3098	
饮	48 94	235			中山方壶	金623
盗	64	304		甲1		表625
歙	77					参敬字
顽			425			
显	43 89	204			侯马	
首	47 93				语丛4.5	金631
形	30	138		甲16 乙12型	尊德2型	
修			449	乙16 乙17	玺汇1946	
彰	27		438		陶汇3.1062	

续表

字形\字头	古文四声韵	订正六书通	六书通摭遗	郭店简老子	战国文字	其他
彭	彭彭彭47					参靜字
弱	弱弱81				弱语丛2.36	弱珍秦139
文	文17	文67			文包山203	文石416 文金636
词	词10			词丙12 词甲19	词成之5	
令	令令令30 令令令67				令陈逆簠	令金642
却	却81	却356				却表642
抑	抑83					抑珍秦138印
色	色83	色366			色语丛1.50 色语丛1.110	
鬼	鬼鬼鬼38 鬼鬼鬼87	鬼193	鬼460	鬼乙5	鬼陈肪簠	鬼鬼壶
魄	魄79	魄363				
畏	畏畏54			畏甲9 畏丙1	畏五行34	畏石422 畏盂鼎
禺		禺260		禺乙12	禺语丛4.10	禺石422
廣	廣46 廣92	廣223				廣金658
廉			廉452			
廢	廢58	廢253		廢甲31法	廢中山方壶法	廢盂鼎法
廖			廖431		廖陶汇5.181	
碣		碣349				
破	破65	破305				破珍秦75

第五编 传抄古文 333

续表

字形字头	古文四声韵	订正六书通	六书通摭遗	郭店简老子	战国文字	其他
碌	〇71	〇326				
长	〇27	〇118	〇439	甲16 乙17	随县164	金665
勿	〇24 〇74			甲12 甲17	成之16	金666
豪	〇37	〇100				
兕	〇78 〇86					表674
易		〇372		甲25	尊德6	石460
象	〇46 〇92	〇220		乙12 丙4	鄂君车节	师汤父鼎
豫	〇54	〇260			包山171	
醜	〇48	〇229			侯马	
马	〇91	〇217			鄂君舟节	石461 金675
骄	〇23	〇94		甲7乔	唐虞17乔	
骋		〇227			包山199粤	
笃	〇72	〇332		甲24篤	包237篤	
骤	〇68				六德4聚	
驰	〇8	〇17				表684
惊	〇29	〇130	〇444			表685
驻	〇55					
尘	〇16	〇60	〇419	甲27 丙12 甲11	成之38	
狗	〇48	〇233			语丛4.2 玺汇1158	
狀	〇				商鞅方升	
猛	〇47 〇92		〇468	甲33	玺汇1579	

续表

字形字头	古文四声韵	订正六书通	六书通摭遗	郭店简老子	战国文字	其他
独	㺉71	㺉326				㺉故宫433
猎	㺋80	㺋389			㺋中山圆壶	
獘	獘57	獘250		乙14 丙	獘语丛3.55 獘货系1350	獘表49蔽
狂	狂28	狂121	狂440		狂包山22	
犹	犹31		犹448	犹甲8	犹性自56	犹石473
狭	狭80					狭金696
能	能34	能132		能甲3 能丙13	能语丛1.53	能金688
然	然然然 22	然然87	然然然429	然甲15 然乙5	然语丛1.30 然语丛1.28	然金689
煎	煎61					煎表709
耀		耀300		耀488		
光	光28	光124		光甲27	光哀成叔鼎 光玺汇0728黄	
热	热77	热349		热丙4埶		热金177—178
熙	熙10	熙24				熙金691
烹	烹29		烹442			
黑	黑84				黑玺汇0737	
大	大大55			大甲6 大乙12	大包山157	大石484 大令鼎
契	契56					契师同鼎㓞
夸	夸25 夸66	夸11			夸陶汇5.33	夸金696
夷	夷9	夷19		夷乙10 迟		夷金696
亦	亦亦78	亦亦372	亦507	亦甲20 亦25	亦太一11	亦石484 亦金698

续表

字形字头	古文四声韵	订正六书通	六书通摭遗	郭店简老子	战国文字	其他
交	24				包山146 鲁穆6	石486 金701
壹		337			商鞅方升	
执	81	381		甲10 丙11	包山188	金705
报	64	301				金705
奢	25	112			诅楚文	
奠	14	31			包山179	金708
夫	13	45		甲13 丙7	包山142	石490
竭	75		550		陶汇5.61	
竝	47 93	25	468		太一12	
心	33			甲35	陶汇3.620	石493
应	33		444		包山174	
慎	58				语丛1.46	邾公华钟
忠	6	8	400		缁衣20	
恬	33					吉大142
恢			416			上郡守戈
慈	11	16		甲30 丙3	中山方壶	
惟	9					石498
怀	14	47				沈子它簋
怕			489			
愚	12				中山王鼎	
忽	75		499		中山王鼎	
忘	27				语丛2.16	
悦	46 92				玺汇0014	

续表

字形字头	古文四声韵	订正六书通	六书通摭遗	郭店简老子	战国文字	其他
怨	59		487		缁衣10 楚简	石498 表771
怒	55	265		甲34	性自2	石499
恶	82	360		乙4 甲15亚	语丛2.25	
懑	42 89					表762
闷	59	286				表762
惔	46					参淡字
患	60	291	486	乙5 乙7		
恐	36 85	163			九店621.13	
悲	9	18		丙10	性自31	
怵	74				中山王壶述	金103述
愈	39 87	177			乙11	金719
懊	64					
勤	17				缁衣6 穷达2	
水	37 86				太一1	金727
江	7	120	440	甲2	语丛4.10	故宫203
深	33			甲8	性自23	
净	67					参静字
浊	73			甲9	随县石磬	

续表

字头 \ 字形	古文四声韵	订正六书通	六书通摭遗	郭店简老子	战国文字	其他
济	40 56	173			中山方壶	石 518
海	41 88	188		甲 2	性自 9	
洪	5					参共字
混	42 89				六德 28 简帛 938 绲所从	
涣	60	288		甲 9		表 787
渊	21		429		性自 62 中山王鼎	
活	75					
况			491			表 790
冲	汗简 13	400			玺汇 2591	汉老子甲
清	30	133		甲 10	五行 12	
淡			494		语丛 1.107	
满	42	199				陶汇 2.5
淫	33	152			尊德 16	石 524
沙			489		陶汇 5.12	金 736
洼		112				表 799 注
沿		86				
泛			494			表 802
湛	49 94				包山 169	金 736
没	75		499			秦印
淙	46				丙 5	
涤	77					

续表

字头\字形	古文四声韵	订正六书通	六书通摭遗	郭店简老子	战国文字	其他
淳	17	65			成之4	汉老子乙
泰	55	267	479		陶汇5.326	
泣	81	382			玺汇1417	
灭	77	349			唐虞26	石530
漕	64				玺汇0501	
源	18	91			包山3	石534原
流	31	146			石鼓 成之11	
涉	80			甲8		金742
川	22		429	甲8	唐虞6	启卣
谷	71	323		甲6	玺汇3141	石537 何尊
豁	14	31	408		语丛4.17	
冰	34	128			陈逆簋	
冬	6			甲8	玺汇2007	石538
雨	39 54	178	456		缁衣9	金750
雩			503	甲19	玺汇2642	
鱼			409		包山256	金756
鲜	22 43 89					公貿鼎
非	11	26		甲8	帛书甲	石544 金760
滋	11	16				参慈字
孔	36 85	163			玺汇2721	金761
臺			415	甲26	货系2479	表839
户	40	184			陈胎户戈 包山竹签	

第五编　传抄古文　339

续表

字形 字头	古文四声韵	订正六书通	六书通摭遗	郭店简老子	战国文字	其他
门	钅臮 18	門鼎 69	镸 421	門甲 27 門乙 13	問 玺汇 0170	門門 金 767—768
阊	蠿 80	蠿 384				参盍字
开			鬧 415			閧 表 876
闲	顏 20		顏 424	邓甲 23	鼎 玺汇 0183	
闭	𨷲 56 𨷲 76	𨷲 254		煦乙 13	閂 子和 子釜	
关	䦒 19	䦒 76			閂 陈纯釜	
阅	䦠 77	䦠 347		㒇甲 27		
阃	鷖 42					参建字
阙	䰵 8					
耳			𦔻 455		𦕒 唐虞 26	𦕒 石 560
耽	粉 26	粉 155				
圣	丮 67	丮 313	聖朢 朢 492	聖甲 31	聖 包山 168 耴 唐虞 6	
听	䎽 68	䎽 314			䎽 玺汇 3537	𦕟 石 560
声			𦔻 445			磬 集粹
闻	𦕃 17	𦕃 67			𦔻 五行 26 𦔻 五行 15	𦔻 石 561
聘	䏌 67	䏌 313			䏌 玺汇 2952	䏌 石 561
聋	䏌 5	䏌 2				䏌 金 773
攘	穮襴 27	穮襴 117			䵼 玺汇 5706 殹	
推	摧 10	摧 56				摧 表 859
挫	摧摧 摧 65	摧 305				摧 表 859
持	持 11	持 18			寺 缁衣 45 寺	
舍	㪋 45 㪋 91		㪋㪋 㪋 490		㪋 包山 24 㪋 包山 7 豫	

续表

字头\字形	古文四声韵	订正六书通	六书通摭遗	郭店简老子	战国文字	其他
抱	44 90	214				表864
操	64	102			包山145 槀	
搏	82		503		包山142	金777
摄	80	388	510		随县8聂	
攫	82		503	甲33		
揣	37 85	191		甲16 耑		
举	39 87	178		乙4 与		
失	74		498	乙6	诅楚文	秦简
损	42 84			甲24 23 员		金427 员
拙	77	348			参出字	表874
搏	19	75				
抗			491			金706 亢 表875
拔	76	435		甲15	性自23	
据	54	261				金669 豦
抓	64					
撤		351				参彻字
姓			492	丙2	语丛3.68	
母	48 93	233		甲21	包山202	金798
威	11	51			诅楚文	王孙诰钟
始	38 86	167	454		玺汇0330	金802

续表

字形\字头	古文四声韵	订正六书通	六书通摭遗	郭店简老子	战国文字	其他
如	12		知 411		五行45	石572
婴	30			26 缨所从	陶汇5.125	集粹
妙	63		488			
妄			490			金805
妖			431		简615	
妨	28	114				表891
民	16	60	419	甲1	忠信2 语丛1.68	石574
也	91			甲16 甲18	语丛3.37	
戎	6	8	400		成之13	
贼	84	378		甲1 甲31恻		散盘
战	61	297	487		语丛3.2 旃	石579
或	84	378		甲2	太一6	金825
武	39 87	186			包山169	石580
我	45 91	215		甲31	书也缶	石581
义			475	丙3	成之31	金833
直	83	371			五行34 侯马	
亡			438	甲1 乙3	性自1	石582 金834
匠	66		491		玺汇3180	
曲	73	332			六德43	

续表

字形字头	古文四声韵	订正六书通	六书通摭遗	郭店简老子	战国文字	其他
张	27	117			中山方壶	
彊	28		440		语丛3.48	金849
发	75	345		甲7	忠信2	
弥	8	32	409			金850
孙		70			陈徒钟	石589
绵	22	82	427			表916
好	44 64 91	213		甲8	语丛1.89 2.21	
经	30	130			太一7	金857
纪	38 86	175	456	甲11	山东166	
纇	58				玺汇3331	
绝	77	349		甲1 乙4	包山249	
细	56	255				表924
结		346			忠信2	
终	6			甲15 乙13	曾侯乙簋	金859
绛	51					参降字
绳	34		447			表938
纷	17	68	421	甲27		
素	55	264		甲2索		金873索
虽			417			新郑虎符 金873
蠭	78	370	507	甲33		
风	6	6			帛书甲	

续表

字形字头	古文四声韵	订正六书通	六书通摭遗	郭店简老子	战国文字	其他
地	53	256		甲18	忠信4	
壊	64					
均	17	62			包山43	
埴	83	378				埴表964
堂	28	121			玺汇3999	金884
在	41 / 88			甲3 / 甲20才	中山方壶	石605
坐	65	305			包山243	表968
塞	84	380		乙13 / 甲27赛		塞公孙痛父匜
垢	48		471		玺汇3239	
埏	22		428			
里	38 / 86	174			语丛1.32	金889
当	28 / 67	122		甲34裳		
畜	72				书也缶	金893
力	83	377			尊德15	
功	5		399	丙2		石616 表987
胜	34 / 69	134	445	乙15 / 丙10	包山164	
动	36 / 85	163		甲23	性自26	
勤		63		乙9董	穷达3	石617
加	26	110			语丛3.5	金902
勇	33 / 36 / 85	164			尊德33 / 成之9	
金	82	153		甲38	信阳2.07	石619
错	82	354 / 354				集粹

续表

字形字头	古文四声韵	订正六书通	六书通摭遗	郭店简老子	战国文字	其他
凿					侯马	
镇	58					
处	39 87	457			包山 238 性自 54	
且	45 91	219		丙 12		
斲	73	361				表 1017
所	39 87	185		甲 2	语丛 1.85	石 627
斯	8	14			性自 25 性自 48	金 926
新	15	58		丙 1 甲 35	缁衣 25	金 926
矜	34	131		甲 7	诅楚文	
车	11	112			鄂君车节	金 931
辐	10	12				表 1021
轻	30 67				缁衣 28	
舆			409		包山 203	表 1022
輹	72					表 1024
毂	71	323			随县 74	表 1024
辒		496				
军	17	62		丙 9	语丛 3.2	
载	41 58 88				随县 84	金 178—179
辍		501				
辅	39	186			太一 2 中山方壶	金 934
辙	77				缁衣 40	

续表

字形字头	古文四声韵	订正六书通	六书通摭遗	郭店简老子	战国文字	其他
举	〔图〕54					
官	〔图〕19	〔图〕73			〔图〕平安君鼎	〔图〕金936
阴	〔图〕33	〔图〕152			〔图〕太一5 佥	〔图〕金938
阳	〔图〕26				〔图〕太一5 昜	〔图〕石638 〔图〕金938
阿	〔图〕25	〔图〕105			〔图〕玺汇0317	
陆	〔图〕72	〔图〕327			〔图〕玺汇2318	〔图〕金939
隅	〔图〕12	〔图〕32	〔图〕409	〔图〕乙12 禺		
陕		〔图〕385			〔图〕货系1399	
降	〔图〕7		〔图〕491		〔图〕性自3	〔图〕秦陶 〔图〕金940
陛	〔图〕7	〔图〕50	〔图〕416	〔图〕甲16	〔图〕包山22	
隐	〔图〕42 〔图〕89	〔图〕196			〔图〕珍秦194	
除	〔图〕12	〔图〕38			〔图〕石鼓	
陿	〔图〕64	〔图〕303				
陈	〔图〕16	〔图〕60			〔图〕陶汇3.51 〔图〕包山7	
五	〔图〕40				〔图〕陶汇3.663	〔图〕石648
六	〔图〕72	〔图〕327		〔图〕丙3	〔图〕包山118	〔图〕石650 〔图〕金948
七	〔图〕〔图〕73	〔图〕333			〔图〕信阳2.012	〔图〕石651
九	〔图〕47 〔图〕93	〔图〕231		〔图〕甲26	〔图〕包山36	〔图〕石652 〔图〕950
亚	〔图〕55			〔图〕乙4	〔图〕包山162	〔图〕金946
万	〔图〕〔图〕59	〔图〕293		〔图〕甲14 〔图〕甲24	〔图〕陈侯因𢦒敦	〔图〕石654 〔图〕954
禺	〔图〕68	〔图〕317		〔图〕甲24	〔图〕帛书甲	〔图〕石655 兽 〔图〕金959
甲	〔图〕〔图〕80	〔图〕386		〔图〕甲26	〔图〕包山141	〔图〕石656 〔图〕金960
乱	〔图〕60			〔图〕甲26	〔图〕尊德6	〔图〕石657
成	〔图〕30		〔图〕445		〔图〕包山120 〔图〕中山方壶	〔图〕石660 〔图〕金966

续表

字形字头	古文四声韵	订正六书通	六书通摭遗	郭店简老子	战国文字	其他
纍	〇36 〇85					〇表1043
辠	〇41 〇88	〇190		〇甲5	〇五行38 〇中山王鼎	〇石664
辞	〇10			〇甲19	〇中山方鼎	〇石664
辩			〇463			〇表1055
子	〇38 〇86	〇167	〇〇454		〇石665 〇金981	
孤	〇13 〇13					〇〇表1058
存	〇18	〇66				〇表1058
育	〇72		〇497			〇金989
疏	〇12					〇表1060
辱	〇〇73		〇〇497	〇甲36 〇乙11	〇包山200	〇金994
巳	〇〇38 〇〇86	〇172		〇甲38 〇丙7		〇石672 〇金995
以	〇38 〇86	〇169		〇甲2 〇甲13	〇中山王壶	〇石673 〇金995
未	〇53	〇251		〇甲14 〇甲26	〇中山王鼎	〇金998
配	〇57	〇274	〇481		〇金1002	〇石677 〇金1002
尊		〇70			〇唐虞8	〇金1005

附二：引用书目

一、传统文献简称表

《郭店楚墓竹简》，荆门市博物馆，北京：文物出版社，1998年。

甲——老子甲

乙——老子乙

丙——老子丙

太一——太一生水

鲁穆——鲁穆公问子思

穷达——穷达以时

唐虞——唐虞之道

忠信——忠信之道

成之——成之闻之

尊德——尊德义

性自——性自命出

信阳——《信阳楚墓》，河南省文物研究所，北京：文物出版社，1986年。

金——《金文编》，容庚编著，北京：中华书局，1985年。

骨——《甲骨文编》，中国社会科学院考古研究所，北京：中华书局，1965年。

表——《秦汉魏晋篆隶字形表》，汉语大字典字形组编，成都：四川辞书出版社，1985年。

简——《楚系简帛文字编》，滕壬生编著，武汉：湖北教育出版社，

1995年。

随县——《曾侯乙墓》,湖北省博物馆,北京:文物出版社,1989年。

包山——《包山楚简》,湖北省荆沙铁路考古队,北京:文物出版社,1991年。

九店——《江陵九店东周墓》,湖北省文物考古研究所,北京:科学出版社,1995年。

侯马——《侯马盟书》,山西省文物管理委员会,北京:文物出版社,1976年。

陶汇——《古陶文汇编》,高明编著,北京:中华书局,1990年。

玺汇——《古玺汇编》,罗福颐主编,北京:文物出版社,1981年。

集粹——《中国玺印集粹》,菅原石庐,东京:二玄社,1997年。

珍秦——《珍秦斋古印展》,萧春源,澳门市政厅,1993年。

故宫——《故宫博物院藏古玺印选》,罗福颐主编,北京:文物出版社,1982年。

山东——《山东新出土古玺印》,赖非主编,济南:齐鲁书社,1998年。

货系——《中国历代货币大系·先秦编》,汪庆正主编,上海:上海人民出版社,1988年。

龙岗——《云梦龙岗秦简》,刘信芳、梁柱编著,北京:科学出版社,1997年。

石——《石刻篆文编》,商承祚编著,北京:中华书局,1996年。需要说明的是:该书所录字形均为魏三体石经古文。

二、近人论著

何琳仪
《战国文字通论》,北京:中华书局。
《郭店竹简选释》,载《文物研究》(第12辑),合肥:黄山书社。
吴振武
《〈古玺文编〉校订》,长春:吉林大学博士学位论文。
李家浩
《读〈郭店楚墓竹简〉琐议》,《郭店楚简研究》,沈阳:辽宁教育出版社。

李学勤
《说郭店简"道"字》,《简帛研究》(第 3 辑),南宁:广西教育出版社。
徐在国
《隶定古文疏证》,长春:吉林大学博士学位论文。
《郭店楚简文字三考》,《简帛研究二〇〇一》,南宁:广西师范大学出版社。
高亨
《古字通假会典》,济南:齐鲁书社。
许学仁
《古文四声韵古文研究·古文合证篇》,台北:文史哲出版社,待刊。
汤余惠
《释"旗"》,《吉林大学古籍整理研究所建所十五周年纪念文集》,长春:吉林大学出版社。
黄德宽、徐在国
《郭店楚简文字考释》,《吉林大学古籍整理研究所建所十五周年纪念文集》,长春:吉林大学出版社。
《郭店楚简文字续考》,纪念徐中舒先生百年诞辰暨古文字学国际学术研讨会论文(成都)。后发表在《江汉考古》1999 年 2 期。
黄锡全
《汗简注释》,武汉:武汉大学出版社。

第六编

其他

《敦煌残卷古文尚书校注》校记

吴福熙先生的《敦煌残卷古文尚书校注》（甘肃人民出版社，1992年12月1版，以下简称《校注》）是敦煌文献丛书之一。全文由录文、校注和论述三部分构成。我们通过核对敦煌原卷（详台湾黄永武博士主编的《敦煌宝藏》，共140册，台北新文丰出版公司，1981年12月初版，以下简称《宝藏》），发现《校注》中存在许多问题。下面拟对录文和校注中的问题加以讨论。不当之处，请读者指正。

一、录文的问题

《校注》内容简介说："录文除书写行款有技术性调整外，从字形到文句，均依残卷原样摹写。"事实并非如此。录文存在字形摹写失真、漏字、漏句、误字等错误。有关字形摹写的错误，详见另文。下面仅指出漏字、漏句、误字等错误。

2页5行注"言鲧性恨戾好此方名而行事"。

按："名"字下原卷有"命"字。

2页7行注"则时年八十六将求代"。

按："六"下原卷有"老"字。

2页10行注"口不道惠信之言为嚚"。

按："惠"字原卷作"忠"。

2页12行注"于所居沩水之汭使行妇道于虞氏"。

按："沩"字原卷作"妫"。

---

① 原载《古籍整理研究学刊》，1996年6期。

7页6行注"田第七赋第八杂出第七第九三等"。

按:"九三"原卷作"三九"。

7页7行注"西倾因桓是来浮于潜逾于沔(沔)"。

按:"桓"字原卷作"洹"。

7页8行"黑水西河惟雍州"。

按:"州"下有"从沣"二字,今本《尚书》无。

8页7行注"髦之属皆就次叙美禹"。

按:"髦"原卷作"毦"。"禹"下原卷有"之"。

12页2行注"则戮之于社主前"。

按:"前"字下原卷有"社"字。

16页2行"尒众士同力王室尚敬予天子畏命"。

按:"予"字下原卷有"钦承"二字。

16页倒数1行"百官修辅后惟明明"。

按:"修"下原卷有"辅"字。

17页5行"乃季秋月朔辰集于房"。

按:"辰"下原卷有"弗"字。

18页5行"入自北门乃遇女鸠女方"。

按:此句前脱抄"即丑有夏复归于亳(下注)丑恶其政不能用贤故退还"。

20页1行"咸造勿亵王庭"。

按:"亵"字下脱抄"在"字。

24页5行"说拜稽首曰非知之艰行之惟艰"。

按:此句前脱抄"乃弗良于言予罔闻于行(下注)女君不善于所言则我无闻于所行之事也"。

24页倒数3行"事不师古曰克永世匪说迪眷"。

按:"不"字原卷作"弗"。

25页6行"惟臤弗后弗食"。

按:"臤"下"弗"字误,原卷作"非"。

27页倒数3行注"盗天地宗庙牲用相容行实之无灾罪之者言政乱也"。

按:"实"字误,原卷作"食"。

27页倒数1行注"言宗室大臣义不忍去也"。

按:"宗室"原卷作"室宗"。

28 页 4 行"乾元二年正月廿天日义学生王□子写"。

按:"天"字误,原卷作"六"是。"写"字后脱抄"了此"二字。

29 页倒数 1 行注"女皆大不布腹心敬念以诚感动我是不尽忠"。

按:"不"字原卷作"弗"。

30 页 6～7 行注"女心而而女违我"。

按:原卷只有一个"而"字,此抄重。

32 页 3 行注"已敬告女之后顺于女心与不"。

按:"敬"字误,原卷作"进"。

33 页 1 行"若济大川用女作舟楫"。

按:"大"字原卷作"巨"。

34 页 1 行"亡过作非"。

按:"亡"字后原卷有"耻"字。

34 页 12 行注"愆过也视先王成法其常无过其惟学也"。

按:"常"字原卷作"长"。

35 页倒数 2 行"乌呼王司敬民芒非天胤典亡豊于□"。

按:"典"字后脱抄"祀"字。

36 页 7 行"曰天害不降大命"。

按:"降"字下脱抄"畏"字。

37 页倒数 4 行注"灾灭在近我起受言宗室大臣义不忍也"。

按:"受"字下脱抄"败"。

37 页倒数 3 行"我旧员刻子王子弗出我颠济"。

按:"颠"字上脱抄"乃"字。

37 页倒数 1 行"明君子之道处默语非一塗也"。

按:"道"下脱抄"出"字。原卷最后有"尚书卷第五",《校注》脱抄。

38 页 1 行"伯二五三三(古文尚书残块)"。

按:此编号误,原卷作"伯二五二三"。见《宝藏》121 册,462 页。

43 页 2 行注"所以徙女是我不欲煞女故惟是教命申戒"。

按:"欲"下脱抄"也"字。

43 页 4 行注"能敬行顺事则为天所与为天所情也"。

按:"情"字误,原卷作"怜"字。

43 页行 7 行注"女能敬则子孙乃起从女化而迁善者"。

按:"乃"字下脱抄"也"字。

44页7行"自时厥后立王则逸"。

按:"王"字后脱抄"生"字。

45页10行注"其心言念怒也"。

按:"念"字误,原卷作"含"。

46页4行注"惟众人共在我后嗣子孙若大不若大不能恭承天地……"

按:"若大不若大不"原卷作"若大不孙若大不"。

46页8行注"言天不用令精废于文王所受命故我佐成王"。

按:"精"后原卷作"于"字,"文"字上原卷无"于"字。

46页9～10行"在大成"。

按:"大"原卷作"太"字。

46页倒数2行"王人冈弗秉德明恤小臣侯天惟纯右命则商实百姓也"。

按:"侯"字误,原卷作"屏"字。

47页5行"亦惟有虢叔有若闳夭"。

按:"虢"字上脱抄"若"字。

47页10行注"言四人后与武王皆煞其敌胄诛纣"。

按:"四人"原卷作"人四"。

48页5行"汝有合哉言曰在时民天休至惟二民弗戡"。

按:"惟"字下脱抄"时"字。

48页6行注"其汝能敬行德明我贤在礼让……"

按:"贤"字下脱抄"人"字。

48页10行"祗若兹往敬用"。

按:"用"字后脱抄"治"字。

49页倒数2行注"言纣心迷政乱以酗酒为德诚嗣王无之何"。

按:"无"字下脱抄"若"。

52页1行"克阅于乃邑谋介尔自时洛邑尚永力畋尔田"。

按:"自"字上脱抄"乃"字。

52页4行"尔亦则惟弗克凡人惟曰弗享"。

按:"克"字下脱抄"享"字。

52页7行注"又诰汝是惟汝初不能敬于和道故诛汝"。

按:"是"字上脱抄"曰"字。

52页8行"尚书立政第十二"。

按:"十二"原卷作"二十一"。

52页倒数2行注"禹之臣蹈知诚信于九德之行谓贤大臣也"。

按:"贤"字下脱抄"智"。

54页3行注"歔孺子今以为王矣"。

按:"孺"字原卷作"稚"字。

54页9行"牧夫准人则克宅之克繇绎之兹卑乂"。

按:"卑"字上脱抄"乃"字。

55页2行注"以法有所慎……"。

按:"以"字原卷作"此"字。

55页5行注"大君成王凭玉几道所称扬终命所以感动康王也"。

按:"凭"上脱抄"言"。

56页3—4行注"使足食无敢不用不用……"

按:"不用"原卷只有一个,此重抄,应删掉一个。

56页9行"公嗟我士听亡哗"。

按:"公"字下脱抄"曰"。

57页3行"惟截截善谝言卑君子易罟我皇多冇之昧昧我思之"。

按:"君子"下原卷无"易"字。

59页倒数2行"有能古耐字"。

按:原卷作"有耐古能字"。

60页2行"仄古侧字"。

按:原卷作"仄□□反古侧字"。

60页5行"女于□据反妻也"。

按:"也"字下脱抄"□女妻也同"五字。

60页倒数4行"八元"下注"左传云高辛氏有才子八人"。

按:"才子八人"原卷作"才八˙子人","八"右下角有"˙"符,表示"八"和"子"字互倒。

61页3行注"马云上帝太乙神在紫薇宫中天之最尊者"。

按:"太乙"原卷作"太一"。

61页倒数4行注"古文州字谓冀兖青徐荆扬豫梁邕并幽营"。

按:"兖青徐"原卷作"青˙兖徐","青"下亦加"˙"符,表示前后字互倒。

62页1行注"杜云即欢兜也辛鸿黄帝也"。

按:"辛"字原卷作"帝"。

二、校注的问题

校注部分有误校、脱校、误字等错误。下面一一加以指出。

65页(二)"皇"为"黄"之误。

按:此注误。"皇"应为"黄"字之假借。古书中习见"皇"、"黄"二字通假例。如《逸周书·谥法》:"静民则法曰皇。"《论衡》引此句"皇"作"黄"。《庄子·齐物论》:"是皇帝之所听荧也。"《经典释文》:"皇帝本又作黄帝。"

65页(三)"保"为"宝"之误。

按:此注误。"保"应为"宝"字之假借。典籍中常见二字通假例。如《易·系辞下》:"圣人之大宝曰位。"《经典释文》"宝,孟作保。"《史记·周本纪》"展九鼎保玉。"《集解》引徐广曰:"保一作宝。"

67页(十七)"口不道惠信之言为嚚","惠"当为"忠"之误,今本无。

按:"惠"字是误抄,原卷即作"忠"字。

69页(一)缺"哉股肱堕哉"五字。

按:此误。应为:缺"哉万事堕哉"五字。

72页(四十三)"海"上缺"东北距"三字。

按:"距"字应为"据"。

77页(三十九)缺"厥田惟上中厥赋错中上"十字。

按:此注误。应为:缺"厥田惟中上厥赋错上中"。

83页(六)"禹"下缺"之功及戎狄也"六字。

按:"禹"下原文有"之"字。此注应为:"之"下缺"功及戎狄也"五字。

83页(九)"山"下缺"水"字。

按:"水"字误,应为"通"字。

83页(十六)缺"悔"字。

按:"悔"字误,应为"海"字。

85页(四〇)"言"下缺"阳从南敷浅原一名博阳山在扬州豫章界"十七字。

按:此注脱抄五字,应为"言"下缺"导从首起言阳从南敷浅原一名博阳山在扬州豫章界"二十二字。

85页(五一)缺"至华山北至龙门"。

按:此注误。应为:缺"华山北"。

91页(三八)缺"既波"二字,见伯四八七四号。

按:"波"字误,应为"陂"。

92页(六六)缺"二万里铚"四字。

按:此注应为:缺"二万里纳铚"五字。

96页(九)缺"绥服外之五百里要来以文教"十二字。

按:"来"字误,应为"束"。

110页(二五)"修"下脱"辅"字。伯二五三三号不脱。

按:"修"下原卷有"辅"字,录文脱抄,此注应删。

113页(四五)"伊尹"以下脱文较多:"伊尹去亳适夏"之传文中脱"字氏汤进于乐"六字。

按:"乐"字误,应为"桀"。

115页(十八)缺"于民恫痛也不徙则祸"九字。

按:应缺十字,"祸"下脱抄"毒"字。

124页(一八五)缺"言当纳谏侮直辞以辅我德"十一字。

按:"諌"字误,应为"谏"。

125页(一九〇)缺"大旱女作霖"五字。

按:应缺六字。"旱"下脱抄"用"字。

125页(二〇二)今本无"也"字。

按:此注误。应为:今本"也"字作"之"字。

126页(二一一)"之"下今本混入疏文十五字,即"奉即上文承也奉承君命而帝之于民"。

按:"帝"字误,应为"布"字。

128页(二六四)"弗"为"非"之误,伯二五一六号不误。

按:"弗"字原卷即作"非",录文误抄,此注应删。

130页(三〇三)后脱注。

按:应加:(三〇四)—(三〇五)今本无"也"字。

132页(三四五)"实"为"食"之误,恐是方言相同,伯二五一六号不误。

按:原卷即作"食"字,录文误抄为"实"。此注应删。

133 页(三六六)"天"恐为"八"之误。

按:此注误。"天"是误抄,原卷作"六"。

135 页(十九)今本无"也"字。

按:此注应为:今本"也"作"乎"字。

141 页(八四)"每"为"悔"之误,伯二六四三号不误。

按:"每"字原卷下有"口"旁,应作"𠰠",此字是"悔"字的古文形体隶定。录文抄作"每"误。

142 页(九四)"諫"字下脱"之"字,伯二六四三号同。

按:"諫"字误,应为"諌"。

148 页伯二五三三(古文尚书残块)。

按:此号误。应为:伯二五二三。

154 页(七四)今本无"率"字。

按:此注误。今本有"率"字。

155 页(九六)"作"上脱"周公以王命诰"五字及传文"称成王命令告之"七字。

按:"令告之"误,应为"告令之"。

156 页(一一七)"泆"今本作"佚"。

按:此注应为:"泆"今本作"逸"。

158 页(一三八)"自招"下衍"言"字。

按:此注应为:"招言祸者"今本作"招祸"。

166 页(二六五)"先"下脱"王先"二字。

按:"王先"应为"王光"。

175 页(一)此卷[引者按:指斯六二五九]是斯坦因所劫经卷中仅有的一份《尚书》残卷……

按:此注可商。《宝藏》6 册斯 799 号、斯 801 号,15 册斯 2074 号,44 册斯 5745 号、斯 6017 号,均为斯坦因所劫《尚书》残卷。《校注》均失收。

180 页(一二)"人"今本作"民"。

按:此号误。应为:(一三)"人"今本作"民"。

最后需要指出的是,《校注》虽存在许多问题,但其收录了不易见到的敦煌卷子中的古文《尚书》,并与今本《尚书》对照,作了校注,仍是一部很有用的书籍。这里只是提醒大家,在使用此书时,有条件的话最好能核对一下敦煌原卷。

略论丁佛言的古文字研究①

著名学者王献唐先生说:"近世山东治古文字学者,黄县有丁佛言,临清有吴秋辉。"②本文拟探讨一下近代著名古文字学家丁佛言先生的古文字研究。不当之处,敬祈方家教正。

丁佛言,名世峄,③字佛言,晚号迈钝,别号松游庵主,还仓室主。山东黄县人。关于他的生年,学术界有二说,一说生于清光绪四年(1878),④一说生于清光绪十四年(1888)。⑤两种说法孰是孰非,暂存疑待考。他卒于1930年。⑥

丁佛言早年留学日本东京法政大学速成科。学成后归国,创立保矿会,反对德国侵占山东矿区。后执教于山东法政学堂。1910年当选为山东咨议局议员,1911年辞职。武昌起义爆发后,曾谋山东独立未成。1912年,当选为临时参议院议员。由于他"精研法律,善为政论"⑦,曾任北京《亚细亚日报》主笔。他这一时期从政的表现,诚如张季鸾所说:"方民国肇建,海内才智有志之士,一时颇集中于国会。虽其后多沉溺政潮,颓废以终,然其志行皎

---

① 原载《烟台师范学院学报(哲社版)》,1998年3期。
② 王献唐:《黄县丁佛言先生遗著目录》,载《文献》,1982年11期。
③ 《民国人物大辞典》(郑州:河北人民出版社,1991年)误为"名世峰"。
④ 谷谿《〈丁佛言书法选〉序》中认为丁佛言先生生于清光绪四年(1878),孙洵《民国篆刻艺术》(江苏美术出版社,1994年)、《宋元明清书画家年表》(台湾:文史哲出版社,1975年)均以1878年作为丁佛言生年。
⑤ 胡厚宣《〈丁佛言手批愙斋集古录〉序》、史树青《〈丁佛言手批愙斋集古录〉序》、《民国人物大辞典》等均以清光绪十四年(1888)作为丁佛言生年。
⑥ 《中国文字学史》(长春:吉林教育出版社,1995年)误以1939年为丁佛言卒年。
⑦ 王献唐:《黄县丁佛言先生遗著目录》,载《文献》,1982年11期。

然,廿年一日,学问气节,足为次代青年范者,不无其人焉。黄县丁佛言先生其一也。丁君于国会初期属进步党,才气奔放,世以策士目之,然君实有大志大节之文人。"①由于丁佛言为人刚正而孤介,属于"大志大节之文人",与政客们格格不入,因此他的政治才能难以施展。虽一度出任黎元洪总统府秘书长,但最终是愤然辞职。1923年回到家乡,潜居著书,专心研究古文字。

丁佛言一生著作很多,有《还仓述林》(底稿一册,共55页。又十三卷,共575页)、《续字说》(清稿三册,共150页)、《还仓述异》(初稿四册)、《古钵初释》(底稿三册,共150页)、《古陶初释》(底稿一册,共50页)、《〈说文古籀补补〉再补》(就影印本改正修补)、《解字备忘录》(底稿一册,共50页,内附零纸记载一卷)、《解字底稿》(一册,共100页)、《说文部首启明》(底稿四册,共200页)、《松游庵印谱》(十册)等,只可惜这些著作均未刊行。② 他的传世之作有《说文古籀补补》(以下简称《补补》)、③《丁佛言手批窓斋集古录》(以下简称《手批》)、④《丁佛言书法选》(以下简称《书法选》)。⑤ 从这些传世著作看,丁佛言在古文字研究方面取得了很大的成就。我们拟从以下三个方面加以说明。

第一,释字方面。

丁佛言对古文字的考释,尤其是对某些战国文字的考释,相当精彩,释读可信,已成为定论。例如:《补补》1·3下释十三年戈中的"每"字,1·6上释古玺中的"刍"字,2·6下释古玺"公孙登"中的"登"字,2·10上释古玺中的"原"字,释古币"平原"之"原",3·2下释古玺中的"信"字,4·7上释古玺中的"胑"字,4·7下释古玺中的"胎"字,5·5上释古陶中的"去"字,5·9下释金文、古玺、古陶中的"㐭"(廩)字,5·10下释古玺中的"韩"字,6·12上释古玺中的"邡"字,7·4下释古玺中的"穆"字,8·4下释古陶中的"监"字,9·2下释古陶中的"雕"字,10·6下释古陶中的"恂"字,10·2上释古玺"丽昌"

---

① 张季鸾:《悼丁佛言先生》,载《季鸾文存》(第1册),参见沈云龙主编《近代中国史料丛刊续编》,台湾:文海出版社,1986年。
② 王献唐:《黄县丁佛言先生遗著目录》,载《文献》,1982年11期。
③ 丁佛言:《说文古籀补补》,北京:中国书店影印,1990年。
④ 丁佛言:《丁佛言手批窓斋集古录》,天津:天津古籍书店影印,1990年。
⑤ 丁蒙:《丁佛言书法选》,北京:人民美术出版社,1995年。

中的"丽"字,①10·7下释古陶中的"惎"字,10·7下释古陶中的"怿"字,11·2上释古玺中的"浩"字,11·2下释古玺、古陶中的"波"字,11·4上释古玺中的"冬"字,12·2下释古玺"聘戎"中的"聘"字,14·4下释古陶中的"陟"字,14·9上释古玺中的"将"字,附录5下释平阳戈中的"马"字,附录4上释王孙钟中的"遗"字,附录9下释古玺"宋桁"中的"桁"字,附录27上释古陶"丘齐里公孙缀"中的"缀"字,又如《手批》5·18下释寿鼎中的"奢"字,24·3下释陈犹釜中的"者"字、"纯"字等等。丁佛言对这些字的考释都非常正确,令人信服。

丁佛言考释古文字既注重对文字形体的分析,又重视与文献的结合。如《书法选》51页考释古玺"陈去疾信钵"、"宋去疾信钵"时说:"古人多有名去疾者。右两钵第二字从大从口从辵,旧无释。以命名之义推之,自当释为去字,去字从口,于古刀币齐合刀见之;从辵,则不见于字书。考往字古文从辵,来、复二字金文亦皆从辵,以此例推去字亦应从辵。"《书法选》39页考释"日庚都萃车马钵"时说:"王箓友云:《长笛赋》李注引'篃倅'字如此。《说文》无倅字,当作萃。《夏官·射人》'乘王之倅车',注'戎车之副也'即《春官·车仆》'掌戎车之萃也'。《左昭十一年传》:'僖子使助薳氏之篃。'注:'篃,副倅也。'此钵文曰'日庚邦(引者按:应为都)萃车马'当是掌车马官之钵信,官钵也。"其说甚确。

丁佛言在考释古文字时还特别重视传抄古文资料,并利用传抄古文资料来考释未识之字。《补补》、《手批》中随处可见他引征《说文》古文、籀文,三体石经古文,《汗简》、《古文四声韵》、《玉篇》中的古文来考释古文字。如《补补》11·4上引用《说文》"冬"字古文考出了古玺中的"冬"字;12·2下引用三体石经古文释出了古玺中的"聘"字;11·2下引用《说文》"皮"字古文、籀文,《汗简》"皮"字形体,释出了古玺中的"波"字。《手批》5·18下引用《说文》"奢"字籀文释出了寿鼎中的"奢"字。完全可以说丁佛言是较早利用传抄古文资料来考释古文字的学者。

第二,治学态度方面。

丁佛言研究古文字,不固执己见,博采众说。遇有难释之字,则存疑

---

① 此玺又见于罗福颐主编的《古玺汇编》(北京:文物出版社,1981年)4987号,原书径释为"昌",放在单字玺中,未能吸收丁氏成果。

待考。

《补补·凡例》说:"本编释古玺多取材陈簠斋手写印举释文,释陶多取材吴愙斋手写古陶释。各于字下注明'某某以为某字',其见为可疑者则加案语以明之,不敢掠美前贤,自藏己拙。"据我们初步统计,《补补》一书中引陈簠斋之说56次,吴大澂之说93次,柯昌泗之说7次,姚华之说5次,徐籀庄之说4次,阮元之说3次,刘幼丹、许印林、桂未谷之说各2次,陈文会、庄述祖、孙仲容、宋振之、钱宫詹、吴桂华之说各1次,《手批》中引徐籀庄之说20次,阮元之说7次,陈寿卿之说2次,还引述了陈簠斋、刘幼丹、阮文达、庄述祖、何子贞、程易畴等人之说。《书法选》第39～40页在古玺题跋中引述了胡石查、宋振之、吴清卿之说。

从以上统计数字可知,丁佛言的治学态度是严谨的。他的古文字研究是在充分吸取当时诸家研究成果的基础上进行的。丁佛言广征诸家之说,为我们留下了珍贵的财富,因为我们从他的记载中可以知道前人的研究成果。不管前人的研究成果是对还是错,都为我们更进一步的研究提供了重要线索。仅从这一点就可以说丁佛言的贡献是巨大的。

丁佛言治学态度严谨的另一个方面表现在他对《说文》的态度上。"《说文》学到清代臻于极盛,有些终生钻研《说文》的学者对这部书推崇过度,甚至认为一丝一毫都不许移易,简直将许慎当作圣人看待。有学者因为推尚《说文》以致对新发现的甲骨文加以排斥,并且说金文大多是假造的,更是极端的事例。"①丁佛言则不这样,他重视《说文》,但从不迷信《说文》。相反地,他却利用地下出土的古文字资料来论证《说文》之失。如《说文》:"虎,山兽之君。从虎,虎足象人足,象形。"丁佛言在《补补》5·4下考释古玺"虎"字时说:"古虎字下象爪形,秦汉篆省作人,以至讹为从人,许氏虎足象人足之说,其误盖由于此。"丁氏之说是可信的。

第三,古器物鉴别、流布方面。

丁佛言不仅重视古文字的考释,而且也注重古器物的鉴别及流布,常常对某些古器物考镜源流。观其《手批》及《书法选》即知梗概。史树青先生说:"此书(引者按:指《手批》)丁氏手批文字达百余条。其精审者除考释文字外,尤在器物之鉴别。例如:西周智鼎铭文拓本,丁氏手批凡八处。如剔本与未

---

① 李学勤:《古文字学初阶》,北京:中华书局,1985年,第62页。

剔本之区别，李鸿裔、吴云之考订，丁麟年论铭文之倒正，江标翻刻以愚弄潘祖荫等等，均有详细记载。"①这些资料鲜为人知、弥足珍贵。《书法选》39页丁佛言在"计官之钵"旁写道："簠斋亦有一钵，与此文字□合，特多一畀纹。"在"日庚邦（引者按：此字应释为"都"）萃车马"旁写道："先为福山王文敏藏（文敏以五百金购得），今归溧阳端氏陶斋。"据此我们可以了解此玺的流布情况。《书法选》40页丁佛言在齐官玺"阳都邑圣遐□之钵"左侧写道："近世好古家藏四字古钵与此钵作凸式相类者有三，惟第二字稍殊。一为潘文勤藏，篆作■；二为陈文懿先生藏，篆作■，又作■。"此题跋为我们进一步考释"遐"字提供了极为重要的线索。

综上所述，丁佛言一生对古文字研究孜孜以求，治学态度严谨，注重对文字形体的分析，注重利用传抄古文资料来考释古文字，注重器物的鉴别及流布。因此，他在古文字方面的造诣远远高出于与其同时代学者之上。毋庸讳言，由于时代的局限，丁佛言在古文字考释方面也存在着许多错误。例如：《补补》1·5误释古陶中的"芦"字为"蕈"，2·9下误释古玺中的"游"字为"远"，3·13上误释古玺中的"市"字为"用"，4·8上误释古陶中的"平"字为"券"，10·5误释齐刀币中的"长"字为"端"，7·11下误释古玺中的"乘"字为"带"等等。但毕竟瑕不掩瑜，我们不能过于苛求前人。

---

① 丁佛言：《丁佛言手批匋斋集古录》，天津：天津古籍书店影印，1990年。

说"髟"①

长沙马王堆汉墓帛书《周易》有如下一字：

A

马王堆汉墓帛书整理小组隶作"锡"。② 陈松长先生编著的《马王堆简帛文字编》从之。③

帛书原文为"康侯用 A 马蕃庶"，通行本《周易》作"康侯用锡马蕃庶"。学者多在 A 字后括注"锡"字。邓球柏先生曾对此字作如下考释：④

"锡"盖即古文"赐"字，字书不见此字，其字从长从易。长，久远之谓。易，交易也。予人之物谓之赐，让人永远占有谓之锡。"锡"字较之易见之"赐"，字义更为显明。锡，通行本作"锡"。锡、赐，古通用。

按：邓说误。此字左旁并非从"长"，而是从"髟"。秦汉文字中的"髟"旁常写作"镸"，例如：

髡　B　秦简・法 103⑤
鬣　C1　秦简・效 46⑥
　　C2　汉简・遣一 174⑦

---

① 原载《中国训诂学研究会论文集 2002》，北京：中国文史出版社，2002 年。
② 马王堆汉墓帛书整理小组：《马王堆帛书的〈六十四卦〉释文》，载《文物》，1984 年 3 期。
③ 陈松长：《马王堆简帛文字编》，北京：文物出版社，2001 年，第 388 页。
④ 邓球柏：《帛书周易校释》（增订本），长沙：湖南出版社，1996 年，第 293 页。
⑤ 张守中：《睡虎地秦简文字编》，北京：文物出版社，1994 年，第 143 页。
⑥ 张守中：《睡虎地秦简文字编》，北京：文物出版社，1994 年，第 92 页。
⑦ 陈松长：《马王堆简帛文字编》，北京：文物出版社，2001 年，第 255 页。

髪　D　[字]　秦简·日甲13背①

上引三字所从的"髟"与 A 所从的"髟"同。关于古文字中的"髟"和"长",林沄先生已经做了很好地区分。他指出:②

> 《说文》说髟字"从长从彡",并不合乎秦以前古文字的实际。从现有资料看,先秦长、髟二字不但上半部形体不同,而且长有作拄杖之体者,髟则绝无。……到了汉代隶书的髟旁才变得混同于长,方有加彡以别于长之举。可见,《说文》髟之篆体作[字],实乃汉代人由隶变后的字体"复原"出来的,非秦代小篆所实有。

我们认为林先生的说法是可取的。"髟"旁秦汉文字或作"[字]",与"长"秦汉文字或作"[字]"、"[字]"③不同。

总之,A 应径释为"鬄"。《说文·髟部》:"鬄,髲也。从髟,易声。""鬄"从"易"声,故"鬄"可读作"赐"。"鬄"和通行本《周易》"锡"的关系当属假借。

附带谈一下马王堆汉墓帛书中经常出现的"鬟"字,其形体如下:

E1 [字]　五行 185④　　E2 [字]　称 160⑤

E3 [字]　周 069⑥　　E4 [字]　老子乙前 160 上⑦

此字多隶作"䯭"。《秦汉魏晋篆隶字形表》放在"差"字条下;⑧《马王堆简帛文字编》隶作"䯭",放在"长"字后;⑨或认为是"嗟"字古文;⑩或认为从"长"从"左"会意,为"差"字异体。⑪裘锡圭先生对此字也做过讨论,他说:⑫

---

① 张守中:《睡虎地秦简文字编》,北京:文物出版社,1994 年,第 143 页。

② 林沄:《说飘风》,载吉林大学古文字研究室编《于省吾教授百年诞辰纪念文集》,长春:吉林大学出版社,1996 年,8 页。

③ 汉语大字典字形组:《秦汉魏晋篆隶字形表》:成都:四川辞书出版社,1985 年,第 668 页。

④ 陈松长:《马王堆简帛文字编》,北京:文物出版社,2001 年,第 388 页。

⑤ 陈松长:《马王堆简帛文字编》,北京:文物出版社,2001 年,第 388 页。

⑥ 陈松长:《马王堆简帛文字编》,北京:文物出版社,2001 年,第 388 页。

⑦ 汉语大字典字形组:《秦汉魏晋篆隶字形表》,成都:四川辞书出版社,1985 年,第 305 页。

⑧ 汉语大字典字形组:《秦汉魏晋篆隶字形表》,成都:四川辞书出版社,1985 年,第 305 页。

⑨ 陈松长:《马王堆简帛文字编》北京:文物出版社,2001 年,第 388 页。

⑩ 邓球柏:《帛书周易校释》(增订本),长沙:湖南出版社,1996 年,第 262 页。

⑪ 王贵元:《马王堆帛书汉字构形系统研究》,南宁:广西教育出版社,1999 年,第 304 页。

⑫ 裘锡圭:《古文字论集·〈秦汉魏晋篆隶字形表〉读后记》,北京:中华书局,1992 年,第 511 页。

(《秦汉魏晋篆隶字形表》)305 页附"䯅"于"差"。《玉篇》以"䯅"为"鎈"之古文,《说文通训定声》等以为即"鬈"字,应可信。所以"䯅"应该作为"鬈"的异体字处理。

裘先生引朱骏声之说,认为"䯅"是"鬈"字异体,是完全正确的。只是 E 左旁与 A 左旁形体相同,应当是"髟"。E 应分析为从"髟"、"左"声,隶作"髳",释为"鬈"。《说文·髟部》:"鬈,发好也。从髟,差。"段注:"从髟,差声。"可从。"髳"(鬈)字在汉帛书中读作"差"或"嗟",当属假借。

2002 年 6 月 16 日写毕